JN035123

総合判例研究叢書

刑　　法（12）

有　斐　閣

刑法・編集委員

佐伯千仭
団藤重光

序

フランスにおいて、自由法学の名とともに判例の研究が異常な発達を遂げているのは、その民法典が百五十余年の齢を重ねたからだといわれている。それに比較すると、わが国の諸法典は、まだ若い。最も古いものでも、六、七十年の年月を経たに過ぎない。しかし、わが国の諸法典は、いずれも、近代的法制を全く知らなかつたところに輸入されたものである。そのことを思えば、この六十年の間に極めて重要な判例の変遷があつたであろうことは、容易に想像がつく。事実、わが国の諸法典は、それに関連する判例の研究でこれを補充しなければ、その正確な意味を理解し得ないようになつている。

判例が法源であるかどうかの理論については、今日なお議論の余地があろう。しかし、実際問題として、多くの条項が判例によつてその具体的な意義を明かにされているばかりでなく、判例によつて特殊の制度が創造されている例も、決して少くはない。判例研究の重要なことについては、何人も異議のないことであろう。

判例の創造した特殊の制度の内容を明かにするためにはもちろんのこと、判例によつて明かにされた条項の意義を探るためにも、判例の総合的な研究が必要である。同一の事項についてのすべての判決を探り、取り扱われた事実の微妙な差異に注意しながら、総合的・発展的に研究するのでなければ、判例の研究は、決して終局の目的を達することはできない。そしてそれには、時間をかけた克明な努力を必要とする。

幸なことには、わが国でも、十数年来、そうした研究の必要が感じられ、優れた成果も少くないようになつた。いまや、この成果を集め、足らざるを補ない、欠けたるを充たし、全分野にわたる研究を完成すべき時期に際会している。

かようにして、われわれは、全国の学者を動員し、すでに優れた研究のできているものについては、その補訂を乞い、まだ研究の尽されていないものについては、新たに適任者にお願いして、ここに「総合判例研究叢書」を編むことにした。第一回に発表したものは、各法域に亘る重要な問題のうち、研究成果の比較的早くでき上ると予想されるものである。これに洩れた事項でさらに重要なもののあることは、われわれもよく知つている。やがて、第二回、第三回と編集を継続して、完全な総合判例法の完成を期するつもりである。ここに、編集に当つての所信を述べ、協力される諸学者に深甚の謝意を表するとともに、同学の士の援助を願う次第である。

昭和三十一年五月

編集代表

小野清一郎　宮沢俊義
末川博　我妻栄
中川善之助

凡例

一 判例の重要なものについては判旨、事実、上告論旨等を引用し、各件毎に一連番号を附した。

二 判例年月日、巻数、頁数等を示すには、おおむね左の略号を用いた。

大判大五・一一・八民録二二・二〇七七　（大審院判決録）

（大正五年十一月八日、大審院判決、大審院民事判決録二十二輯二〇七七頁）

大判大一四・四・二三刑集四・二六二　（大審院判例集）

最判昭二二・一二・一五刑集一・一・八〇　（最高裁判所判例集）

（昭和二十二年十二月十五日、最高裁判所判決、最高裁判所刑事判例集一巻一号八〇頁）

大判昭二・一二・六新聞二七九一・一五　（法律新聞）

大判昭三・九・二〇評論一八民法五七五　（法律評論）

大判昭四・五・二二裁判例三・刑法五五　（大審院裁判例）

福岡高判昭二六・一二・一四刑集四・一四・二一一四　（高等裁判所判例集）

大阪高判昭二八・七・四下級民集四・七・九七一　（下級裁判所民事裁判例集）

最判昭二八・二・二〇行政例集四・二・二三一　（行政事件裁判例集）

名古屋高判昭二五・五・八特一〇・七〇　（高等裁判所刑事判決特報）

東京高判昭三〇・一〇・二四東京高時報六・二・民二四九　（東京高等裁判所判決時報）

札幌高決昭二九・七・二三高裁特報一・二・七一　（高等裁判所刑事裁判特報）

前橋地決昭三〇・六・三〇労民集六・四・三八九　（労働関係民事裁判例集）

その他に、例えば次のような略語を用いた。

裁判所時報＝裁　時　　家庭裁判所月報＝家裁月報

判例時報＝判　時　　判例タイムズ＝判　タ

目　次

文書偽造罪における偽造の概念

安平政吉

偽証罪および誣告罪における虚偽の概念

久礼田益喜

文書偽造罪における偽造の概念

安平政吉

はしがき

本稿は、文書偽造罪に関する数多くの判例のうち、主として「偽造の概念」に関するものを、綜合的に研究しようとしたものである。周知のように、文書偽造罪の理解は、刑法各論における最も困難な一領域とされている。本罪の理解が容易でないことは、ひとりわが刑法学においてさようであるばかりでなく、ひとしく西欧の刑法学界においても肯定されているところである。例えばドイツ刑法学界の権威であったビンディングでさえも「刑法各罪のうち文書偽造罪ほど、その罪の本質理解において、はたまたその概念の実際的運用において、多くの問題を包含し、困難な問題を含んでいるものはない」とし、同じような嘆声は、フランスの代表的刑法学者ガローによっても洩らされている。

文書偽造罪の理解が困難である理由の一は、要するに、本罪の本質をどう理解するかに関していわゆる形式主義と実質主義との対立があり、わが国の立法はもちろんのこと、諸国の立法とても、そのうちの仮りに形式主義に重点をおいているにしても、しかもこの一原理だけで始終することのできないものがあったこと、二には、偽造行為の形式は千差万別であり、いわゆる偽造のいうことのうちに、かの「有形偽造」の外、さらに或る程度に「無形偽造」の場合をも含ましめて考えるか等、偽造行為の概念構成に、種々考え方の相異を存しているからである。そこで本稿においては、まず「文書偽造罪の本質」並びに「偽造行為の一般概念」について検討を試み、ついでわが刑法各罪の個々的規定について、わが判例が「文書の偽造」ということをどういうふうに判示しているかを明らかにしようと試みることにしたのであった。

一　文書偽造罪の本質

一　文書偽造罪と被害法益

（一）　一般に文書の偽造とは、一定の文書を作成する権限のない者が、他人名義の文書を擅に作成することをいう（牧野・刑法各論上昭三〇年一五三頁、小野・新訂刑法講義各論昭二九年一〇〇頁、滝川・刑法各論一九五三年二四一頁）。いいかえれば文書作成の真実性を偽ることであり、そこには他人名義の冒用ということが前提とされているのである（最判昭二四・四・一四刑集三・四・五四一、大判明四五・二・一刑録一八・七五、同大二・一・二七刑録一九・一二四）。

（二）　本罪の立法理由ないし被害法益は、「文書」なるものに対する公の信用を保護しようとするにある。特にわが刑法は、文書における作成名義の真実性を力強く保障することによって、帰するところ、文書の真正に対する社会一般人の信頼を保護しようとしている（【1】）。そしてわが刑法は、同じく文書といっても、天皇文書と、公文書並びに私文書とは、区別して偽造罪を規定しているのであるが、それは、文書にはかような種類があって、その信用力におのずから軽重の差を免れないものがあるので、そのうち信用力の大なるものに対しては特に法定刑を重くして、より力強くこれに対する公信を保護しようとするにある（【2】）。

本罪は、かように文書の真正に対する公の信用を害することをもって本質とし、被害法益としているのであるから、本罪の成立には、文書の真正に対する公信を害する危険性があれば足り、その外に、文書の作成名義を冒された者に対して、特別の法益を侵害したことを必要としない（【3】）。いな、判例の或るものは、被害者なる名義人に対し、却って利益を生じ得べき場合であっても、本罪の成立を妨げないものとしている（【4】）。

【1】（判旨）「新旧刑法ニ於ケル文書偽造罪ハ、新法ニ在テハ行使ノ目的ヲ以テ他人ノ作成名義ヲ偽リ文書ヲ作成スルコトニ依テ成立シ、旧法ニ在テハ他人ノ作成名義ヲ偽リ作成シタル文書ヲ行使スルコトニ依テ成立シ、右ノ行為ニ依リ文書ノ作成名義ニ対スル公ノ信用ヲ害スル危険ヲ生スルコトノ外ニ、文書ノ偽造又ハ偽造文書ノ行使ニ依テ何等カノ実害ヲ生スルコトハ同罪ノ成立条件ニアラス。」（大判明四三・四・二二刑録一六・七二五）（同旨、大判明四三・一二・一三刑録一六・二一八二）

【2】（判旨）「刑法カ文書ニ公文書ト私文書トノ区別ヲ設ケ、公文書偽造罪ヲ以テ私文書偽造罪ニ比シ厳罰スル所以ハ、公文書ハ公務員又ハ公務所ノ職務権限内ニ於テ作成スヘキモノナルカ故ニ、其ノ本来ノ性質上、一応公正ト看做サレ、従テ一般ニ対スル証拠力及信用力厚ク、其ノ偽造ニ対スル被害ノ程度モ亦大ナルヘキコトニ基ク。」（大判昭一四・七・二六刑集一八・四四四）（同旨、大判昭六・三・一一刑集一〇・七五）

【3】（判旨）「文書偽造罪ノ成立ニハ、法律カ保護スル文書ノ真正ヲ詐ルニ因リ、之ニ対スル公ノ信憑力ヲ害スル危険アルコトヲ以テ足リ、文書ノ偽造ニ因リテ、更ニ文書ノ作成名義ヲ冒サレタル者若クハ偽造文書ノ行使ヲ受クヘキ者ニ対シテ特別ノ法益ノ侵害アルコトヲ必要トセス。」（大判明四四・九・一四刑録一七・一五三五）（同旨、大判大三・九・二二刑録二〇・一六二六、同大一二・一〇・一三刑集二・七〇四）

【4】（判旨）「文書偽造行使罪ハ文書ノ真正ニ対スル公ノ信用ヲ害スル犯罪ナレハ、苟モ偽造行使ノ行為アリタル以上ハ公ノ信用ヲ害シ若クハ害スル虞アルモノニシテ、作成名義ヲ冒用セラレタル他人ノ方面ニ於テ損害ヲ生セス、却テ利益ヲ生シ得ヘキ場合アリトスルモ、文書偽造行使罪ノ成立ヲ妨クルモノニアラス。」（大判明四五・七・四刑録一八・一〇四二）

二　形式主義と実質主義

（一）　上述のように、本罪の本質は、一般に「文書の真正」に対する公信を害することにあるとされているが、さてどういう意味の「文書の真正」を害することにあるのであるかについては、(a)形式主義と、(b)実質主義との争いがある。前者は、本罪の本質ないし本罪の立法理由をもって、文書の形式的真実、とりわけ文書の作成名義を偽る行為を処罰しようとするにあるとする。従って文書の内容が事実に符合する場合においても、苟も文書そのものが、その作成したとせられる名義者によって作成せられたものでないかぎり、本罪の成立があるとする。これに反し後者は、本罪の本質をもって、文書によって表示せられた事実内容の真実を保護しようとするにあるものとし、従って文書そのものは真正に成立したものではないとしても、苟もその内容なる記載事実が真実であるかぎり、本罪は成立しないものとする（牧野・刑法各論上二五一頁）。

（二）　この点、わが国における学説の通説は、前者の形式主義を採り、また既往における判例とても、大体において基本的には形式主義に従い（【5】）、特に本罪は、文書の「作成名義」の真正を保護しようとするところに立法理由の重点があるものとしている（【6】）。これは、一派の学徒が、文書偽造罪の被害法益なるものは、「最高度に於て名義人たる本人の一種の人格権的法益が害せられる点にある」として、いわゆる「裁可名義説」なるものを主張していた（故宮本英脩・刑法大綱昭一〇年五二八頁）ところに近いものである。

【5】（判旨）「然レトモ偽造文書ノ内容ヲ構成スル権利義務若クハ事実証明ニ関スル事項ハ、必スシモ現実ニ存在スルモノニ係リ、而カモ其事項ニツキ詐欺ノ記載ヲ為シタルニ因リテ文書ノ署名者ニ実害ヲ与フル如

キ性質ノモノナルコトヲ要セス。故ニ全然存在セサル事項ニ付キ詐欺ノ記載アリタル場合ニ於テハ、之ニ因リテ署名者ニ何等ノ実害ヲ及ホス虞ナキカ如シト雖モ、苟クモ其事項カ外形上権利義務若クハ事実証明ニ関スルモノナル以上ハ、法律カ保護セントスル文書ノ真正ヲ害シ、延イテ一般ノ人若クハ特定人ノ人カ文書ノ真正ニ付キ与フル信憑ヲ害スルカ故ニ、前示ノ場合ニ於テモ文書偽造罪ヲ以テ問擬スルヲ相当トス。」（大判明四三・三・一四刑録一六・四五二）（なお同旨、大判大四・九・二一刑録二一・一三九七、同大一〇・一一・一五刑録二七・六八六、同昭八・五・二三刑集一二・六二〇）

【6】（判旨）「輸出綿布取引ノ当事者ハ、所論ノ如ク必スシ双モ方共日本綿布輸出組合聯合会所属組合ノ組合員タルコトヲ要スルモノニ非サルノミナラス、苟モ行使ノ目的ヲ以テ他人ノ作成名義ヲ偽リ、新ニ文書ヲ作成スルニ依リテ文書ノ形式的真正ヲ害スルニ於テハ、玆ニ文書偽造罪ノ成立ヲ来シ、必スシモ其文書ノ内容自体カ法律上ノ効果ヲ発生シ得ヘキモノタルヲ要スルモノニ非ス。然レハ本件ニ於テ被告人カ行使ノ目的ヲ以テ、ファテチャンド・エンド・ソンス商会名義ヲ冒用シテ売主新居商店宛ノ判示各註文書ヲ作成シタル以上、右ハ私文書偽造罪ヲ構成スルコト疑ナク、今仮ニ所論ノ如ク売主新居商店カ前示組合員ニ非サルカ為、右註文書ニ依ル売買契約カ無効ニ帰スルモノナリトスルモ、該契約ノ効力如何ハ固ヨリ前示文書偽造罪ノ成否ニ何等ノ影響ヲ及ホスモノニ非ス。而シテ右註文書カ行使ノ目的ヲ以テ作成偽造セラレタルモノニ係リ、而モ同註文書カ売主タル新居商店ニ対シ真正ナル文書トシテ行使セラレタルモノニ非サルコトハ、前顕高木弁護人論旨第一点ニ付説明シタル如クナルカ故ニ、右偽造註文書ニ依ル売買取引ヲ以テ所論ノ如キ所謂闇取引ニ属シ、当事者カ右註文書ノ内容ニ従ヒ効果意思ヲ以テ之ヲ授受シタルモノニ非ストスルモ、斯カル事実ハ本件文書偽造罪ノ成立ニ毫モ消長ヲ来スモノト謂フヘカラス。」（大判昭一八・一二・二九刑集二二・三五七）（同旨、大判大一五・一一・九新聞二六四四・一六、東京高判昭二七・五・二七刑集五・五・八六一）

二　文書偽造行為一般

一　文書偽造罪の行為形式

（一）　わが刑法における「文書偽造罪」の章下に規定する行為形式は、大別して、(a)偽造、(b)変造、(c)行使の三つに区別することができる。が、通常一般にいう「偽造」とは、狭義のものであり、右(a)のみを指称する。この意味の偽造は、さらに分れて、(イ)有形偽造（狭義の偽造）と、(ロ)無形偽造（虚偽文書の作成）となる。(一)

尤も、わが刑法が一般に「偽造」というときは、単に右有形偽造のみを意味し、いわゆる無形偽造はこのうちに含まれていないと一般に解されている。(二) が、少くともわが刑法各罪第一七章の「章名」にいう「偽造」ということのうちには、無形偽造も包摂されていること多く疑いの余地はない。

（二）　注意すべきは、右狭義の偽造罪は、行為者が当該の文書を「行使する目的」で作為した場合にかぎり罪となり、この目的を欠くときは罪とならない一事である。わが旧刑法は、証書の偽造（旧刑二〇二条）の場合を除いて、文書の偽造ということと、行使ということとは分離せず、「偽造して行使したこと」を要件とし一箇の罪としていたのであるが、現行法は少くとも、(a)文章の偽造自体と、(b)これが行使行為とは、別箇の罪として規定するに至った。ゆえに同一人が、行使の目的をもって文書を偽造し、これを行使したときは、理論上二罪なのであるが、ただこの両者の間には、いわゆる目的・手段の関係があるので、現行刑法ではこれを牽連犯（刑五四条一項後段）の一場合として取り扱うまでである。(三)

（一）　フランスでは、一般に「偽造」というときは、いわゆる有形偽造（faux matériel）と無形偽造（faux intellectuel）とを併称し、有形偽造中に変造をも含ましめている。ドイツにおいては、広義の文書偽造（Urkunde Fälschung）の中に、狭義の偽造、すなわち有形偽造（falschliche Anfertigung）と、変造（Verfälschung）を含ましめ、いわゆる無形偽造（intellektuelle Fälschung）なる虚偽文書の作成（Falschbeurkundung）は、これを除外している。

（二）わが刑法の下において「偽造」というときは、無形偽造をも含むものとするのは、泉二・刑法各論二六八頁、木村・刑法各論二七頁。これに反し、無形偽造を含まないとするのは、小野・刑法講義各論九七頁。わが刑法第一七章に規定する各箇の条文の上においては、「偽造」ということの外に、「虚偽の記載」ということを規定しているのであるから、この点に着目するとき、右後者の見解は、法律に根拠を有つこととなる。ただし、わが刑法各罪規定の「章名」の上では、無形偽造をも含ましめていること疑うべくもないのである。

（三）大審院判例は古くから、文書偽造の行為はその行使という目的との間に目的・手段の関係がある（大判明四二・二・二三（連）刑録一五・一二七）とし、爾来多数の判例はこれに従っている。ちかく高裁の判例中にも曰く、「本件借用証書の偽造と行使と詐欺とは、順次手段結果の関係があるから、刑法第五四条一項後段を適用し、一罪として処罰しなければならない」（仙台高判二六・九・一七刑録特報二二・六九）と。

二　有形偽造の観念

（一）わが刑法は、上述のように偽造の客体となる文書を、天皇文書、公文書、私文書の三者に区別し、これに対応して文書偽造罪の態様を認めているのであるが、しかし他方またわが刑法は、「偽造の文書」と「虚偽の文書」とを区別しているので、この点に着目して文書偽造の行為形式を、(a)有形偽造と、(b)無形偽造とに区別することができる。すなわち(a)「有形偽造」というのは、外形的に文書の作成自体を偽る場合であり、いいかえれば文書の作成者として当該文書に表示せられている者がその文書の作成者でない場合をいう。これに反し、(b)「無形偽造」というのは、文書そのものは真正

に成立したものであり、文書の作成者として表示せられている者が当該文書を作成しているのである
が、その文書に記載されている内容が虚偽である場合をいう（大場・各論下三五三頁、牧野・各論上一五三―四頁）。

わが刑法の条文に「文書の偽造」といっているのは（刑一五四条一項、一五五条一項、一五九条一、三項）、大体右有形偽造を指しているのであり、また「虚偽の文書」（刑一五六条）若しくは「不実の記載」（刑一五七条一、二項）、ないしは「虚偽の記載」（刑一六〇条）といっているのは、右無形偽造を指しているのである。文書の有形偽造が、罪となることに関しては、わが刑法は特に天皇文書（刑一五四条）、公文書（刑一五五条一、三項）及び私文書（刑一五九条）について規定し、そして特に公文書と私文書については、(a)印章若しくは署名のある文書の偽造と、(b)印章若しくは署名のない文書の偽造との二者に大別し、前者に対する刑罰を後者のそれよりも著しく重くしている。

（二）　そして右有形偽造の方法には、なんらの制限なく、苟も当該文書を正当に作成する権限がないのに拘らず、他人名義を冒用して、これを作成するかぎり、ここに偽造行為は成立するものとしている。

ただ偽造行為の成立には、偽造文書に表示された名義人が実在する人なることを要するかどうかについては、多少疑問がある。わが旧い判例では、この点、特に私文書について、その名義人の実在を要するものとし（大判明四五・二・一刑録一八・七五、同大六・七・一四刑録二三・八五四）、ただ死者の名義における文書の偽造に関しては、その生存中に作成せられたものの如く、日付を遡って記したものであるかぎり、偽造となるものとしていた（大判明四二・一二・二刑録一五・一七一八、同明四三・一〇・二七刑録一六・一七五一）。が、判例は他方、公文書に関しては、「その名義人たる公務員の実在を必要とせず、一般人をして公務所または公務員の権限内において作成した文書であると信ぜしむる

に足る程度の形式外観を具有し、公文書の信用を害すべき危険があらば足りる」としていた（大判大元・一〇・三一刑録一八・一三一三）。

思うに判例が、かように公文書について名義人の実在を要しないとするゆえんは、公文書の場合はその名義人は結局国家または自治体の諸機関に帰し、この作成者なる公務員が当時実在すると否とに拘らず、国家、自治体の存在それ自体に疑いがないかぎり、一般人をして、公務所または公務員の作成した文書と誤信せしめるに足る危険があるものと認められたからである。はたしてそうであるとするならば、かような危険性は、私文書の場合においても、苟もその表示された名義人にして通常一般をして実在するが如く誤信せしめる程度のものであるかぎり存在するものというべく、必ずしも実在を要しないこと、公文書の場合と多く異るところはないであろう。ゆえに学説の或るものは、私文書の点に関する右判例に反対して、偽造の私文書であって、それが真正のものと認められる危険を有つものであるかぎり、名義人の実在すると否とを問うべきでないとしている（同説、泉二・各論二六八頁、牧野・下一八五頁。反対、大場・各論下六六六頁、宮本・大綱五四七頁、小野・刑法講義各論九九頁）。ただしその氏名が、例えば「西郷隆盛」というが如く、全く実在人の文書とは思われないものは、何人をしても該文書に信をおかしめないであろうから、かような場合には、偽造をもって目すべきではないこと、いうまでもないであろう。ゆえに最近の判例は、私文書に関しても、しだいに右学説に接近しつつある。この点は、後に私文書偽造の項において詳述する。

三　無形偽造の観念

（一）無形偽造（falsche Beurkundung, intellektuelle Urkundenfälschung, faux intellectuel）とは、

文書の作成名義には偽りはないが、真実な事実と異った内容を記載した文書を作成することをいう。すなわち、自己の名義をもって作成する文書に虚偽の内容を記載する場合であり、或いはまたこれを「文書の偽作」ともいう（大場・刑法各論下三五五頁、三七六頁）。無形偽造は、さらに分れて二つとなる。一は、直接無形偽造と称せられる場合であって、これは、文書の作成者がみずから虚偽の内容の文書を作成する場合である（例えば刑一五六条、一六〇条）。その二は、間接無形偽造であって、これは、他者に対し一定の虚偽な申述をすることによって、他者をして虚偽の文書を作成せしめる場合をいう（例えば刑一五七条）。

（二）　無形偽造は、その作成名義に何等の虚偽はない。ゆえに、その文書の記載内容に虚偽なものがあるとしても、文書の成立自体は飽くまでも真正である。

そこで問題となるのは、かような無形偽造は、いかなる範囲において罪となるのであるか、それは理論上有形偽造と同様に取り扱わるべきであり、そのすべてを偽造罪と解すべきであろうか、それとも、少くとも有形偽造と性質を異にするものとして、その全部は罰せられないにしても、その特殊なものを法律が罪として規定している場合だけを処罰すべきであろうか。この点、わが国における従来の通説は、無形偽造行為のすべてを理論上当然に犯罪を構成するものと考えることなく、それはただ法律が特に明文を設けている場合にかぎり罪となるものとしている（同旨、泉二・各論二六八頁、大場・各論下三九三頁、富田・日本刑法五八二頁）。けだしわが刑法は、特殊の無形偽造行為に関してのみ罰則を設けているのであって、この趣旨に鑑みるとき、法律は必ずしもこの種行為のすべてを罰しようとしているものとは考えられないからである。

すなわちわが刑法は、(a)公文書に関しては、ひろく一般に無形偽造の成立を認め、或いは、(イ)虚偽の文書または図画を作成する行為を罰し(刑一五六条)、ないしは(ロ)公文書に虚偽の記載をなさしめる行為を処罰している(刑一五七条)が、他方、(b)私文書に関しては、ただ医師が公務所に提出すべき診断書に虚偽の記載をした場合に関してのみ無形偽造罪を認めているにすぎない。ただしわが刑法は、右の外に別に有価証券に関しては、一般の有形偽造罪の外に、ひろく有価証券に虚偽の記入をするという一種の無形偽造を認めているのである(刑一六二条一項)。

四　わが刑法と「偽造罪」

(一)　上述によって明らかな如く、わが刑法上、「偽造」というのは、主として右の「有形偽造」を指称するのであり、「無形偽造」ということが罪となるのは、ただ法文にこれを処罰する旨が明確に規定されている場合にかぎられると解するのが、従来の通説である(大場・各論下三五五頁)。

が、これに対し一部の学徒と旧い判例の或るものは、多少これと異る見解を採っている。すなわち有形偽造と無形偽造ということに関し、そこに問題とされてくるのは、「いわゆる有形偽造が、他人の名義を偽わる点において、文書の偽造であること疑いないにしても、さらに同罪の成立せんがためには、その文書に記載されている内容が虚偽であること、いいかえれば、その意味において無形偽造を必要とするか」(牧野・各論上一五四頁)との一点である。

この問題に関し、少数説を代表される牧野博士は、「実質主義に依って、文書偽造の本質を考えるときは、苟も事実の真実を偽るにおいては、無形偽造も亦文書偽造として論ぜられねばならぬわけになるのである(中略)。わが刑法は、ドイツ刑法に倣って、偽造の文書と、虚偽の文書との書きわけをしているので、その解釈も亦ドイツの学説に従うのがおのずからのことであり、従来の通説は、そうなっているのであるが、しかし、一種の判例を機縁として、問題が考えられねばならぬことになっているのである。すなわち、わが刑法上、無形偽造は、特別の規定ある場合を超えていかなる範囲まで罪となるかが疑われねばならぬので、その一種の判例というのは、代理名義を冒用することに因って、文書を作成する場合に関するものであるのである(【7】)。代理名義の冒用に因る文書の作成は、性質上無形偽造に属するのであるが、判例は、これを文書偽造に属するものとするのであり、そうしてわが国の学説も、今日においては、この判例を支持するのが通説になっているのである。はたして、そうであるとするならば、そのような無形偽造をもって、なお文書偽造に属するものとする理論上の根拠が問題となるのであり、そうして、その根拠についての理解如何によっては、無形偽造は代理名義の冒用の場合を超えて、なお広く文書偽造に属するものということになるのである。そして牧野博士は、「文書の偽造」ということは、実質的に考慮されなければならないとし、フランス刑法をはじめ、スイス刑法及びイタリア刑法は、現に「偽造」に、有形的なものと無形的なものとを区別していないとされ、結論として、「かくして、わたくしは刑法の解釈として、通説に反し、無形偽造も亦文書偽造罪を構成するものであると解するのであり、代理名義を冒用して文書を作成する場合についての判例の趣旨(【8】)は、更に文書の無形偽造一般に及ぼさるべきものと考える」と主張されるのである(同一六二頁)。

(二)　しかしながらわが刑法は、文書偽造罪の本質に関し、前述の如く純然たる形式主義を採っているものではないにしても、「作成名義人」の理解に関し、いわゆる観念説に出発する結果、判例は、あらかじめ本人の承諾を予期して他人名義の文書を作成したとしても、苟も現実に承諾を得ることなく、しかも行使の目的をもって、他人名義を冒用し一定の文書を作成するにおいては、偽造罪は成立するとしているのであり（大判明四三・二・二一宣刑録一六・二八三、同旨、大八・一一・四宣刑録二五・一〇六七）、また、たとい真実の内容を有する文書であっても、苟もその作成名義人を偽るかぎり本罪を構成するものとしているのであるから（大判明四三・三・一四刑録一六・四五二、大判五・六・一七刑集九・四二三）、厳格なる意味においての「文書の偽造」ということは、飽くまでも有形偽造を指すのであり、そのうちに「無形偽造」の或る場合を含ましめることは、少くともわが判例一般の上においては維持されていないところと解されなければならないのである。

【7】（判旨）「所謂無形ノ文書偽造ハ自己名義ヲ以テ作成スル文書ニ虚偽ノ記載ヲ為ス場合ヲ指称スルモノニシテ、他人ノ名義ヲ冒用シテ虚偽文書ヲ作成スル場合ニ関スルモノニアラス。若シ夫レ法令ノ規定又ハ権利者ノ同意ニ依ルニアラスシテ擅ニ他人名義ノ文書ヲ作成スルトキハ、即チ所謂有形ノ文書偽造タルヲ免レス。而シテ此条理ハ或事項ニ関シ他人名義ノ文書ヲ作成スル権限ヲ有スル者カ、権限外ノ事項ニ関シ擅ニ同名義ノ文書ヲ作ル場合ニ付テモ全然同一ニシテ、彼此区別ヲ為スヘキ毫末ノ理由ヲ存セス。換言スレハ、或事項ニ関シ他人名義ノ文書ヲ作成スル権限ヲ有スル者カ、当該名義ヲ以テ擅ニ其権限外ノ事項ニ関スル文書ヲ作リタルトキハ、玆ニ有形ノ文書偽造ヲ生スルコトアルモ、無形ノ文書偽造問題ヲ生スルモノニアラス。従テ此ノ如キ場合ニ於テハ、当然刑法第百五十九条ノ罪ヲ構成スルカ故ニ、其処罰ニ付テ特別ノ明文ヲ要セサルモノトス。本院判例（明治三十八年（れ）第九一九号判決、同四十四年（れ）第九二五号等）ノ趣旨亦之ニ外ナラサルナリ。之ヲ原判決ノ認定シタル事実ニ徴スルニ、判示功労株ノ株主ハ、判示相殺ノ意思表示カ会社ニ対抗スル効力ナキモノナルヲ以テ、第一回ノ払込ヲ為スノ義務ヲ有スルヤ明ニシテ、又其他ノ株主モ各自更ニ十一円五十銭宛

ノ現金ヲ払込ムノ義務ヲ負担スルカ故ニ、其義務ノ履行セラレサル以上ハ、被告ハ取締役タル資格ニ於テモ右第一回ノ払込アリタルモノトシテ取扱ヲ為スノ権限ヲ有セス。従テ被告ハ右払込アリタルコトノ証拠トナルヘキ会社名義ノ文書ヲ作成スルノ権限ヲ有セサルカ故ニ、被告カ判示会社日記簿ニ右払込ノアリタル如キ虚偽ノ記載ヲ為シ、以テ擅ニ会社名義ノ文書ヲ造リタルハ、即チ所謂有形ノ文書偽造罪ヲ構成スヘキモノナルコト明カナリ。然カラハ原判決カ此所為ニ付キ刑法第百五十九条ヲ適用シ、又其行使ニ付キ同法第百六十一条第一項ヲ適用シタルハ正当ニシテ擬律ヲ誤リタルモノニアラス。」(大判大四・九・二新聞一〇四三・三一)

【8】(判旨)「親権者若クハ後見人カ未成年ノ子又ハ被後見人ノ財産ニ付キ管理ノ計算ヲナス場合ニ於テ作成スル文書ハ、親権者若クハ後見人カ其資格ヲ以テ自己ノ事務ヲ報告スル為メニ作成スルモノナレハ、親権者若クハ後見人ノ文書ニ外ナラス。故ニ其文書ノ内容ニ虚偽ノ記載アリト雖モ、之ヲ以テ文書偽造罪ニ問擬スヘカラサルヤ論ヲ俟タス。然レトモ親権者若クハ後見人カ、其親権若クハ後見ノ下ニ在ル未成年ノ子又ハ被後見人ノ為メニ其財産ニ関スル帳簿其他ノ文書ヲ作成スル場合ニ在テハ、各自己ノ事務ヲ報告スル場合ニ在ラサルヲ以テ、其文書ハ未成年ノ子又ハ被後見人ノ文書ニシテ、親権者若クハ後見人ノ文書ニ非ス。故ニ該文書ニ虚偽ノ記載ヲ為シ因テ文書ノ真実ヲ害スルニ於テハ、当然文書偽造罪ヲ以テ論スヘキモノトス。」(大判明四四・五・二五刑録一七・九六七)

三　行使の目的一般

一　行使の目的

(一)　本罪は、いわゆる「目的罪」であるから、本罪の成立には、行為者に後述のような通常の犯意を必要とする外に、特に「偽作した文書を行使する目的」に出たことを必要とする(刑一五四条、一五五条一項、三項、一五九条項一）。ゆえに判例とても、本罪の認定には、必ず判文において「行使の目的」のあったことを判示しなければならないものとしている（【9】）。

（二）「行使の目的」という犯罪構成の一要素に関しては、二つの考え方がある。一は、行使の目的は、特殊な主観的犯罪構成要件であり、それは通常の犯意と異る特殊の主観的違法要素であるとする（通説）。二は、それはただ「加重された犯意」形式にすぎない。すなわち、未必的犯意では犯意とするに足らないことを意味するに外ならないとする。判例の代表的なものは、この点、大体において前説に出で、「かような目的があったとするには、犯人が他者をして真正の文書であると誤信せしめ、これを利用のもとに置く目的あると同時に、この目的のもとに偽造行為に出たことを必要とする」。従って「文書の信用を害すべき危険が客観的に実在していても、偽造者が主観的に全然これを否定し、又は全然これを意識しなかった場合には、行使の目的を認めることはできない」とするも（【10】）、稀れには、「行使の目的」たるには、行使しようとする確定の目的がなくても、未必条件付でこれを行使する目的があれば足りるとしているのも見受けられる（【11】）。後者の判例には、いささか理解に苦しむものがある。

【9】（判旨）「文書偽造罪ハ、行使ノ目的ヲ以テ文書ヲ偽造スルニ非サレハ成立セサルヲ以テ、判文上行使ノ目的ヲ以テ偽造シタルコトヲ明示スルカ、若クハ之ヲ認メ得ヘキ事実、例ヘハ偽造シタル文書ヲ行使シタル等ノ事実ヲ判示スルニ非サレハ未タ以テ文書偽造罪トシテ擬律スルヲ得サルモノトス。」（大判大三・一〇・二八刑録二〇・一九四二）

【10】（判旨）「私文書偽造行使罪ハ、行使ノ目的ヲ以テ文書ヲ偽造シ之ヲ行使スルニ因リテ成立スル犯罪ナルヲ以テ、本罪ノ構成要件トシテハ犯人ニ偽造手形ヲ行使スルノ意思アルコトヲ必要トシ犯人カ此意思アリ

トスルニハ、犯人カ人ヲシテ真正ノ文書ナリト誤信セシムル目的ヲ以テ之カ偽造ヲ為シタルコトヲ要スルト同時ニ、文書ノ偽造カ此目的ニ出テタルトキハ文書偽造罪ニ要スル主観的条件ハ常ニ具備スルモノトス。又犯人ノ目的ハ人ヲシテ偽造ノ文書ヲ真文書ナリト誤信セシムルニ存セサル場合ト雖モ、犯人カ此危険ノ実在スルコトヲ意識シ、之ヲ其目的トスル所ノ用ニ供セントテ企テタルトキハ、尚ホ行使ノ目的ヲ以テ文書ヲ偽造シタルモノタルコトヲ失ハサルモノトス。然レトモ文書ノ信用ヲ害スヘキ危険カ客観的ニハ実在スルモ、偽造者カ主観的ニ全然之ヲ否定シ又ハ全然之ヲ意識セサリシ場合ニ於テハ、所謂行使ノ目的ナキモノニシテ、文書偽造罪ハ主観的条件ノ欠缺ニ因リテ成立セサルモノトス。」（大判大二・一二・六刑録一九・一三八九）

【11】（判旨）「原審ニ於テハ判示ノ各証憑ヲ綜合シ、所論ノ一通ハ未必条件付行使ノ目的ヲ以テ他ノ文書ト共ニ判示ノ如ク偽造シタルモノト認メタルモノニシテ、文書偽造罪ノ成立スルカ為ニハ、必スシモ之ヲ行使スル確定ノ目的アルコトヲ要セス。未必条件付ニテ之ヲ行使スル目的ヲ有スル場合ト雖モ、亦刑法第百五十九条ニ所謂行使ノ目的ヲ以テ文書ヲ偽造シタルモノト称スルニ何等妨ケアルコトナシ。」（大判大一一・四・一一新聞一九八四・一九）

二　行使の目的の意義

（一）　いずれとするも、ちかく最高裁の判例は、「行使の目的」たるには「必らずしも文書本来の用法に従ってこれを真正なものとして使用することに限られず、真正な文書として、何等かの効用に役立たせようとする目的があれば足りる」としている（【12】）。そして、それは「何人かによって真正な文書と誤信せられる危険あることを意識して」いることをいい、本人みずからこれを行使する意思であると、他人をしてこれを行使せしめる意思であるとは、問うところでないとする（【13】）。また、すでに叙上の目的さえあらば足り、「使途の如何」は、問うところでなく（【14】）、「行使の相手方」を特定することも、必要でないとしている（【15】）。

（二）　ただ多少疑問となるのは、「はじめから偽造の情を知っている者の間のみで使用する目的」に出た場合は、ここにいう「行使の目的」となるかとの点である。この点、大審院の判例は、はじめ「苟も真正のものとして、その効用を為さしめる目的で偽造した以上、情を知っている者に交付したにすぎないような場合でも、行使の目的に出たものに該る」としていたが（【16】）、後の判例では、「たとえ文書を偽造したとしても、その目的が、ただ偽造者の間においてのみこれを使用するために外ならないときは、偽造罪とならない」とするに至った（【17】）。

この問題に対する正しい見解は、具体的事情の吟味問題に帰する。が、大体の方向としては、はじめから情を知った者に交付する意図にすぎなかったとしても、苟も真正の文書としてこれを使用する目的で文書を偽造したかぎり、それは行使の目的に出たものというべきであろう。ちかく最高裁の或る判例も、かような見解に出ている（【18】）。

【12】（判旨）「行使の目的は、必ずしも所論のごとく、その本来の用法に従ってこれを真正なものとして使用することに限るものではなく、苟も真正な文書として、その効用に役立たせる目的があれば足りるものである。従って被告人において、原判示の投票通知書又は投票通知再交付書を市町村選挙管理委員会が公職選挙法施行令三一条の規定に基き投票期日の前日までに選挙人に交付すべき入場券に代わるべき文書としての本来の用途に供する目的はなかったが、原判決の認定したように、同委員会が同令四五条の規定により選挙人の投票期日に出頭し投票したことを証する資料として保存しなければならない文書として使用する目的があった以上、行使の目的があったものといわなければならない。」（最判昭二九・四・一五刑集八・四・五〇九）

【13】（判旨）「文書偽造罪において行使の目的ありというには、何人かによって真正な文書と誤信せられ

る危険あることを意識して文書を偽造することをもって足りる。(必らずしも)偽造者自らこれを行使する意思あることを要するものではない。」(最判昭二八・一二・二五昭二七年(あ)第四六五四号事件)(同旨、福岡高判昭二五・一二・二一刑集三・四・六六二)

【14】(判旨)「苟モ証書ノ偽造カ行使ノ目的ニ出テタル以上ハ、常ニ犯罪ヲ構成スルコト勿論ニシテ、其使途ノ如何ハ、犯罪ノ成否ニ影響ヲ及ホスヘキコトナキヲ以テ、証書偽造罪ヲ断スル判決ニ於テ必スシモ犯人カ偽造証書ヲ如何ナル用ニ供セントシタルカヲ詳示スルノ要ナシ。」(大判大五・九・二二刑録二二・一四二八)

【15】(判旨)「苟モ行使ノ目的ヲ以テ文書ヲ偽造スルニ於テハ、其行使ノ行為ハ偽造ノ目的タル内容ヲ成スモノナレハ偽造ノ結果ト云フヘク、而シテ偽造文書ノ行使ハ、文書ノ偽造ヲ待テ始メテ成ルモノナレハ、偽造ノ行為ハ、偽造文書行使ノ手段ト謂フヘキモノトス。然レトモ其行使ノ行為ハ、偽造ノ当初ニ於テ特定シタル事実タルコトヲ要セス。後日ニ於テ偽造文書ノ行使アリタルトキハ、其行使ハ、文書偽造ノ目的タル行為ニシテ、其結果ト謂フヲ妨ケス。」(大判明四三・一・二七刑録一六・四五三)

【16】(判旨)「而シテ斯カル偽造文書ノ行使ハ、必スシモ宛名人ニ対シテノミ行ハルルニ限ラス、宛名人其情ヲ知ルモ尚他ニ之ヲ行使スルヲ得ヘキハ論ナキヲ以テ、苟モ真正ノモノトシテ、其効用ヲ為サシムル目的ヲ以テ偽造セラレタル以上ハ、始メヨリ情ヲ知レル者ニ之ヲ交付シタルニ過キサル本件ノ如キ場合ニ於テモ、亦刑法第百五十九条第一項ニ行使ノ目的ヲ以テ文書ヲ偽造シトアルニ該当スルモノトス。」(大判大二・四・二九刑録一九・五三八)

【17】(判旨)「文書偽造罪ノ成立スルニハ、偽造文書ヲ真正ノモノトシテ他人ニ対シ行使スルノ目的ヲ以テ偽造シタルコトヲ要スルモノナレハ、假令文書ヲ偽造シタリトスルモ、其目的ニシテ偽造者間ニ於テノミ之ヲ使用センカ為メニ外ナラサルトキハ、文書偽造罪ハ成立スヘキモノニアラス。故ニ文書偽造ノ行為ヲ刑法第百五十九条第一項ニ問擬スルニハ、判文中、犯人カ他人ニ対シ行使スルノ目的ヲ以テ文書ヲ偽造シタルコトヲ認識スルニ足ルヘキ事実理由ノ明示ナカルヘカラス。原審公訴判決ハ、被告等カ所論土地代金等受領委任状ヲ偽造シタル行為ニ対シ、刑法第百五十九条第一項、第十九条第一、二項ヲ適用処分シタルニ拘ハラス、其事実理由ニハ、単ニ『尚被告等ノ間ニ売買代金授受ノ用ニ供セシカ為メ同日頃被告安次郎方ニ於テ英雄ノ手ニテ正

後見人小林耕吉ノ署名ヲ偽造シ前記有合印ヲ押捺シテ土地代金等受領委任状ヲ偽造シタルモノナリ』」トアルノミニシテ、他人ニ対シ右偽造文書ヲ行使スルノ目的ニ出テシモノナルヤ否ヤ詳ナラス。従テ被告人等ノ行為カ文書偽造罪ヲ構成スルカ否カ之ヲ知ルニ由ナキヲ以テ、原審公訴判決ハ理由不備ノ不法アリ。」(大判大七・一・二四刑録二四・一九)

【18】（判旨）「いやしくも真正の文書として使用する目的で偽造せられた以上、始めから情を知った者に交付する場合でも、行使の目的で文書を偽造したものに該当する。」(最判昭二八・七・三一昭二七年(あ)第五七〇号事件)

四　偽造罪の犯意一般

一　偽造罪の犯意

（一）文書偽造罪の成立には、その有形偽造なると無形偽造なるとを問わず、上述のような「行使の目的」なる主観的違法分子の外に、「偽造の犯意」を必要とすること、犯罪一般理論の上からして当然である(刑三八条一項)。

（二）犯意の内容は、行為者において、一定の文書を偽って作成し、または一定の文書に虚偽の内容を記載し、若しくは記載せしめようとする認識及び意思である(刑一五四条、一五五条一、三項、一五九条一項)。

二　犯意の内容

（一）本罪は上述のように目的罪であるから、判例は偽造の犯意には、一定の文書を偽作することおよびこれを行使すること、並びにその行使が文書に対する公信を害するに至ることとの認識を必要とするも、行為者において、特に「他人を害し又は自己を利する意思」は必要でないとしている(【19】)。

そして右のような私文書偽造の犯意があったかぎり、偽造に際して、偶々自己の使用する実印が偽造であることを知らず、ただ盗用するものであると誤信していたとしても、偽造犯意の成立を阻却するものではないとしている（【20】）。けだし被告人は、罪となるべき事実を惹起せしめる意思をもって、そこに文書偽作という事実を惹起せしめているからである。

（二）　偽造に際し、将来名義人すなわち被害者の承諾が得られるであろうと予想したとしても、苟もあらかじめ他人の承諾なくして一定の文書を作成したかぎり、犯意の成立を阻却することなく、本罪を構成する。判例は古くからこのような見解を採っている（【21】）。そして偽造後に、たとい被害者の事後的承諾を得たとしても、犯意の成立に影響はないものとし（【22】）、また犯意の成立には、違法の認識は必ずしも必要ではないので、たとい被告人が、文書の作成をもって事務管理であると信じていたとしても、犯意の成立を阻却するものではないとしている（【23】）。

【19】（判旨）「文書偽造行使ノ構成要件トシテハ、文書ノ偽造及ヒ行使アルコトノ外、其行使ガ実害ヲ生シ又ハ生シ得ヘキモノタルヲ必要トスルモ、被告ニ他人ヲ害シ又ハ自己ヲ利スルノ意思アリタルコトハ、犯罪構成ノ要件タル事実ニ属セサルモノトス。」（大判明四一・一一・九刑録一四・九九六）（同旨、明四三・一二・一三刑録一六・二一一八）

【20】（判旨）「原判決ノ認メタル事実ニ依レハ、被告八百治ハ本件借用証書ヲ偽造スルニ際シ、榎金治カ其父安蔵ノ実印ヲ偽造セシ事実ヲ知ラス、其実印ヲ盗用スルモノト誤信シタルモノナリト雖モ、此ノ如キ事実上ノ錯誤ハ、刑法第一五九条第一項ノ犯罪ノ故意ヲ阻却スルモノニ非ス。」（大判大二・五・二刑録一九・五六一）

【21】（判旨）「爾後承諾ヲ予知シ得ヘキ場合ナルト否トニ区別ナク、苟クモ他人ノ承諾ヲ得スシテ其署名ヲ偽ハリ文書ヲ作成スルニ於テハ、直ニ文書偽造罪ヲ構成スルモノナルヲ以テ、杉浦桂次郎ノ承諾ヲ得スシテ同人名義契約書ノ預リ証書ヲ作成シ、之ヲ五太郎ニ交付シタル事実ヲ確認シ得ルニ於テハ、桂次郎カ爾後承諾

ヲ与フルカ否カヲ審明スルノ要ナシ。」(大判明四三・二・二一刑録一六・二八三)(同旨、大判大七・一〇・一八大七年(れ)第二四〇〇号事件、同昭九・一一・二二刑集一三・一五四〇)

【22】(判旨)「苟モ行使ノ目的ヲ以テ他人ノ氏名印章ヲ冒用シテ文書ヲ偽造スル以上ハ、直ニ文書偽造罪ヲ構成スルモノニシテ、犯人カ本人ノ将来ノ承諾ヲ予想シ、且事後ニ於テ名義人ノ承諾ヲ得ルモ、之カ為メニ犯罪ノ成立ヲ妨クルモノニアラス。」(大判大八・一一・五刑録二五・一〇六七)

【23】(判旨)「苟も行使の目的で判示杉原ウメ、佐藤操、佐藤タカの各氏名を暴署して賃借申出書を作成し、これに判示のように有合せの印を夫々押捺して文書を偽造した以上、直ちに文書偽造罪を構成するのであつて、被告人がたとえ杉原ウメ外二名の将来の承諾を得られることを予想したとしても、これがために犯罪の成立は妨げられるものではない。又犯意の成立には違法の事実の認識を以て足り、違法の認識は必ずしも必要ではないので、たとえ被告人が判示所為を事務管理であると信じてなしたとしても、犯意の成立を阻却するものではない。」(広島高判昭二五・二・二五刑特報八・八)

五　天皇文書の偽造

一　天皇文書の偽造罪

(一)　本罪は、二つの形式に分れる。一は、行使の目的で御璽、国璽若しくは御名を使用して詔書その他の文書を偽造する場合(刑一五四条一項前段)、二は、偽造した御璽、国璽若しくは御名を使用して詔書その他の文書を偽造する場合(同条同項後段)である。

(二)　本罪は文書偽造中、最も重い罪である。ここに「天皇文書」とは、詔書、その他天皇の名義において作成される一切の文書を指称する(同旨、牧野・下一七一頁)。法文には「御璽、国璽又は御名を使用して、詔書を偽造した者」として、右天皇文書の範囲を定めている。新憲法下において、天皇は日本国の象徴であり、日本国民の象徴として、いわゆる「国事行為」を行い(憲四条一項、七条)、また内閣総理大臣、最高裁判所長官の「任命権」を有っているので(同六条)、これら国事行為並びに任命に関する一切の詔書、その他の天皇名義の文書は、本罪の客体となる。特に法文に、詔書の外に「その他の文書」を加えているのは、天皇の国事行為、その他の権限行為の範囲は相当に広汎であり、必ずしも「詔書」の形式によるものばかりでなく、且つまた天皇の文書中には、国事行為に関するもの以外にわたるもの、例えば皇室の大事に関するものなどもあるからである。

二　本罪の行為

(一)　本罪の行為は、(a)行使の目的で御璽、国璽若しくは御名を不正に使用して詔書その他の文書を偽造する場合と、(b)行使の目的で偽造した御璽、国璽若しくは御名を使用して詔書その他の文書を偽造する場合とに分れる。

右いずれの場合においても、通常の罪となるべき事実認識の意義における犯意を必要とする外に、特に「行使の目的」に出たことを必要とする。

(二)　なお本罪は、何人なるを問わず、日本国外においてこれを犯した者に対しても、適用をみる(刑二条五号)。が、いずれとするも天皇文書に関しては、従来判例は、一つも存在しない。

六　公文書の有形偽造

一　公文書の有形偽造罪と、その客体

（一）本罪の形式は三つに分れる。一は、行使の目的をもって公務所又は公務員の印章若しくは署名を使用して、公務所又は公務員の作るべき文書若しくは図画を偽造する場合（刑一五五条一項前段）、二は、偽造した公務所又は公務員の印章若しくは署名を使用して、公務所又は公務員の作るべき文書若しくは図画を偽造する場合（同条同項後段）、三は、行使の目的をもって、公務員の印章若しくは署名のない公務所又は公務員の作るべき文書若しくは図画を偽造する場合（刑一五五条三項）である。

（二）本罪の客体は「公文書」である。それは二つに分れる。一は、「公務所」の作るべき文書であり、二は、「公務員」の作るべき文書である。前者は、公務所の名称をもって作られる文書をいい、後者は、公務員が、その権限内において作成する文書をいう（同旨、大場・各論下四〇九頁、牧野・下一七一頁、大判明四五・四・一五刑録一八・四六五）。その作成権限が、法令によると、内規又は慣例によるとを問わず（大判昭一二・七・五刑集一六・一一八五）、ひろくその職務権限内において、所定の形式に従い作成されたものをいい、必ずしも実生活に交渉を有する事項の証明又は権利・義務に関する内容をもつことは必要でない（最判昭二九・四・一五決定刑集五・四・五〇八）。

公文書なるものが、後述の私文書と区別される標準は、その内容の点ではなくして、その作成名義者の点にある。すなわち、刑法が公文書偽造を私文書偽造より区別し、前者の偽造を特に重く処罰しているのは、この種文書が公務員又は公務所の作成するものとして、その信用力において格段と強いものがあるからである（大判昭六・三・一一刑集一〇・九〇）。判例は、苟も公務員が職務上作成すべき文書であるかぎり、署名又は捺印の有無に拘らず、これを偽造したときは公文書偽造罪が成立するとし（大判明四三・七・一刑録一六・一三一九）、なお

ちかく判例は、(a)地方食糧営団の職員名義の「配給停止証明書」は、刑法上公務員の作るべき文書とみなされるものとし（【24】）、(b)日本電信電話公社の職員の作成した文書も、同様であるとし（【25】）、さらに、(c)物品税証紙は、刑法一五五条三項の文書に該るとし（【26】）、なお、(d)製造たばこ「光」の外箱の偽造の如きも、刑法一五五条にいう図画の偽造に該るとしている（【27】）。

【24】（判旨）「原判決は、その法律適用の説明において、所論のごとく昭和二二年法律第二四二号附則第二項、昭和一九年法律第四号経済関係罰則ノ整備ニ関スル法律第一条、同年勅令第二六八号第一条第一二号による判示地方食糧営団の職員名義の配給停止証明書は、刑法上公務員の作るべき文書とみなされるものとし、判示被告人の昭和二二年七月二四日及同年八月五日頃のこれが偽造、変造及びその行使に対し刑法第一五五条第一、二項、第一五八条第一項等を適用したことは、所論のとおりである。そして右昭和二二年法律第二四二号附則第二項による同法施行前にした行為に適用される右昭和一九年法律第四号第一条にいわゆる「団体又ハ営団、金庫若ハ之等ニ準ズルモノノ役員其ノ他ノ職員ハ、罰則ノ適用ニ付テハ之ヲ法令ニ依リ公務ニ従事スル職員ト看做ス」との規定は、かかる団体等は国家総動員法に基き国家総動員上の必要による同種若しくは異種の事業の統制又は統制の為にする経営を目的とするものであり、従って、その役員その他職員の権利義務は、国家若しくは公共団体における官吏、公吏その他法令に依り公務に従事する職員の職務行為と実質上異るところがないから、刑法上の公務員と同一の責任を負担せしむると共に同一の保護を与える必要上、すべての罰則の適用について刑法第七条の公務員と看做したものと解するを相当とする。されば右の罰則とは、所論のように役職員等が瀆職、秘密漏洩等のごとき、その地位を濫用した不法行為に対する罰則のみを指すものではなく、第三者の為す公務執行妨害、公文書偽造、贈賄等のごとき被害者たる役職員保護のための罰則をも包含するものと解すべきである。」（最判昭二三・一〇・二八 刑集二・一一・一四一五）

【25】（判旨）「日本電信電話公社職員たる信越電気通信局支出役名義の文書は、公文書である。」（最決昭三二・六・

二七刑集一一・六・一七四一）

【26】（判旨）「物品税証紙は、刑法第一五五条第三項の文書に該当する。」（最決昭二九・八・二〇刑集八・八・一三六三）

【27】（判旨）「原判決認定事実によれば、被告人等は共謀のうえ、真正な製造たばこ『光』の外箱と同様な図柄および『日本専売公社』なる文字、その他所要の事項を印刷したというのであって、たばこ専売法における右のような基盤に照して本件「光」の外箱における表示を総体的に観察するときは、これを以て右公社の製造にかかる製造たばこ『光』すなわち合法的な専売品であることを証明する意思を表示した図画であると解するを相当とし、所論のような美術的効果を否定できないとしても、単にそれだけのものにすぎないということはできないから、この点よりして刑法一五五条第一項の図画に当らないとする所論は、採用することができない。」（大阪高判昭三〇・一一・一〇二一刑集八・一・一〇）

二　公務員の印章と署名

（一）本罪の手段に使用される「公務員の印章」とは、およそ公務員が公文書を作成するにあたり、これに公務員の印として使用する一切のものを指称する。その本来が私印なると、公印なると、いわゆる認印なると、はたまた職印であるとを問わない（同旨、大判明四四・三・二一刑録一七・四二九、同大五・六・一刑録二二・八七二、同昭九・二・二四刑集一三・一六五）。赤鉛筆で、印影を画いたものでも足りる（最判昭二九・二・二五昭二六年(れ)第二三三三号事件判決）。そして、苟も行使の目的で、公務員の印章を使用して公文書を偽造するかぎり、たといこれに公務所の印章を用いず、公務員の自署がなくても、なお公文書偽造罪は成立する（大判昭九・二・二四刑集一三・一六四）。また「収入役」が滞納整理簿に擅に払込日付印を押捺した以上は、ここに該文書の偽造は成立し、該帳簿に収入役が認印するのは事務整理上の必要上の手続にすぎないので、その認印以前とても偽造罪を構成する（大判昭九・二・八刑集一・三・七二）。さらに、「公務所の印章」使用による公文書偽造罪の成立には、必ずしも偽造した公務所の印顆を押捺することを要しない。一般世人をして公務所の印章であると誤信せしめるに足るべき類似の影跡を文書に表現せしむれば足りる（【28】）。なお、公務員が公務所改組により、その名称等が変更せられた後に、旧名称の公務所の記名印章を使用して公文書を作成したような場合でも、苟も該文書にして新公務所の文書として取り扱われる危険性の存するものであるかぎり、旧名称による公文書偽造罪が成立するものとしている（【29】）。いな、ちかく高裁の或る判例は、「富山地方裁判所建設整理課」なる文字のある印章を使用して、支払命令書等を作成したという事実につき、右のような公務所はたとい実在しなくとも、法律に暗い一般人をして裁判所によって作成された公文書と誤信せしめやすいかぎり、公文書偽造罪は成立するものとしている（【30】）。

（二）　また本罪の手段に使用される「署名」は、必ずしも自署にかぎらず、記名であると自署であるとを問わない。ただそれは、作成者が如何なる者であるかを表示するものであらば足りる（大判大四・一〇・二〇新聞一〇五二・二七）。時には、氏名を記載しなくても、それが或る特定の公務員を指称したことが明らかな場合には、公務員の署名があるものと認めて差支ない、とするのが判例である（大判明四四・一一・一六刑録一七・一九九三）。例えば、村長助役が個人の請求にかかる証明書を作成するに当り、証明書に助役たる職名及び職印を表示している以上、その氏名の記載がなくても、公文書といい得べく、これを偽造するのは罪となる（大判昭九・三・二三刑集一三・三〇六）。さらに、すでに「署名」が偽造である以上は、それに使用された印章の如何は、問うところでないとしている（【31】）。

注意すべきは、判例によれば三等郵便局の通信事務員は、自己の権限に基づき文書を作成するものでないから、局備付の日付印の時刻を組み替えて押捺し、局の署名のある文書を作成するにおいては、一種の署名の冒用として、本罪の成立を認めている一事である（【32】）。

なお、刑法にいう「公務所の署名を使用して」というのは、正当に表示せられた公務所の署名を不正に使用することを意味することについては（【33】）、多く説明を要しないであろう。

【28】（判旨）「苟モ公文書ノ形式ヲ偽リ一般世人ヲシテ公務所若ハ公務員ノ権限内ニ於テ作成シタル文書ナリト信セシムルニ足ルヘキ程度ノ形式外観ヲ具ヘタル文書ヲ偽造シ、以テ公文書ノ信用ヲ害スル危険アルニ於テハ、其ノ行為ハ公文書偽造罪ヲ構成スルコト当院判例ノ示ス所ニシテ、刑法第百五十五条第一項ニ所謂偽造シタル公務所ノ印章使用ニ依ル公文書偽造罪ノ成立スルニハ、必スシモ偽造シタル公務所ノ印顆ヲ押捺スルコトヲ要スルモノニ非ス、一般世人ヲシテ公務所ノ印章ナリト誤信セシムルニ足ルヘキ類似ノ影蹟ヲ文書ニ表顕セシメ、之ヲ使用シテ公務所ノ作ルヘキ文書ヲ偽造スルヲ以テ足ルコト同条ノ解釈上疑ヲ容レス。原判決カ証拠ニヨリ認定シタル事実ハ、論旨冒頭所掲ノ如クニシテ、之ニ依レハ被告人両名ハ偽造シタル松山区裁判所ノ印顆ヲ押捺シタルニ非サルモ、松山区制調査会ナル印顆ヲ巧ニ判示文書ニ押捺シテ、同区裁判所ノ庁印ニ酷似シタル印影ヲ顕出セシメ、他ノ記載、就中登記番号、登記申請書受附ノ年月日、受附番号、順位番号及登記済ノ記載ト相待テ一般世人ヲシテ同区裁判所カ権限内ニ於テ作成シタル登記済証書ナリト誤信セシムルニ足ルヘキ形式外観ヲ具備シタル文書（証第一号）ヲ偽造行使シタルモノナルコト明ニシテ、証第一号及記録ニ依ルモ其ノ誤認ナルコトヲ疑フニ足ラサルヲ以テ、被告人ノ行為ハ公文書偽造行使罪ヲ構成スルコト勿論ナレハ、原判決カ刑法第百五十五条第一項、第百五十八条第一項ヲ適用処断シタルハ正当ニシテ擬律錯誤ノ誤法アルモノニ非ス。」（大判昭八・九・二七刑集一二・一六八一）

【29】（判旨）「原判決援用の荻原繁の検察官に対する供述調書に依れば、大阪通商産業局福井分室は昭和二十四年十月三十日まで存在したものであつて、同年十一月より其の機構が改められ、福井県商工資材事務所と改称せられたものであること、及其の管掌事務が改組後も同一系統に属するものであることが認められる。そして本件各偽造割宛証明書の発行日附は昭和二十四年十二月二十六日乃至同月三十日で、右改組の約二ケ月後であり、本件偽造及行使の日時は、昭和二十五年一月下旬であるから、以上の日時関係及管掌事務が前後略同様である点より考察すれば、縦令右発行日附の当時及偽造行使の頃には、本件公務所の改組名称変更があつて、旧名称が廃止せられていたとしても、其の旧名公務所の記名、印章を使用した文書が正当な公務所の公文書として取扱われることのあることは一般的に考えられることであるから、原審が此の点につき、特に証拠調をしなかつたからとて、審理不審であるということはできない。」（名古屋高金沢支判昭二七・三・二四高裁刑特報三〇・七九）

【30】（判旨）「押収に係る証第一号乃至第三号（偽造支払命令書）の記載を検討するに、これ等の書面は、いずれも、『支払命令書』と題し、債務者に対し、一定金額の支払を命ずる趣旨の文言を備え、『富山地方裁判所建設整理課』なる名称を用いて、これを該文書の作成名義とし、且該名下に『富山地方裁判所建設整理課印』なる文字ある印章を押捺したものであることを認め得る。そうして見れば、たとえ富山地方裁判所に、『建設整理課』なるものがなく、また民事訴訟法上、地方裁判所に於て支払命令を発することがないとしても、前記の各文書は、其の形式並に外観の点に於て、法律に暗い一般社会人をして、一見該文書を裁判所によつて作成された適法且真正な支払命令書であると信ぜしめるに足るものであることが明かであり、従つて斯の如き文書を作成した被告人の所為は、公文書の信用を阻害する危険あるものとして、刑法第百五十五条第一項に牴触することと勿論であるから、論旨は理由がない。」（名古屋高金沢支判昭二七・四・七高裁刑特報三〇・八一）

【31】（判旨）「領収証ノ収入役ノ署名ニシテ偽署名タル以上ハ、其印章ノ如何ニ関セス、其作成名義ヲ詐リタルモノナレハ、刑法第一五五条第一項ノ公文書偽造罪ヲ構成スルコト勿論ナリトス。」（明四四・七・四刑録一七・一三四二）

【32】（判旨）「三等郵便局ニ於ケル通信事務員ノ任務ハ、局長ノ命令ヲ受ケ其ノ権限ニ属スル文書ノ作成

又ハ帳簿ノ記入ヲ為スニ過キスシテ自己ノ職務権限ニ基キ文書ヲ作成スルモノニ非サルコトハ、当院カ公文書偽造行使、公文書変造行使、業務上横領被告事件（大正十一年（れ）第一三五七号同年十二月十一日宣告）ニ付判示スル所ナリ。原判示事実ニ依レハ、当時判示砂川郵便局通信事務員タリシ鳥飼すみハ擅ニ同局備付ノ日附印ノ時刻ヲ組替ヘテ判示封筒ニ押捺シ、以テ同局ノ署名アル判示文書ヲ作成シタルモノニシテ、判示砂川郵便局ハ三等郵便局ナルカ故ニ、鳥飼すみノ叙上行為ハ刑法第百五十五条第一項ヲ以テ論スヘク、従テ右すみヲ教唆シタル被告人ノ判示行為ハ、刑法第一五五条第一項、第六十一条第一項ニ拠リ処断スヘキモノトス。」（大判昭三・一〇・九新聞二九五五・一一）

【33】（判旨）「刑法第一五五条第一項ニ所謂公務所ノ署名ヲ使用シトハ、正当ニ表示セラレタル公務所ノ署名ヲ不正ニ使用スルノ謂ニシテ、村役場ノ記載アル印鑑簿ハ公務所ノ署名アル公務所ノ作ルヘキ文書ニ外ナラサルヲ以テ、之ニ当該届人ノ偽造印ヲ押捺シ、虚偽ノ事実ヲ記入スルハ、即チ正当ニ表示セラレタル公務所ノ署名ヲ不正ニ使用シ公務所ノ作ルヘキ文書ヲ偽造シタルモノナレハ、右事実ニ対シ同条項ヲ適用処断シタル原判決ハ相当ナリ。」（大判大三・六・一三刑録二〇・一一八三）

三　公務所・公務員「名義の冒用」

（一）　本罪は、上述のように公務所若しくは公務員の印章若しくは署名を使用して、「名義を冒用すること」が、一つの要件とされている。そこに問題とされてくるのは、冒用された名義人は、実在していることを要するかとの一事である。この点、判例は、(a)冒用された名義人が、すでに在職していなくても、一見人をして、在職公務員が作成した文書とみられ得べきものを作成したかぎり、本罪は成立するものとし（【34】）、また、(b)名義人なる公務員は死亡しているが、一見公務員が、その権限内において作成したとみらるべきものを作成したかぎり、本罪は成立するとしている（【35】）。いな、ちかく高裁の判例の或るものは、(c)実在しない公務所名義を使用していても、その書面が、外観形式において一般人をして実在する公務所名義のものと誤信せしめるに足るものを作成した以上、本罪を構成するものとしている(【36】)。例えば、当該公文書の作成名義に冒用された公務所が、その当時すでに廃止され、法律的に不存在であったとしても、人をして実在する公務所の文書と誤信せしめる程度の文書を作成するときは、罪となる(【37】)。

(二)　なお、ちかく高裁の判例の或るものは、(a)冒用された名義人、用紙等、多少正規の文書と異るも、苟も公務所又は公務員の作成名義を詐って、一般人をして公務所又は公務員の作成した文書と信じさせるに足る外観形式を有つものを作成した場合は、本罪を肯定すべきものとする(【38】)。これに反し、外国人の氏名の記載を欠く外国人登録証明書の作成の如きは、氏名の冒用があるものと認めることができないから、本罪を構成するものではないとしている(【39】)。

【34】(判旨)「苟モ区長ノ資格ヲ詐リテ其ノ職務上作成スヘキ文書ヲ作成行使シタル場合ニ於テ、其ノ文書カ区長ノ権限内ニ於テ作成シタル真正ノ証明書ナリト信セシムルニ足ルヘキ程度ノ形式外観ヲ具備シ、以テ公文書ノ信用ヲ害スル危険アルモノナル以上ハ、縦令其名義カ当時区長ヲ奉職スルモノニアラスト雖モ、公文書偽造行使罪ノ成立ヲ妨ケス。」(大判昭元・一二・二八新聞二六五八・一五)

【35】(判旨)「公文書偽造罪ノ成立ニハ、文書ノ形式又ハ其内容ヲ偽ハリタル所為カ、一般人ヲシテ公務所又ハ公務員ノ権限内ニ於テ作成シタル文書ナリト信セシムル程度ニ於テ其形式外観ヲ具有シ、公文書ノ信用ヲ害スヘキ危険アルヲ以テ足リ、其ノ文書ノ日附当時之ニ署名セル公務員ノ生存シタルヤ否ヤハ同罪ノ成立要件ニアラス。」(大判大元・一〇・三一刑録一八・一三一四)

【36】(判旨)「実在しない関東財務局前橋出張所名義を使用しても、その作成した『受理証第一四二号貸

金業等取締法第一三条に基き日興開発株式会社の届出書式を受理する』旨の書面が、その形式外観において一般人をして実在する公務所たる関東財務局前橋財務部がその職務権限内において作成した公文書であると誤信せしめるに足るものである以上、その所為は公文書偽造罪を構成する。」（東京高判昭三〇・六・八刑集八・四・六一二）

【37】（判旨）「原判決理由第三が、被告人及川が小川武雄等と共謀の上、昭和二十五年十二月上旬頃同被告人宅に於て昭和二十四年十一月二十二日附運輸省埼玉道路運送監理事務所長名義の廃車証明書を偽造した旨判示しているところ、右道路運送監理事務所は、昭和二十四年八月一日陸運局分室が設置されるまで存続したものに過ぎないし、陸運局分室も更にその後の機構改正により、同年十一月一日より陸運事務室として発足したものであるから、昭和二十五年十二月頃は勿論、前記廃車証明書作成日附たる昭和二十四年十一月二十二日当時に於ても道路運送監理事務所なる官庁は存在していなかったことは所論のとおりである。しかし道路運送監理事務所が、その存続当時にあって、自動車の検査登録事務を処理し、その所長名義を以て自動車に関する各種の証明、特に廃車証明書を作成する権限を有していたのであるから、被告人及川の作成した前記昭和二十四年十一月二十二日附廃車証明書の如く、道路運送監理事務所の廃止後さほど日時を経過していない日附の廃車証明書であり、正規に存在していた官庁が適法な権限に基いて作成した廃車証明書であると人をして誤信せしめるに足ること明らかであり、かかる文書を作成した被告人の所為は、道路運送監理事務所が、実際上廃止せられていたと否とを問わず、公文書偽造罪を構成するものといわなければならない。」（東京高判昭二八・三・三一特三八・七五）

【38】（判旨）「いやしくも公務所または公務員の作成名義を詐り、一般人をして公務所又は公務員の作成した文書なりと信じさせるに足る形式外観を具備する以上、偽造公文書なりと認むべきところ、原判決の認定した偽造文書は、挙示の証拠によれば、㈠大阪地方専売局煙草部の記名捺印ある堺専売出張所長宛昭和二三年八月二〇日附煙草廻送指令(証第一号)、㈡右所長宛西宮専売出張所長名義及び捺印ある同月二四日附ピース百四十万本の仮領収書(証第二号)、㈢西宮専売出張所分任会計官吏大蔵事務官藤田秀恭名義の署名捺印ある堺専売出張所分任物品会計官吏宛の同日ピース百四十万本の領収書（証第三号）であり、以上は形式外観において

一見右各作成名義者作成に係ることを信じさせるに十分であるから、原審が、これを偽造公文書と認定したのは正当である。」（大阪高判昭二四・六・一〇特一・二〇二）

【39】（判旨）「行使の目的をもって正規の外国人登録証明書用紙を用い、その発行者欄に市区町村長の職員ならびにその氏名を記載したゴム印を冒捺し、外国人の氏名を欠き、その他の法定事項を完備した文書を作成する所為は、刑法一六五条二項前段の罪を構成するも、刑法一五五条一項の罪に該当しない。」（東京高判昭二七・九・一〇刑集五・一〇・一六五九）

四　作成権限のないこと

（一）本罪の主体となる者は、原則としてみずから当該公文書を作るべき一般的権限をもっていない者である。ゆえに、「公務員と雖も、自分の担任している職務に全く関しない事項について虚偽の文書を作成したとき」は、恰も通常人が公文書を偽造したのと異ることなく、本罪を構成する（【40】）。例えば、(a)村役場税務主任書記が、擅に村長名義を用い、滞納処分に関する内容虚偽の公文書を作成するが如き（大判昭八・一〇・五刑集一二・一七五六）、(b)町村の収入役が、村長名義を冒用して、金円借用証書を作成するが如き（大判昭八・一〇・二六新聞三六五四・一七）、(c)村役場書記が、村長代理たる資格を有しないのに拘らず、村長が作成すべき印鑑証明書を擅に作成するが如き（大判昭一〇・七・二三刑集一四・八二八）である。また、(d)町村長の臨時代理としてではなく、単にその命により戸籍事務を担当している町村役場書記が、町村役場名義の戸籍簿に虚偽の記載をするが如き（大判大五・一二・一六刑録二二・一九〇五、同大八・五・五刑録二五・六一九）、(e)村長が違法な方法によって、法律上本来充当することの許されない金銭を納税金に充当し、これに因って村税金領収書を作成した場合の如き（【41】）である。ちかく最高裁の判例は、本来総理庁建築出張所長の作成権限に属する割当証明書を、擅に右作成権限を犯して作成した同所発券係の所為をもって、公文書偽造罪を構成するものとしている（【42】）。

なお注目すべきは、資源庁鉱山局長や、通商産業省鉄鋼局長の名義を冒用して、錫の払下に関する文書を擅に作成したかぎり、原判決において、はたして右両局長が錫の払下について権限を有っているかどうかを審査し判示するところがなかったとしても、苟もそこに一般人をして真正の文書と誤信せしめ、公文書の信用を破壊するかぎり本罪を構成する、との高裁の判例がある一事である（【43】）。

【40】（判旨）「刑法第一五六条ハ、公務員其ノ職務ニ関シ、行使ノ目的ヲ以テ虚偽ノ文書若クハ図画ヲ作リ又ハ文書若クハ図画ヲ変造シタル場合ニ関スル規定ニシテ、公務員ト雖何等職務ノ執行ニ関セサルニ拘ラス行使ノ目的ヲ以テ虚偽ノ公文書ヲ作成シタルトキハ、是レ公務員ニ非サル者カ公務員ノ作ルヘキ文書ヲ偽造シタルト何等異ル所ナキカ故ニ刑法第一五五条ニ問擬スヘキモノトス。」（大判大七・一一・二〇刑録二四・一三七八）（同旨、昭一〇・一〇・二四新聞三九三五・九）

【41】（判旨）「原判決ニ認ムル如ク、収入役ニ支給スヘキ給料及旅費ヲ以テ直チニ収入役ノ納税金ニ充当シ、又村長カ個人ノ委託ヲ受ケテ保管スル国庫債券又ハ同償還金ヲ擅ニ公用ニ費消シ、其費消金額ヲ以テ直チニ委託者ノ納税金ニ充当スルカ如キハ、何レモ法律ノ許容セサル所ナリトス。然レハ原院カ村長タル被告ニ於テ収入役ノ給料及旅費ト其滞納村税金トノ差引計算ヲ為シ村税金領収証ヲ作成シ、又受託ノ国庫債券及其償還金ノ費消金額ト村税金トノ差引計算ヲ為シ村税金領収証ヲ作成シ、且村費歳入簿ニ右村税金ヲ領収シタル旨ノ記入ヲ為シタル事実ヲ認メ、之ヲ以テ公文書偽造罪ニ問擬シタルハ正当ニシテ、論旨ハ理由ナシ。」（大判大元・一一・二五刑録一八・一四一七）

【42】（判旨）「按ずるに刑法第一五五条第一項の公文書偽造罪が成立するには、その作成権限のない者が行使の目的を以て公務所又は公務員の作成名義を偽って公文書を作成することを要することは異論のないとこ

ろである。元来本件割当証明書の作成名義人は、判旨建築出張所長総理庁技官竹内佐平治であるから、その作成権限は、同人に属すること明らかである。論旨は、被告人が発券係として同出張所に印刷し備付けてある割当証明書用紙を使用し、その所要欄に必要事項を記入した上、庶務係が保管している前記出張所長の公印を押し、割当証明書を発行していたことが認められ、しかも右公印は庶務係の者に押して貰うべきものであるが、実際は必要な場合、何時でも被告人自身が自由に之を使用して割当証明書に押していたこと等を挙げて、右割当証明書作成の権限は、被告人が有していたと主張する。しかし所論の事実があるとしても、直ちに被告人が該割当証明書作成の権限を有していたとはいい得ない。記録を精査するに、右出張所長が、該割当証明書作成権限を被告人に移したとか、所長に故障がある為め被告人が臨時代理者として本件割当証明書発行の事務を執行したという事実が認められない点に鑑みるときは、被告人が、ほしいままに出張所長の印章及び署名を使用して出張所長の権限に属する割当証明書を作成したことは、明らかに刑法第一五五条第一項の公文書偽造罪に該当し、同法第一五六条、同第一五七条に該当するものではない。論旨は、恰も刑法第一五五条第一項の公文書偽造罪は、公務員以外の者でなければ犯し得ないものの如く主張するが、たとい公務員であっても、行使の目的を作成権限がないに拘らず公務所又は公務員の印章若くは署名を冒用して公務所又は公務員の作るべき文書を作成すれば同罪の成立すること前に説明した通りであるから、論旨は採用できない。」（大判昭二五・二・二八刑集四・二七四）

【43】（判旨）「資源庁鉱山局長や通商産業省鉄鋼局長が錫の払下について何等権限を有しないことは所論のとおりであるが、右鉱山局長や鉄鋼局長名義を以て原判示の如き内容の文書を作成すれば、人をして真正のものと誤信させ、公文書に対する信用を破壊するに至ることは明白である。従って原審が前記鉱山局長や鉄鋼局長が錫の払下についての権限の有無を問うことなく、被告人が右局長等の名義によって原判示のような錫払下に関する文書を作成したことを以て公文書偽造罪に当るものとしたことは正当である。」（東京高判昭二七・一一・一七特三七・九七）

（二）疑問となるのは、公文書を作るべき権限を有っていないが、上司の補助機関として当該文書を上司の名義をもって作成すべき地位にある者が、その文書に虚偽記載をするときは、本罪なる刑法一五五条の罪となるか、それとも後述の刑法一五六条の「虚偽の公文書を作成した場合」となるかとの点である。が、補助機関たる地位にある者は、その地位において、上司の名義で虚偽の文書を作るべき権限を有たないかぎり、結局右のような場合には、何等関係のない者が、擅に上司名義の文書を偽造した場合と同じく、刑法一五五条の罪を構成するものといわなければならない。ゆえに判例の或るものは、(a)町村長の命により戸籍事務を担当している村役場の書記が、戸籍簿に虚偽の記載をするのは、刑法一五五条の罪で、同一五六条の罪でないとし（大判大五・一二・一六刑録二二・一九〇八、同大八・五・五刑録二五・六二二）、(b)三等郵便局における通信事務員が、擅に局長名義の虚偽の文書を作成し、または備付帳簿に虚偽の記入をした場合の如きも、同様であるとしている（大判大六・五・二刑録二三・四四五、同大一一・一二・一一刑集一・七四八、同大一三・六・一六新聞二二八九・一七）。また、(c)市長の補助機関にすぎない者が、転出証明書、家庭用米穀通帳等を擅に作成するのは、本罪であるとし（【44】）、(d)市の区役所駐在事務所主任でなく、これを補助して事務をとっているにすぎない区役所事務員が、擅に内容虚偽の転出証明書を作成するが如きも、本罪に該るとしている（【45】）。

右に反し判例は、一定の公文書を作成すべき権限が、或いは補助又は代理資格のもとに許容されているときは、勿論刑法一五五条の有形偽造罪は成立しないものとしている（【46】）。

【44】（判旨）「論旨は、本件公文書偽造の点については共犯の奥平寅夫、同津田嘉光は舞鶴市書記として本件公文書を作成する権限があったのであるから、被告人が右両名と共謀して公文書を作成したという行為を公文書偽造として刑法一五五条一項に問擬した原判決は違法であるというのである。しかし乍ら、原判決が適

法な証拠に基いて認定したところによると、原審相被告人奥平寅夫、同津田嘉光の両名は、いずれも舞鶴市長の補助機関として同市役所西支所において、転入転出世帯員の異動証明、諸配給の通帳交付等の事務に従事していたというのであって、所論の如き市長名義の独立した公文書作成の権限を有していたものではない。してみれば、被告人が右両名と共謀して原判示第七及び第一一の一の如く、擅に転出証明書、家庭用米穀通帳等を作成した行為を公文書偽造罪として刑法一五五条一項を適用処断した原判決は正当であって、所論の如き違法はないのである。」（最判二小昭二六・一〇・二六昭二六年（れ）第一九一七号事件――判例集には登載していない）

【45】（判旨）「第一審相被告人井上助治郎が、昭和二二年六月末迄京都市中京区役所朱雀第四駐在員事務所の事務員であったことは所論の通りであるが、原審の引用した第一審判決の判示第一事実中の井上に関する部分である『被告人井上助治郎は昭和二二年四月から六月末迄京都市中京区役所朱雀第四駐在員事務所の事務員をしていたものであるが……被告人井上は同年六月五日頃京都市中京区西之京笠殿町五番地の自宅で擅に行使の目的を以て公務所である右朱雀第四駐在員事務所の公印を押捺してある転出証明書用紙六枚に、任から受取った前記松本奇一外二一名の架空の人物の氏名と米穀は昭和二二年六月八日迄配給済等所要事項を記載し以て同年六月七日附の右事務所作成名義の転出証明書六枚（証第二号）を順次偽造して、これを被告人任に……』の判示は、右井上をもって右朱雀第四駐在員事務所の責任者たる同事務所主任ではなく、単なる同事務所の事務員であって、主任を補助して事務を執っている者にすぎない者で、転出証明書を作成交付する権限のない者であることを認定判示しているものであることは容易に理解し得るところであって、その事実は原判決挙示の証拠によって肯認することができる。さればこの点に対する所論審理不尽に基く重大なる事実の誤認があるとの主張並びにこれを前提とする擬律錯誤の主張は上告審適法の理由として採ることができない。」（大判昭二七・一二・二五昭二四年（れ）第八二二号事件――判例集に登載はない）

【46】（判旨）「助役カ、村長ノ代理トシテ職務ヲ執行スルニ当リ、村長ノ名義ヲ以テ文書ヲ作成スルト雖モ、其文書ニシテ助役カ村長代理トシテ正当ニ作成シ得ヘキ性質ノモノナルトキハ、職務ノ便宜上代理名義ヲ

省略シタルニ止リ、之ヲ以テ偽造ト認ムヘキモノニアラサレハ、其效力ヲ有スルコト勿論ナリ。」（大判明四四・七・六刑録一七・一三一五）

五　偽造行為の成立

（一）　上述したように、行使の目的をもって、公務所又は公務員の名義を冒用し、一定の公文書を作成した場合、その偽造公文書が一般人をして公務所又は公務員の職務権限内において作成せられたものと誤信せしめるに足る外観形式を具有するにおいては、ここに公文書偽造行為は成立する。かような場合、苟もその文書にして、右のような性状を具有するかぎり、たといその表示された名義者なる公務所又は公務員に、そのような文書を作成すべき権限がないとしても、刑法一五五条罪の成立に影響はない。この見解は、大審院判例の是認するところであり（【47】）、ちかく最高裁の判例によっても、維持されているところである（【48】）。

そして判例は、本罪はひとり実在する公務所又は公務員の作るべき公文書を偽造する場合のみならず、一般人をして実在している公務所又は公務員の作成すべき文書、図画と誤信せしめるものを作成した場合にも成立するとしている（【49】）。

【47】（判旨）「苟モ公文書ノ形式ヲ偽ハリ一般人ヲシテ公務所若ハ公務員カ其ノ権限内ニ於テ作成シタルモノナルカ如ク信セシムヘキ形式外観ヲ具フル文書ヲ作成シ、以テ公文書ノ信用ヲ害スヘキ危険ヲ生セシムルニ於テハ、公文書偽造罪ノ成立スヘキコトハ当院ノ夙ニ判例トスル所ナルト同時ニ、原判示事実ニ依レハ、被告人ハ山形市役所ノ用紙ニ青年学校服代金及銃剣術防具代金ノ一部ヲ鈴木ヨシノニ対シテ支払フコトヲ承諾スル旨ノ文言ヲ記入シ、其ノ作成名義人トシテ山形市学務課長青木虎次郎ノ氏名肩書ヲ冒書シ、其ノ名下ニ擅ニ

青木ナル印影ヲ押捺シテ学務課長名義ノ承諾書ヲ偽造シタリト云フニ在リテ、該承諾書ハ、其ノ外観上一般人ヲシテ現ニ山形市学務課長ノ職ニ在ル者カ、課長トシテノ職務権限内ニ於テ作成セル書面ナルコトヲ誤信セシムヘキ形式ヲ具ヘ、公文書タル信用ヲ害スヘキ危険アルコト勿論ナルカ故ニ、仮令山形市ノ学務課長ニ斯ル文書ヲ作成スヘキ権限ナシトスルモ、尚且被告人ノ判示所為ヲ公文書偽造罪ニ問擬スヘキハ当然ナリ。」（大判昭一一・九・一一刑集一五・一二四二）（同旨、昭八・三・三一刑集一二・三三〇）

【48】（判旨）「本件文書について按ずるに、右文書の内容事項につき、その作成名義者たる大分県議会事務局の権限の有無に関しては、原判決に判示されていないところであるが、仮に所論のごとく、同事務局にかかる文書を作成する権限が全くないことが事実であったとしても、右文書自体は、大分県議会事務局名義で作成されていて、一般人をして同事務局がその権限内において作成したものと信ぜしめるに足る形式外観を具えていることは否定し得ないところであるから、原判決が、右文書の偽造を大分県議会事務局名義の公文書を偽造したものとして刑法一五五条の公文書偽造罪に問擬したことは、少しも違法ではない。」（最判昭二八・二・二〇刑集七・二・四二九）

【49】（判旨）「公文書偽造罪ハ、実在セル公務所又ハ公務員ノ作ル可キ文書若ハ図画ヲ偽造スル場合ノミナラス、一般人ヲシテ、実在セル公務所又ハ公務員ノ作ル可キ文書又ハ図画ナリト誤信セシムヘキモノヲ偽造スル場合ニ於テモ成立スルモノト解スルヲ相当トス。蓋シ後者ノ場合ニ於テモ、公文書ノ公信力ヲ侵害スレハナリ。原判示ハ所論ノ如クニシテ、即チ之ニ依レハ被告人ハ、南方派遣軍九一四五部隊長名義ヲ冒用シテ、判示軍人身分証明書ヲ偽造シタルモノニシテ、南方派遣軍九一四五部隊ハ、縦令実在スルモノニ非ストスルモ、記録ニ徴スレハ、南方派遣軍九一四四部隊ナル部隊実在セルコト明白ニシテ、南方派遣軍九一四五部隊長名義ノ軍人身分証明書ハ、一般人ヲシテ実在スル公務所若ハ公務員ノ作ル可キ公文書ナリト誤信セシムルニ足ルカ故ニ、右部隊長名義ヲ冒用シテ判示軍人身分証明書ヲ偽造シタル以上、公文書偽造罪ノ成立アルモノト解スルヲ正当トス。」（大判昭一九・二・二二刑集二三・二・一六）

(二)　また右の程度の文書を作成するにおいては、その形式等に多少欠けるところがあっても、本罪の成立に影響はない。例えば、(a)文書の形式に多少不鮮明の箇所があっても、一般人をして公文書と認められるものであるかぎり、罪は成立し(【50】)、また、(b)職名の不記載の如きも、公文書たるの外観形式を具備する以上、本質的に影響はない(【51】)。その他、(c)文書の日付当時、その名義人たる公務員が当該資格を具有していたかどうかの如きも、問うところでない(【52】)。さらに、(d)付随的な記載事項欄が空白であっても差支えなく(【53】)、また、(e)たとい正当に発行せられた公文書とその発行名義を異にするも、偽造罪は成立する(【54】)。なお、区裁判所の異例の文書に属する通知書であっても、苟も裁判所が事件につき被告に申告を促す書類の体裁を有するものを偽造した以上、本罪を構成する(【55】)。

【50】(判旨)「大阪法務社岸和田支局または津地方法務新聞宇治山田支局各名義の各船舶登記証書を作成した場合においても、大阪法務社岸和田支局なる印の「社」および津地方法務新聞宇治山田支局之印なる印の「新聞」という各文字の処を殊更に不鮮明に押捺し、各々の形式外観によって、一般人をして大阪法務局岸和田支局または津地方法務局宇治山田支局が権限により作成した公文書たる登記証書であると誤信せしめるに足りるものと認められるときは、各公文書偽造罪が成立する。」(最判昭三一・七・五刑集一〇・七・一〇二六)(同旨、大阪高判昭二五・六・三特一三・四三)

【51】(判旨)「所論偽造印鑑証明書ハ、一般人ヲシテ村長代理タル公務員カ其ノ権限内ニ於テ作成シタル真正ノ印鑑証明書ナリト信セシムルニ足ルヘキ形式外観ヲ具備スルヲ以テ、縦令作成名義人トシテ鳥淵村長代理原田某トノミ表示シ、原田某ノ助役タル職名ノ記載ヲ欠クコト所論ノ如シト雖、之カ為ニ一般人ヲシテ公務員ノ作成シタル文書ナリト信セシムヘキ形式外観ヲ具備セスト論スルヲ得ス。」(大判大一五・一一・二刑集五・四九〇)

【52】(判旨)「苟モ公文書ノ形式ヲ偽ハリ一般人ヲシテ公務所若クハ公務員ノ権限内ニ於テ作成シタル文

書ナリト信セシムルニ足ルヘキ程度ノ形式外観ヲ具ヘ、以テ公文書ノ信用ヲ害スル危険アルニ於テハ、其所為ハ公文書偽造罪ヲ構成スヘキハ勿論ニシテ、公務員名義ノ偽造文書ノ日附ノ当時ニ於テ、其名義人タル個人カ当該公務員タル資格アリシヤ否ヤノ如キハ右犯罪ノ成否ニ影響ヲ及ホスヘキモノニアラス。原判示事実ニ依レハ、被告ノ偽造セル所論改印届及ヒ貯金払戻受領証ハ、孰レモ一般人ヲシテ現ニ川上村助役ノ職ニ在ル者カ其公務員タル権限内ニ於テ作成シタル文書ナリト誤信セシムルニ足レル程度ノ形式外観ヲ具ヘ、公文書タル信用ヲ害スル危険アルモノナルコト判文上洵ニ明晰ナルカ故ニ、其助役名義人タル愛川春吉ノ退職日時ノ如何ニ拘ハラス、被害ノ判示所為カ公文書偽造罪ヲ構成スヘキハ当然ナリトス。」（大判大八・三・一〇刑録二五・三〇九）

【53】（判旨）「行使の目的を以て公文書の形式を偽わり、一般人をして公務所若くは公務員がその権限内において作成したものであると信ぜしめるに足る形式外観を具える文書を作成し、以て公文書の信用を害する危険を生ぜしめたときは、公文書偽造罪が成立するものと解すべきである。そして原判決によれば、被告人晒谷一雄は、判示第一の一、二、四、六、七記載のように各判示日時頃、判示場所において、行使の目的を以て擅に指定生産資材需要者割当証明書用紙の割当主任官欄に商工事務官松井一雄等の記名印及び印章を、主務官庁欄に偽造の商工局印を、それぞれ押捺し、品名欄に判示品名を記入し、以て大阪商工局発行名義の各物資の割当証明書を作成したものであり、被告人中井邦一は判示第三に記載のように被告人晒谷一雄から偽造の大阪商工局印を押捺したまま品名の記載のない割当証明書を入手、その偽造印である情を諒知しながら、各判示日時場所において、行使の目的を以て、擅に右割当証明書に判示のように品名を記入して、大阪商工局名義の割当証明書を作成したというのであるから、被告人等の右行為は正に公文書偽造罪にあたるものと解するを相当とする。」（最判昭二六・八・二八刑集五・九・一八二三）

【54】（判旨）「鉄道省ニ於テ、新線開通ニ際シ案内状ヲ発スルニハ建設事務所長及鉄道局長ノ連名ヲ以テシ、代用乗車証ハ建設事務所長名義ヲ以テ発行スルモノトスルモ、荀モ行使ノ目的ヲ以テ一般人ヲシテ公文書タルコトヲ信セシムルニ足ルヘキ形式ヲ具有スル案内状及代用乗車証ヲ偽造シタル以上、公文書及有価証券偽

造罪ヲ構成スルモノト為スヘク、縦令正当ニ発行セラルルモノト其ノ発行名義ヲ異ニスルモ、之カ為ニ公文書又ハ有価証券ノ偽造ニ非スト為スコトヲ得ス。」（大判昭八・一〇・二刑集一二・一七三四）

【55】（判旨）「刑法第一五五条ニ所謂公務所又ハ公務員ノ作ルヘキ文書トハ、公務所又ハ公務員カ其名義ヲ以テ其権限内ニ於テ所定ノ形式ニ従ヒ作成スヘキ文書ニシテ、其権限カ法令ニ因ルト内規又ハ慣例ニ因ルトハ之ヲ問フコトナク、汎ク其職務執行ノ範囲内ニ於テ作成セラルルコトヲ要スルノミ。而シテ其偽造文書タルニハ、一般ニ人ヲシテ公務所又ハ公務員カ権限内ニ於テ作成シタル文書ナリト信セシムル程度ニ於テ形式外観ヲ具有スルヲ以テ足ルモノトス。原判決ヲ按スルニ、被告ハ尾道区裁判所ノ名義ヲ使用シテ被告ニ宛タル貴殿ト中迫藤右衛門ト畑売買又ハ代価米取引ノ件外事実至急通知相成度旨ノ八月四日附通知書ト題スル文書ヲ偽造シタリト云フニ在リテ、右通知書ハ固ヨリ異例ノ文書ニ属スト雖モ、裁判所ハ絶対ニ如上ノ文書ヲ作成スルコトナシトセス。蓋シ裁判所ハ繋属セル民事又ハ刑事ノ訴訟事件若クハ諸般ノ非訟事件ニ関シ、利害関係人ニ対シテ直接ニ申告又ハ書類ノ提出等ヲ促スカ為メニ通知書ヲ作成スルコトハ、法令若クハ内規ノ認ムル場合ニ非ストスルモ、慣例上職務ノ執行ニ必要ナル範囲ニ於テ適法ノ行為ナレハナリ。故ニ前掲偽造文書ハ、区裁判所ノ名義ヲ使用シ、当該裁判所ニ繋属セル或種ノ事件ニ付キ被告ニ申告ヲ促ス書類ノ体裁ヲ有スルヲ以テ、裁判所ノ職権内ニ於テ相当ノ形式ヲ以テ作成スル文書ナリト謂ハサルヘカラス。然ラハ原判決ニ於テ判示被告ノ行為ヲ認メテ刑法第一五五条ニ問擬シタルハ正当ナリ。」（大判明四五・四・一五刑録一八・四六五）

（三）本罪の既遂時期並びに判示程度　特に「自動車の運転免許証の偽造」につき、ちかく高裁判例の或るものは、一定の形式における自動車運転免許証用紙に、被免許者の氏名や年齢や免許の種類等所定事項を記入したものを作成すれば、ここに偽造行為は完成し、この外に別段に警察署長の決裁の有無の如きは要件でないとしている（【56】）。なお公文書偽造行為の判示方法については、当該文書作成に関する法定手続の具体的内容の如きを判示する要はないものとしている（【57】）。

【56】（判旨）「自動車の運転免許は、公安委員会がこれを為すものであり、何等自動車運転免許の権限なき者が行使の目的を以って、公安委員会名義の自動車運転免許証用紙に、被免許者の氏名、年齢や免許の種類等所定事項を記入し、公安委員会の印章を該委員会名下に押印すれば、右運転免許証の偽造は、ここに完成せられ、偽造行為としてそれ以上一指といえども加える必要をみない（中略）。上田市警察署長に作成権限のない運転免許証については、被告人斎藤が署長の決裁を受けるまでは、免許証の案文に過ぎないということはできない。又警察署長の決裁が有ると無いとで、運転免許証の効力が異るわけでなく、署長の決裁印は、部下の事務執行の監督その他警察署内部に於ける効果があるに過ぎないから、警察署長が印を押すことによって、はじめて法律上有効な運転免許証が作成されたものということはできない。」（東京高判昭三一・二・二一特三・七・二九七）

【57】（判旨）「原判示揮発油購買券ハ、警察庁作成名義ノ公文書ナルコト勿論ニシテ、而シテ原判示ハ之ヲ其ノ証拠説明ト対照スルトキハ、右購買券ノ交付警察署タル洲崎警察署燃料係ナル判示平山邦丸カ、交付警察署ノ印章ノ押捺ヲ除キ、他ハ所定ノ文詞ノ記入其ノ他形式ヲ具備セル揮発油購買券ヲ制規ノ手続ニ依ラスシテ警視庁燃料係巡査帝照壹一ヨリ入手シタ揮発油購買券用紙ニ警察署ノ印章ヲ擅ニ押捺シタルモノニシテ、其ノ捺印ニ依リ揮発油購買券成立シ、其ノ効力ヲ生スルモノト解スルヲ相当トスルカ故ニ、右平山ノ前示行為ハ、公文書タル揮発油購買券ヲ偽造シタルモノト謂フヘシ。」（大判昭一六・一一・五新聞四七四八・一八）

六　偽造の方法・態様（並びに偽造と変造との区別）

（一）偽造の方法としては、まず「既存文書の未完成部分（白地部分）に、権限なくして、これを補充する場合」が考えられる。かような方法は、むしろ文書の「変造」でなかろうかが疑われるのであるが、判例の多くはこれを公文書の偽造と認めている。例えば、(a)印鑑の押捺のない印鑑証明書の末尾に、所管吏員が、後に正当な印鑑が補充せられることと信じ、村長名義でひとまず印鑑証明の奥書をしてこれを請求人に交付したような場合に、右請求人が行使の目的で、これに証明の対象として正当印顆でない有合せ印を押捺した場合の如きである（【58】）。(b)一部偽造の箇所のある転出証明書用紙の未完成部分に、虚偽の事実を記入したような場合も、同様に本罪を構成するとしている（【59】）。

【58】（判旨）「原判示ノ事実ニ依レハ、後ニ印影ハ補充セラルルモノト信シ、未タ印影ノ押捺ナキ印鑑紙ヲ貼附シタル印鑑証明願ノ末尾ニ、村役場ノ当該掛員カ、村長ノ名義ヲ以テ右相違ナキコトヲ証明スル旨ノ奥書ヲ為シ、之ヲ被告ニ交附シタルモノニシテ、右奥書ヲ為シ、被告ニ交附シタル際ニハ、証明ノ対象タル印影ヲ欠如シ、印鑑証明書トシテノ必要条件ヲ具備セサルコト明カナルヲ以テ、印鑑証明書トシテ真正ニ成立シタルモノト云フコトヲ得ス。而シテ被告人ハ原判示ノ如ク奥書ヲ為シ、交附セラレタル印鑑証明願書ニ添附ノ印鑑紙ニ行使ノ目的ヲ以テ擅ニ提出者ノ印鑑トシテ有合印ヲ押捺シタルモノナレハ、其ノ行為ハ印鑑ノ偽造タルト同時ニ、印鑑証明ノ対象ヲ具備セシメ、爰ニ始メテ不正ニ印鑑証明書ヲ成立セシメ、因テ以テ該証明書ヲシテ不実ノ印影ヲ証明セシムルニ至ラシメ印鑑証明書ノ偽造ヲ完成シタルモノトス。然レハ原判示ノ被告ノ行為ハ、印鑑証明書ノ偽造トシテ論スヘク、印鑑証明書ノ変造トシテ論スヘキモノニ非サルヲ以テ、原判決カ被告ノ所為ニ対シ、刑法第一五五条第一項ヲ適用シタルハ相当ニシテ、同法条第二項ヲ適用スヘキモノニ非ス。」（大判大一三・三・一〇刑集三・一九九）

【59】（判旨）「被告人等が買入れた転出証明書用紙にすでに一部偽造の箇所があったにしても、未完成部分にさらに虚偽の事実を記入し、偽造文書として通用し得る程度に偽造を完成したのは、文書偽造の範疇に属するものと解するを相当とする。」（最判昭二四・九・一刑集三・一〇・一五五四）

（二）第二に、「既存の無効に帰した公文書を利用して、偽造を完成する場合」が考えられる。例えば、(a)虚偽の建物証明願に、他事項の証明書部分の紙葉を取り外した既存の区長証明書を綴り合せ、もって区長名義の建物証明書を作成するが如きは、公文書の変造でなく、偽造である（【60】）。また、(b)木材出荷証明書の如きについても、右と同手段による偽造を認め得べく（【61】）、さらに、(c)期間の経過により無効になった輸出証明書を利用して、正式のものの如く作成することによっても、偽造を完成することができる（【62】）。

【60】（判旨）「虚偽ノ建物証明願ニ、他事項ノ証明奥書部分ノ紙葉ヲ取外シタル既存ノ区長証明書ヲ綴合セ区長ノ印章ト類似ノ印章ヲ以テ契印シ、以テ右証明ノ作成ヲ遂ケタル場合ニ於テハ、相合シテ公文書偽造罪ヲ構成スルモノニシテ、別ニ印章偽造罪ノ成立ヲ認ムヘキモノニ非ス。」（大判昭・一一・三・三〇刑集一五・三八一）

【61】（判旨）「既に無効に帰した判示木材出荷証明書の有効期間欄の日附を判示の如く改変して、昭和二十四年六月二十四日より同月二十五日迄有効な出荷証明なるが如く仕做して公務所の印章署名ある公文書一通の偽造を遂げた行為は、公文書の偽造である。」（名古屋高判昭二五・五・一〇高裁特報一一・四五）

【62】（判旨）「期間の経過により効力の消滅した公の輸送証明書の輸送の数量の外、期間に関する文字を擅に改め、有効の輸送証明書のような外観を具有させたときは、公文書の偽造である。」（東京高判昭二五・七・四刑集三・二・二五四）

(三)　第三は、「既存の公文書に、新たな虚偽記入をすることにより、偽造となる」場合である。判例は、(a)通信事務員が郵便局の印章を不正に使用して、現金出納簿、現金出納日報等に虚偽の記載をするが如きは、公文書の変造でなく、偽造であるとしている（【63】）。同様に、(b)既存の郵便貯金の通帳の記号、番号、預人の住所氏名及び預入金額を抹消し、新たに該通帳に他の記号、番号、預人の住所氏名及び預入金額を記載するが如きも、偽造とする（【64】）。また、(c)村長の記名捺印のある「家庭用米穀配給通帳」に記載してある世帯主の姓名の部分を、行使の目的で、擅に他の名に改竄するのも、偽造であって変造でなく（【65】）、(d)国庫金送金通知書の金額欄及び名宛人の記載を変更するが如きも、偽造であるとしている（【66】）。これに反し、(e)市町村の収入役が横領罪を犯し、その犯跡を蔽わんがために自己の作成権限内である現金出納に関する公簿に虚偽の記入をするが如きは、虚偽の記載罪（刑一五六条）であり、本罪とはならないとしている（【67】）。

【63】（判旨）「郵便局日附印及京都一九一ナル番号ハ、判示郵便局ニ於テ、該郵便局ヲ表示スル為メ使用スルモノナル以上ハ、之ヲ同郵便局ノ印章ト認ムヘキモノナレハ、其公務所ノ印章ナルコトハ勿論ナルモ、判示事実ニ依レハ、被告ハ通信事務員トシテ判示郷ノ口郵便局ノ事務ニ従事中、同局ノ印章ヲ不正ニ使用シテ現金出納簿、現金出納日報等ニ虚偽ノ記載ヲ為シタルモノニシテ、其所為ハ刑法第百五十五条第一項ニ該当スルモノナル処、原判決ニ於テ其所為ニ付同法第百五十六条ヲ適用シタルハ、擬律錯誤ノ不法アルモノトス。」（大判大六・五・二刑録二三・四三九）

【64】（判旨）「公文書ノ変造トハ、既存公文書ノ記載ヲ増減シテ其ノ証拠力ヲ変更スルコトヲ謂フモノニシテ、従テ既存公文書中ノ公務所又ハ公務員ノ印章又ハ署名ヲ冒用シ、新ナル公文書ヲ作成スルカ如キハ、公文書ノ変造ニ非スシテ其ノ偽造ナルコト言ヲ俟タサル所ナリ。而シテ原判決ノ認定シタル所ニ依レハ、被告人ハ擅ニ貯金者荒巻某名義貯金現在高三、四円ノ郵便貯金通帳ノ記号番号及貯金者名義並預入及払戻金額欄ノ記載ヲ抹消シ、各其ノ相当部分ニ元ノ記載ト異ナリタル「ていす一九八一」「粕屋郡久原村上久原中西要」ナル記号番号及貯金者名義ヲ記入シ、尚元ノ記載ト異ナリタル預入及払戻金額ヲ表示スル文字ヲ記入シ、其ノ貯金現在高百五円ナルモノノ如ク仕做シ、貯金者荒巻某女名義貯金現在高約五十銭ナル同上通帳ノ前同様記載ヲ抹消シ、各其ノ相当部分ニ前同様「ていす一五七」「粕屋郡久原村上久原二〇三池田栄」ナル記号番号及貯金者名義ヲ記入シ（中略）タリト云フニ在リテ、即チ被告人ハ既存ノ郵便貯金通帳ノ記載ヲ増減シ其証拠力ヲ変更シタルモノニ非スシテ、擅ニ既存ノ郵便貯金通帳ニ於ケル郵便局長ノ印章ヲ冒用シ、既存ノ郵便貯金通帳ト全

然異リタル権利関係ヲ表示セル別箇ノ同通帳ヲ作成シタルモノニ外ナラサレハ、其ノ所為ハ公文書ノ変造ニアラスシテ、其ノ偽造ナルコト明カナリ。左レハ原判決カ、之ニ対シ刑法第一五五条一項ヲ適用シタルハ固ヨリ相当ニシテ、論旨ハ理由ナシ。」（大判大一五・五・一三刑集五・一六一）（同旨、大判昭二・九・九刑集六・三四八、同昭一一・一一・九新聞四〇七四・一五）

【65】（判旨）「家庭用米穀配給通帳は、各世帯毎に交付せられるものであって、右通帳における世帯主の氏名の記載は、その通帳を特定するためには極めて重要な記載であって、世帯主甲名義の通帳と、同乙名義の通帳とは、たとえ通帳自体は同一物が利用せられ、従ってその通帳の作成名義者は同一であっても、全く別個の通帳と認めざるを得ない。されば原判決が前示被告人の所為を以て村長伊藤秀雄の作成にかかる世帯主被告人名義の通帳を利用して世帯主武藤六郎名義の新なる通帳を作成したものと解し、これを公文書偽造罪に問擬したのは正当であって、右は公文書変造の罪にあたるものであると主張する論旨はあやまりである。」（最刑昭二四・四・九判集三・五一二）

【66】（判旨）「又原判示第一六の(1)によると、被告人は、判示国庫金送金通知書の金額欄の記載を変更したばかりでなく、極めて重要な名宛人の記載をも抹消して全然新な名宛人を記載して、これを変更したのであるから、その作成名義並に国庫金送金通知たる性質に変りなくとも、変更前のそれとは全然別箇の新な証明力を有する国庫金送金通知書を作成したものというべきである。従ってこれは同通知書の変造ではなくて、その偽造に外ならない。」（広島高判昭二八・一一・七特三一・三六）

【67】（判旨）「収入役ハ市町村ノ現金出納ニ関スル公簿ヲ作成スヘキ一般的権限ヲ有スル者ナレハ、収入役カ、業務上横領罪ヲ犯シ、其ノ犯跡ヲ隠蔽スル為ノ如上公簿ニ虚偽ノ記載ヲ為スハ、刑法第一五六条ノ罪ヲ構成スルモノニシテ、同法第一五五条ノ罪ト為スヘキモノニ非ス。」（大判大一一・一二・二三刑集一・八四四）

（四）第四に、総じて「既存の文書の内容に重要な変更を加え、全然新たな公文書を作成する行為」は、公文書の偽造となり、変造ではない。判例によれば、(a)正当な旅行券中、下付された名義人を変更するが如きは、偽造であり（【68】）、(b)印鑑証明書を、擅に他人名義に変更を加えるが如きも、偽造である（【69】）。また、(c)税務署長の作成した納税証明書中、納税書の名義を他者に変更するが如きも、偽造となるものとしている（【70】）。

なお、右の諸場合に準じて考えられるのは、写真等の貼付してある身分証明書に対し、擅に写真を貼り代え、実質上、他の人間についての身分証明書を作成する場合、または公文書の重要部分を切り取り、他の内容のものをもってこれに替える場合の如きである。例えば、(a)外国人登録証明書に貼付してある写真を恣に剝ぎとり、他人の写真を貼り代えるが如き（【71】）、または、(b)資材譲渡申請書中、最も重要な「品目数量」の記載部分を切り取って、これと全く異る「品目数量」を記載した文書形式に改めるが如きであり（【72】）、いずれも偽造罪となる。

【68】（判旨）「文書偽造罪ハ他人ノ作成名義ヲ詐ハリ新ニ文書ヲ作成シタル場合ノミ成立スルモノニアラス。仮令既存正当ノ文書ヲ変更スル場合ト雖モ、作成名義若クハ其他重要ナル点ヲ変更シ、為メニ其変更前ノ文書ト全然別箇独立ナル一ノ新ナル文書トナストキハ、文書ノ偽造ニシテ変造ニアラス。何トナレハ文書ノ効用ハ其証明力ニ在リ、而シテ新ナル文書ヲ作成スルハ即チ別異ナル証明力ヲ具有スル文書ヲ作成スルニ外ナラサレハナリ。従テ偽造変造ノ区別ハ必スシモ文書ノ性質ヲ変更スルト否トノミニ依ルモノニアラス、要ハ変更シテ新ナル文書ト為シタルヤ否ヤニ在リ。本件ニ在ツテ筒井親胤ニ下付セラレタル正当ナル支那行旅行券中、親胤ノ族籍、氏名、年齢及渡航地ヲ変更シテ吉田善平ノ族籍、氏名、年齢及北米合衆国ト為シ、以テ吉田善平ニ下付セラレタル北米合衆国行旅行券ト為シタルモノナレハ、其作成名義又ハ旅行券タル性質ハ変更セラレタルニアラサルモ、下付セラレタル人名並ニ渡航地ニ変更ヲ加ヘタルモノニシテ、下付ノ人名並ニ渡航地ハ旅行券ノ重要ナル点ナレハ、此点ニ対シテ変更アル以上ハ、其変更前ノ旅行券トハ全然別箇ノモノニシテ、一ノ新

ナル証明力ヲ具有スル旅行券ヲ作成シタルモノニ外ナラス。従テ旅行券ノ偽造ニシテ変造ニアラサルカ故ニ、之ヲ偽造トシテ擬律シタル原判決ハ相当ナリ。」（大判大三・一一・七刑録二〇・二〇六〇）

【69】（判旨）「文書偽造罪ハ、他人ノ作成名義ヲ詐ハリ新ニ文書ヲ作成シタル場合ノミニ成立スルモノニ非スシテ、縦令既存正当ノ文書ヲ変更スル場合ト雖、作成名義若ハ其ノ他重要ナル点ヲ変更シ、為ニ其ノ変更前ノ文書ト全然別異ナル証明力ヲ有スル文書ト為ストキハ、文書ノ偽造ニシテ変造ニ非ス。而シテ原判決ノ認定セル所ハ前点ニ於テ説示セル如クニシテ、被告人ハ本件既存印鑑証明書ヲ援用セル既存印鑑ノ名義人ヲ擅ニ他人名義ニ変改シ、新ナル印鑑ト為スコトニヨリ、右印鑑証明書ヲシテ全然別異ノ証明力ヲ有スルニ至ラシメ、其ノ変更前ノ文書ト全然別箇独立ナル一ノ新ナル文書ト為シタルモノナレハ、被告人ノ該行為ハ、叙上ノ理由ニ依リ印鑑証明書ノ偽造罪ヲ構成スルコト洵ニ明白ナリトス。」（大判昭七・三・四刑集一一・一五三）

【70】（判旨）「税務署長の作成した納税証明書中、納税者の名義を他の者の名義に変更した行為は、別箇の納税証明書を作成したこととなり、公文書偽造罪が成立する。」（東京高判昭三一・九・一九高裁判例集九・九・九六三）

【71】（判旨）「所論摘示の事実は、外国人登録証明書自体を偽造したものではなく、内容の一部を変造ないし不実記載をなさしめたのであるから、公文書偽造とはいえないと主張するが、特定人のために発行された証明書に貼付しある写真を恣に剝ぎとり、その特定人と異る他人の写真を貼り代え、全く別箇の新たなる証明書としたるときは、公文書偽造罪が成立すると解すべきである。」（最判昭三一・三・六刑集一〇・三・二八三）（同旨、大判昭一一・五・二刑集一五・五五四、大阪高判昭二八・五・一二特二八・二九、名古屋高判昭二九・六・二九高裁判例集七・八・一二一〇）

【72】（判旨）「而して右原判示第五および第七の各資材譲渡申請の公文書としては、その品目数量は記載内容中最も重要にして中心的な部分であるから、初め唐沢事務官から交付を受けた各申請書につき、その品目数量の記載部分を擅に切り取って、之とは全く異る品目数量を記載した文書を新たに添附し、以て元来真正に成立した公文書とは、その外形および記載内容共に総て別個のものとなる程度まで変革を加えた以上、これら

は単なる変造の域を超えて全然独立な公文書を偽造したものと解するを相当とする。」（東京高判昭二八・一二・一五特三九・二二九）

七　偽造の共犯及び他罪との関係

（一）　偽造罪についても、「共犯」規定の適用があること勿論であるが、それらのうち判例として特に注目すべきものは、つぎのようなものである。

その一は、或る目的を達成する手段として、当初数人が刑法一五六条の公文書無形偽造の罪を教唆することを共謀したが、共謀者の一人が、他の共謀者に謀ることなく、公文書有形偽造教唆の手段を選び、ついにこれを敢行した場合、他の共謀者は事実上公文書有形偽造教唆に直接関与しなかったとしても、その結果に対し刑責を負担しなければならない、とするそれである（【73】）。これは判例が、一面において、共犯理論について、かの「意思共同主体説」なるものを採り、他面において、公文書の無形偽造もその有形偽造とても、両者共に帰するところ「偽造」なることにおいて被害法益を異にするものではない、と考えたがためであろう。

その二は、或る公務員が、情を知らない同僚なる他の公務員を利用して公文書を偽造せしめたときは、公文書の間接有形偽造正犯をもって論ずべきものとするそれである（【74】）。

（二）　公文書偽造罪は、実際として同時に私文書の有形偽造罪を伴う場合がある。例えば、(a)印鑑証明書に援用している印鑑が、同一用紙に顕出されている場合において、印鑑作成名義人を変改する場合の如きである（【75】）。右と同様に、(b)甲者が公務員の資格において主債務を負担し、乙者が何等の資格なくして保証債務を負担した旨の文書を偽造したような場合も、公文書偽造及び私文書偽造罪の二罪が成立する（【76】）。

【73】（判旨）「被告人等は最初その目的を達する手段として刑法第一五六条の公文書無形偽造の罪を教唆することを共謀したが、結局共謀者の一人なる伊藤が公文書有形偽造教唆の手段を選び、これによって遂に目的を達した場合には、共謀者の他方は、事実上公文書有形偽造教唆に直接関与しなかったとしても、その結果に対する故意の責任を負わなければならない。」（最判昭二三・一〇・二三判集二・一一・一三八九）

【74】（判旨）「原判決において、京都市下京区役所の外国人登録事務の一係員たる被告人加藤和夫が、外国人登録証明を受ける資格のない者に同証明書を交付する目的で、不正の同証明書交付申請を故らに正当のものとして受理した上、情を知らない他の関係員の手により同区長作成名義の同証明書を調製せしめ、かつ同区長の職印を冒捺させて、同証明書を偽造した事実を認定し、これを刑法一五五条の偽造罪に問擬したことは相当といわなければならない。」（最判昭三一・七・一三昭二九年(あ)第四六六号事件）

【75】（判旨）「印鑑ハ、個人カ其ノ提出セル印影ハ自己ノ実印ナル旨ノ意思ヲ表示セル私文書ニシテ、又印鑑証明書ハ、相当公務員ニ於テ個人ノ提出ニ係ル印影カ其ノ実印ニ相違ナキコトヲ証明スル公文書ナレハ、縦令印鑑カ別紙ニ存スルト印鑑証明書中ニ顕出セラレアルトヲ問ハス、印鑑ハ証明書トハ全ク別箇ノ文書ニシテ、印鑑カ証明書ニ化体スルモノニ非サルコトハ洵ニ所論ノ如シ。然レトモ印鑑証明書ハ、其ノ証明事項トシテ右印鑑文書ノ内容ニ属スルモノヲ援用セルモノニ外ナラサレハ、既存印鑑証明書ノ援用セル印鑑ノ名義人ヲ擅ニ他人名義ニ変改シ、新ナル印鑑ト為スニ於テハ、之レ即チ印鑑ノ偽造タルト同時ニ印鑑証明書ノ援用事項ハ変更セラレ、変更前ノ証明書ト全然別異ノ証明力ヲ有スルニ至ルヲ以テ、其ノ行為ハ既存証明書ニ存スル公務員ノ署名印章ヲ不正ニ使用シテ、新ニ一ノ印鑑証明書ヲ偽造シタルモノト云ハサルヘカラス。」（大判昭七・三・四刑集一一・一五一）

【76】（判旨）「原判決摘示事実ノ部ヲ閲スルニ、原判決第一事実ノ金五千円ノ借用証書及第二事実ノ一万円ノ借用証書ハ共ニ借主トシテ町長タル被告、保証人トシテ一私人タル荒金農作、伊藤繁太郎、後藤嘉四郎連

署ノ文書タルコトハ極メテ明瞭ニシテ、如斯一ハ町長タル公務員ノ資格ニ於テ主債務ヲ負担シ、他ハ何等ノ資格ナクシテ保証債務ヲ負担シタル旨記載シタル文書ハ、縦令同一紙面ニ掲記シアルモ、其権利関係ノ相違ト其資格ノ同シカラサルトニ依リ、全然其性質ヲ異ニシ、前者ハ公務員ノ資格ニ於テ作成セラレタルモノナルカ故ニ、公文書ノ性質ヲ有シ、後者ハ何等ノ資格ナクシテ作成セラレタルモノナルカ故ニ、私文書ノ性質ヲ有スルモノト云フヲ得ヘク、決シテ単一ナル公文書ト称スヘキモノニアラス。従テ之ニ対シ、単ニ公文書偽造行使ノ法条ノミヲ適用シタル原判決ハ擬律錯誤ノ違法アリ。」（大判大四・一・三〇刑録二一・五五）

七　公務員の無形偽造

一　公務員の無形偽造罪

（一）　本罪は、公務員がその職務に関し、行使の目的をもって、虚偽の文書若しくは図画を作成することによって成立し、作成された文書に印章、署名があるかどうかを区別して、天皇文書（刑一五四条）、公文書の有形偽造（刑一五五条）の例により処断すべきものとする（刑一五六条）。すなわち、天皇文書に関する虚偽文書の作成は印章、署名の有無に拘らず、法定刑は同じであるが、公文書の虚偽の作成は、印章、署名ある場合は、法定刑が重いこととなる（刑一五五条一項）。

（二）　本罪は、なお、公務員がその自己の名義において公文書を作成する意味において、公文書の有形偽造をもって目すべきではないが、その内容として虚偽の記載をする点に、実質上文書の信用を害するものであるがゆえに罪とされているのであり、その本質は、天皇文書並びに公文書の有形偽造と同じく、文書に対する公の信用を害する点にある。従って、一定の虚偽の文書を作成した結果として、具体的に何人かに損害を与え、又は与えるの危険あることを必要としない（【77】）。いな、例えば町長が或る虚偽な公文書を作成した場合、よしんばそれが自己の奉職する町の繁栄を目的としたような場合でも、本罪は成立する（【78】）。

【77】（判旨）「右判示事実ニ依レハ、被告ハ自己ノ職務ニ関シ行使ノ目的ヲ以テ公務員タル署名ヲ用ヒ虚偽ノ村会招集公告案及虚偽ノ村会招集告知案ヲ作リタルノミナラス、村会招集ノ手続、村会開会ノ場所、議長ノ氏名、村会ノ開会及閉会ノ時刻等ニ関シ、何レモ虚偽ノ記載アル村会議事録ヲ作リタルモノナレハ、被告カ右三箇ノ虚偽ナル公文書作成ノ所為ハ、刑法第一五六条、第一五五条第一項ニ該当スル文書偽造ノ罪ヲ構成スヘク、該所為ハ、公文書ノ内容ノ真実ニ対スル公ノ信用ヲ害シ又ハ害スル危険アリテ此以外ニ更ニ害ヲ生シ若クハ害ヲ生シ得ヘキコトハ、同罪ノ成立ニ何等ノ影響ナキモノトス。」（大判明四四・三・七刑録一七・二八四）

【78】（判旨）「本件ニ在ツテ被告カ広島県安芸郡警固屋町字新開地千三百七十番地ノ地所一筆ヲ三筆ナリト偽ハリ、村長タル資格ヲ以テ其誤訂正ノ上申書ヲ郡長ニ提出シタル所為ハ、具体的ニ何等ノ損害ヲ生セス又生スルノ危険ナカリシコトハ洵ニ所論ノ如シト雖モ、是レ唯タ本案ノ場合ニ於テ然ルノミニシテ、其行為ノ性質ヨリ見ルトキハ虚偽ノ上申書ヲ提出シテ当該官吏ヲ欺罔セントト企テタルモノニシテ、文書ノ信用ヲ害スヘキ危険アルコト勿論ナルヲ以テ、其動機ノ私利ヲ計ルニ出テタルニアラスシテ、全ク自己ノ奉職スル町ノ繁栄ヲ目的トシタルモノトスルモ、其所為ハ文書偽造罪ヲ構成スルコトヲ妨ケサルモノトス。」（大判明四三・一二・一三刑録一六・二一八三）

二　本罪の行為

（一）本罪は、公務員がその職務に関し、行使の目的をもって、虚偽の文書又は図画を作成することである。そこには、少くとも当該公務員にその文書を作成すべき権限のあることを前提としているゆえに、公務員であっても、何等その文書を作成する権限がなく、従ってその職務の執行に相関しないに拘らず、行使の目的で虚偽の公文書を作成したときは、それは公務員でない者が公務員の作るべき文書を偽造したのと何等異ることなく、刑法一五五条の公文書有形偽造罪を構成する（【79】）。ただし、法令上一般的代理資格、代表資格のある公務員が、その資格において作成した文書は、たとい、その者が、その資格を濫用して虚偽の文書を作成した場合でも、他人の名義を冒用したものでないから、後述の私文書偽造に関する大正十一年(れ)第三四六号事件の刑事連合判決以来、刑法一五五条を適用すべきでなく、同一五六条の本罪をもって論ずべきこととなる（【80】）。が、その後、これに反する趣旨のような判例も見受けられる（【81】）。

（二）　公務員が、その「職務に関し」公文書に虚偽の記載をした事例として、判例の認めているのは、(a)村長が渡航帰朝に関する証明書に虚偽の事実を記載した場合（【82】）、(b)村長が師団経理部の建物払下を受ける場合、その代金上納書、建物受領書に虚偽の記載した場合（【83】）、(c)外務書記生が、外務書記官の補助として作成する現金出納簿に虚偽の記載をした場合（【84】）、(d)北海道後志支庁在勤北海道属が、職務上作成すべき同支庁長より道長官に提出する報告書に添付の「状況調書」に虚偽の記入した場合（【85】）、(e)山林技手が、国有林の砂防設備修理工事に従事する人夫賃金請求書の奥書証明部分、並びに人夫傭役簿に虚偽の記載した場合（【86】）等である。

【79】（判旨）「刑法第一五六条ハ、公務員其ノ職務ニ関シ、行使ノ目的ヲ以テ虚偽ノ文書若クハ図画ヲ作リ又ハ文書若クハ図画ヲ変造シタル場合ニ関スル規定ニシテ、公務員ト雖、何等職務ノ執行ニ関セサルニ拘ラス、行使ノ目的ヲ以テ虚偽ノ公文書ヲ作成シタルトキハ、是レ公務員ニ非サル者カ、公務員ノ作ルヘキ文書ヲ

偽造シタルト何等異ナル処ナキカ故ニ、刑法第一五五条ニ問擬スヘキモノトス。」(大判昭八・一〇・五刑集一二・一七五六)(同旨、大判大五・一二・一六刑録二二・一九〇七、同大七・一一・二〇刑録二四・一三九二、同大八・五・五刑録二五・六二三、同大一一・一二・一一刑集一・七四八、昭三・一〇・九新聞二九五五・一二、昭一〇・七・二三刑集一四・八二二、最判昭二七・一二・二五昭二四年(れ)第八二二号事件)

【80】(判旨)「原判決ハ、被告人長市ハ村収入役奉職中、被告人末松ト共謀ノ上判示横領行為ノ犯跡ヲ隠蔽スル為、被告人長市ニ於テ収入役タル名義ニテ作成スル公簿ニ内容虚偽ノ記載ヲ為シタルコトヲ認定シタルモノトス。而シテ当院ノ最近ノ判決ニ於テ、法令上一般的代理資格、代表資格アル者カ其ノ資格ニ於テ作成シタル文書ハ縦令其ノ者カ其ノ資格ヲ濫用シテ作成シタル場合ト雖固ヨリ他人ノ名義ヲ冒用シタルモノニ非サレハ文書偽造罪ヲ構成セサルモノトセル趣旨(大正十一年(れ)第三四六号事件)ニ依レハ、判示事実ニ対シテハ虚偽文書ヲ作成シタルモノトシ、刑法第一五六条ヲ適用スヘク、同法第一五五条ニ問擬スヘキモノニ非ス。」(大判大一一・一二・二三刑集一・八四四)

【81】(判旨)「通信事務員ハ、局長代理ナリトスルモ、局長ノ権限ニ属スル帳簿書類ニ虚偽ノ記入ヲシ、郵便局印ヲ押捺シタル場合ニ於テハ、刑法第一五五条第一項ノ公文書偽造罪ヲ構成シ、刑法第一五六条ヲ適用スヘキニ非ス。」(大判大一三・六・一六新聞二二八九・一九)

【82】(判旨)「私人ノ渡航帰朝ニ関スル事実ノ証明ヲ為スハ村長当然ノ職務ニ属スルヲ以テ、特別ノ法令ヲ以テ、斯ル事項ノ証明ヲ為スヘキ事ヲ村長ノ職務ニ属セシメタルト否トヲ問ハス、右渡航帰朝ノ事実ナキ事ヲ知リナカラ其事実アルモノノ如ク証明シタル村長名義ノ文書ハ、刑法第一五六条ニ所謂公務員カ其職務ニ関シ作リタル虚偽ノ文書タル事ヲ失ハサルヲ以テ、該文書ノ作成者ハ当然右法条ノ制裁ヲ免カルヲ得サルモノト謂ハサルヘカラス。」(大判大二・八・二九刑録一九・八三三)

【83】(判旨)「師団経理部ノ建物払下ヲ受クル場合ニ於テ、其代金上納書、建物受領証等ヲ差出スハ、収入役ノ職務ニアラスシテ、村長ノ職務権限ニ属スルヲ以テ、之ヲ偽造スルニ於テハ刑法第一五六条ノ罪ヲ構成ス。」(大判大三・一一・一九刑録二〇・二一六九)

【84】(判旨)「凡ソ行政官吏ハ、其上官ノ命ニ従ヒ上官ノ職務ニ属スル事務ヲ補助スルノ職務ヲ有スルハ

一般行政法上ノ原則ニシテ、被告カ外務書記生トシテ其上官タル外務書記官ノ職務ニ属スル出納事務ニ関シ上官ヲ補助シテ帳簿ノ記載ヲ為シ之ヲ保管スルカ如キハ被告ノ職務タルコト疑ヲ容レサルカ故ニ、原判決カ判示公使館ノ署名アル現金出納簿ヲ被告ノ管掌ニ係ルモノト認定シ、被告人カ該出納簿ニ虚偽ノ記入ヲ為シタル所為ニ付キ刑法第一五六条ヲ適用シタルハ正当ナリ。」（大判大五・四・一二刑録二二・五二一）

【85】（判旨）「原判決ニ拠レハ、所属判示状況調書ハ北海道後志支庁ノ慣例ニ依リ支庁長代理タル巡視員ノ作成シテ復命書ニ代ヘ且支庁長ヨリ道長官ニ差出スヘキ報告書ニ添付スヘキ書類ナルコト明確ナレハ、其性質ハ支庁長代理トシテ町村戸長役場ノ事務ヲ巡視シタル支庁在勤北海道属ノ職務上作成スヘキ文書ナルコト疑ヲ容レス。故ニ北海道属タル被告人カ支庁長代理トシテ村役場ヲ巡視シ其状況ヲ復命スルカ為メニ調書ヲ作成スルニ当リ行使ノ目的ヲ以テ故意ニ虚偽ノ記載ヲ為スニ於テハ、刑法第一五六条ニ該当スル犯罪ヲ構成ス。」（大判大六・三・一九刑録二三・二三三）

【86】（判旨）「原判決ノ判示事実ニ依レハ、被告ハ秋田大林区署山林技手トシテ山形県楯岡ノ両小林区署管内ニ出張シ同管内ニ於ケル国有林ノ砂防設備修繕工事ノ監督ニ従事シタルモノニシテ、所論判示人夫賃金請求書ニ其ノ金額ノ支払ヲ要スル旨ノ奥書証明ヲ為シ尚所論人夫傭役簿ヲ作成スルハ被告ノ職務ニ属スルコト自ラ明ナリ。然ラハ被告カ其ノ職務ニ関シ行使ノ目的ヲ以テ所論判示虚偽ノ各文書ヲ作成シテ之ヲ行使シタル事実ヲ認メ刑法第一五六条、第一五五条、第一五八条ニ問擬シタル原判決ハ正当ナリ。」（大判大一二・一〇・一二刑集二・六九六）

（三）　本罪は、或る事項を特に記載しないという不作為によって、結局虚偽の文書を作成した結果を導くことによっても成立する。例えば、村会議録に会議の顛末の一部のみを記載し、故意に或る事実の記載を脱漏させることにより、会議の顛末を偽った虚偽の記載をするような場合である（【87】）。

【87】（判旨）「町村会会議録ハ、町村制第五八条ニ依リ町村会議ノ顛末ヲ記載スヘキ記録ナレハ、其ノ顛末中一部ヲ記載シ一部ヲ記載セサルコトヲ得ルモノニ非ス。故ニ一部ノミヲ記載スルコトニ依リ会議ノ顛末ヲ

偽リタル場合ニハ、是即会議録ニ虚偽ノ記載ヲ為シタルモノト謂フヲ妨ケス。」（大判昭二・六・八刑集六・二九五）

（四）虚偽の記載　本罪の行為は、行使の目的で、虚偽の公文書を作成することである。これによって公文書の信用を害したと認められるかぎり、本罪は成立する。その外に具体的に財産上の損害又は危険を生ぜしめたことを必要としない（大判明四四・三・七刑録一七・二八四、同四三・一二・一三刑録一六・二一八三）。またその動機の如何を問うことなく、たとい公益を計るに出たとしても苟も行使の目的で虚偽の公文書を作成するかぎり、罪を構成する（同旨、大判明四四・三・七刑録一七・二八五）。そして、特に予め他者と共謀をした事実はないにしても、公務員が一定の届出、その届出を受理すべきでないことにつき、明白に且つ正当な事由を意識しているに拘らず、虚偽の事実を内容とする届出に基づいて一定の文書を作成するような場合は、本罪を構成する（【88】）。その虚偽を知るに至った原因は、職務上における否とを問わない（【89】）。これに反し、公務員が、虚偽の事実であることを知るも、苟も一定の形式を具備した届出書がある以上、一定の文書にその旨を記入しなければならないような場合、例えば戸籍事務を管掌している市町村長が、一定の届出事項は、実体法規に牴触し、その効力を生じないことを知っていたとしても、その届出事項にして、届出当事者の真意に適合し、これを受理することが法律上の義務とせられるかぎり、これを戸籍簿に記載したとしても、本罪を構成することはない（【90】）。同様に、戸籍吏が、旧民法七七二条（現行民法七三七条）に違反する婚姻届であることを知っていても、これを受理した以上、戸籍法に従い、登記の義務があるから、不実の記載とはならない（【91】）。

公務員の虚偽文書作成の事例としては、(a)裁判所書記が、未成年者の後見人と通謀して、後見人の資格を濫用してなした虚偽の意思表示として法律上無効の不動産売買につき、不動産登記簿原本になした売買登記及び登記済の虚偽の記載をした場合（大判大六・六・二五刑録二三・六九九）、(b)郵便局長が、振替監査票等に、故意に受入当日より後れて払込金額、払込者及び加入者の氏名等を記入し、これに記入当日の日付印を押捺し、この日付に払込を受け入れた旨の虚偽の事実を証明する文書を作成した場合（大判大六・八・二〇刑録二三・九四二）、なお、(c)市町村長が、家屋税調査員選挙人名簿に、選挙権のない家屋の所有者でない者を故意に選挙人として登載した場合（大判昭七・四・二一刑集一一・四三四）、また、(d)村会議長が内容虚偽の村会議事録を作成する場合（大判大一四・一二・一一刑集四・七五〇）の如きである。文書の形式に多少欠けるところがあっても、公文書として一般人を欺くに足るものを作成する以上、本罪を構成する。例えば、裁判所書記が虚偽の略式命令謄本を作成するにつき署名せず、記名したような場合である【92】。

右に反し、(a)虚偽の意思表示により不動産を買い受けた者が、善意の第三者に対し設定した抵当権は、虚偽でもなく法律上無効のものでないから、これに関する登記簿原本の記載並びに登記済証の記載の如きは、本罪とはならない（同旨、大判大六・六・二五刑録二三・六九九）。また、(b)通信士が、他人から電信の依頼を受け、その内容が虚偽であることを知りながら、他局員に右電信の電報を依頼し、該依頼に基づき他局員が受信して虚偽の内容の電報を作成したとしても、虚偽公文書の作成とはならない【93】。

【88】（判旨）「戸籍事務ヲ管掌スル市町村長ハ、戸籍ノ記載ヲ為スニ当リ其届出カ苟モ形式上ノ要件ヲ具備スルニ於テハ之カ記載手続ヲ為スヘク、其届出事項カ真実ニシテ実体法規ニ牴触セサルヤ否ヤヲ調査シテ後之カ採否ヲ決スルノ要アルコトナシ。然レトモ戸籍簿ハ人ノ身分ヲ公証シ、人ヲシテ各人ノ有スル身分地位等

ヲ知ラシムル為メニ設ケタル公簿ニシテ、其記載事項ノ違法ニシテ且ツ真実ニ合スルコトヲ期スヘキハ勿論ナレハ、届出事項カ虚偽ナルコト又ハ実体法規ニ牴触シ、為ニ効力ヲ生セサルコトノ明白ナル場合ニ於テハ、市町村長ハ其記載ヲ拒ムコトヲ得ルモノト解スルヲ以テ最モ立法ノ精神ニ適合スルモノト為スヘシ。而シテ右二個ノ場合、市町村長カ届出事項ノ虚偽ナルコトヲ知リナカラ故ラニ届出人ノ意ヲ承ケテ之ヲ戸籍簿ニ記載シタルトキハ、刑法第百五十六条ノ犯罪ヲ構成スルモノト謂ハサルヘカラサルモ、届出事項カ真実ニシテ、止タ実体法規ニ牴触シ其効力ヲ生セサル場合ニ於テ、之ヲ知リナカラ戸籍簿ニ記載シタルトキ亦同一ノ犯罪ヲ構成スルモノト論スルハ失当ナリ。」（大判大七・七・二六刑録二四・一〇二一）

【89】（判旨）「刑法ニ所謂虚偽ノ文書トハ、真実ニ適合セサル事項ヲ記載シタル文書ノミヲ指称スルモノニシテ、法規ニ違背シタル事項ヲ記載シタル文書ヲ包含セサルコト其文詞ノ上ニ於テ自ラ明カナルノミナラス、凡ソ真実ノ意思表示ニシテ法規ニ違背スルカ為メニ其効力ヲ生スヘカラサルモノヲ記載シタル文書ト雖モ其意思表示アリタル事実ヲ証明スル文書トシテ素ヨリ真正ノモノナレハ、之ヲ虚偽ノ文書ナリト称スルノ非ナルハ勿論ナリ。」（大判大七・七・二六刑録二四・一〇二一）

【90】（判旨）「被告カ既ニ其回答書ノ内容（前科ノ不詳ナルコト）ノ虚偽ナルコトヲ知リテ之ヲ作成シタル以上ハ、文書偽造罪ハ完全ニ成立ス可ク、被告カ其虚偽ナルコトヲ知レル因由ハ職務上徳次郎ニ前科アリタルコトヲ知リタルニアルト若クハ其職務外ニ於テ之レヲ知リタルニアルトヲ区別スルコトナシ。」（大判明四三・七・五刑録一六・一三六四）

【91】（判旨）「民法第七七二条（現行第七三七条）に違反する婚姻届であつても、戸籍吏において、これを受理した以上は、その故意に出でたと否とを問わず婚姻は効力を生じ、その取消あるまで有効に成立するものであるから、これを受理した戸籍吏は、戸籍法に従い遅滞なく登記すべきものであるから、その登記を目して不実の記載ということはできない。」（大判大六・四・七刑録二三・二八二）

【92】（判旨）「刑法第一五六条の公文書偽造罪における虚偽文書は、公務員がその職務権限に属する事項

に関し、文書の内容を偽り、その権限に基いて真正に成立した場合であるから、たとえその文書の形式において法令上欠くるところがあったとしても、苟もそれが公文書として一般人を欺くに足る以上、同罪の成立を妨げるものではない。被告人が本件虚偽の略式命令謄本の作成に際し、署名をせず記名を用いたとしても、虚偽公文書の作成を完成したものというべきである。」（名古屋高判昭二五・四・一八特七・一五八）

【93】（判旨）「電報の偽造ないし虚偽作成罪は、その電報自体について論ずべきであるから、通信士がたまたま他人（甲）から依頼を受けて、その内容が虚偽であることを認識しながら、他局員（乙）に同局発信の電報を依頼し、右依頼に基き他局から送信されたのをそのまま受信して電報を作成しても、虚偽公文書作成罪にはならない。」（福岡高宮崎支部昭三二・一二・二四刑集一〇・一一・七七五）

（五）　疑問となるのは、本罪について、通常人による間接正犯の成立を認めることができるかとの一事である。従来一般に「直接正犯者たり得ない者は、間接正犯者たり得ない」とされていた。このような原則によれば、苟も犯人にして公務員でないかぎり、たとい公務員を道具に使用して虚偽の文書を作成せしめても、本罪の間接正犯をもって論じ得べきかぎりでないこととなる。が、わが大審院判例の或るものは、この問題を肯定してきた。曰く、「行使の目的を以て情を知らない選挙長を利用し、該選挙長の職務上その名義を以て作成すべき選挙録に虚偽の事実を記載し署名せしめて該選挙長の職務に関する虚偽の選挙録を作成せしめた行為は、刑法上第一五六条の間接正犯を以て論ずべきである」と（【94】）。この見解は、その後の大審院判例によっても維持されているところであるが、後の判例では、ただし「被告人は当該文書を作成する職務を有する公務員でないにしても、それに何等かの関連ある公務員であること」を前提としている。すなわち、被告人は村の助役であったが、村長の作成すべき軍事扶助調書に虚偽の事項を記載して、情を知らない村長にこれを呈示し、村長をして右記載事項を認識せしめ、これに署名捺印せしめて虚偽記載を完成せしめたという事案であった(【95】)。

これらの見解には、賛意を表する学徒もあったが(例、滝川・刑法判例批評第二巻一二八頁)、他の一派は、これに反対していた。その理由を聴くに、「刑法第一五六条の間接正犯としては、わが刑法はその第一五七条において別罪として規定しているのであり、この規定を超えて刑法第一五六条の間接正犯を認めることは、刑の権衡上からしても不当であり、且つまた判例のように、無制限に刑法一五六条の間接正犯を認めるときは、虚偽の印鑑につき村長の証明を得たような場合においては、間接正犯を認めなければならなくなるのであるが、かくては権利義務に関する公正証書の原本に不実の記載をなさしめた場合よりも重く処罰せられるという不当を生ずる」というのであった(草野、刑法判例研究巻三・二一七頁、五一九頁)。

いずれとするも、全然公務員たる身分をもっていない者が、公文書作成の権限ある者を利用して虚偽文書を作成せしめた場合、そこに間接正犯が成立するものと考えることは、理論上許されないはずである。ゆえにちかく最高裁判所の判例が、「公務員の身分を有しない者が、虚偽の内容を記載した証明願を村役場の係員に提出し、情を知らない同係員をして村長名義の虚偽の証明書を作成させた行為は、刑法一五六条の間接正犯として処罰すべきでない」としているのは(【96】)正当である。その後の高裁の判例中にも、これに従い、(a)虚偽の内容なる情を知らない公務員にその職印を押捺せしめて公文書を作成せしめた行為は、刑法一五五条の公文書有形偽造となるは格別、刑法一五六条の罪を構成せずとし(【97】)、また(b)作成権限者でない外国人登録係員を利用して、不正に登録証明書を作成させた者の行為は、刑法一五五条一項の罪を肯定すべきも、刑法一五六条の間接正犯とはならない（【98】）としている。

ただ右と区別して考えるべきは、若し公務員なる身分を有たない者が、公務員と共謀して本罪を犯したときは刑法六五条一項により、本罪の共犯として、公務員と同様に処罰し得べきまでである。判例も、この点を認めている（【99】）。

【94】（判旨）「原判決カ所論被告人ノ行為ヲ刑法第一五六条ニ問擬シタルハ、被告人カ叙上ノ如ク選挙事務ニ関係アル吏員ナルカ為ニ非ス。原判決ノ認定判示セル事実ハ、被告人ハ其ノ居村ナル青森県西津軽郡出精村ニ於ケル昭和八年四月二五日施行ノ同村村会議員ノ選挙ニ際シ、情ヲ知ラサル選挙長三上雅夫ヲシテ職務上其ノ名義ヲ以テ作成スヘキ選挙録ニ判示ノ如ク虚偽ノ事実ヲ記載シテ署名セシメタル後、立会人タル原審相被告人等ニ於テ亦之ニ署名シ、以テ公務員ノ職務ニ関スル虚偽ノ文書ヲ完成シタル上、即時之ヲ同村役場ニ備付行使セシメタリト云フニ在ルヲ以テ、原判決ハ右被告人ノ行為ヲ以テ所謂間接正犯ト解シ、右情ヲ知ラサル選挙長三上雅夫ヲ利用シ、判示ノ如ク虚偽ノ文書ヲ作成シ且之ヲ行使シタルニ付、被告人ヲシテ直接ニ其ノ責ニ任セシメタルモノナルコト自ラ明ニシテ、又其ノ解釈ニ誤アルコトナシ。然レハ原判決カ右被告人ノ行為ヲ刑法一五六条ノ罪及其ノ行使罪ニ問擬シタルハ正当ナリ。」（大判昭一一・二・一四刑集一五・一一三）

【95】（判旨）「被告人ハ、上甘田村長沢田清間ニ於テ之カ作成権限ヲ有スル判示軍事扶助調書ニ判示ノ如ク虚偽ノ事項ヲ記載シテ、之ヲ同村長ニ呈示シ、同村長ハ右記載事項ヲ認識シ、同調書ヲ作成スル意思ヲ以テ之ニ署名調印シタルモノナルコトハ疑ヲ容レサルカ故ニ、縦令右署名調印カ被告人ノ欺罔ニ因ル錯誤ノ結果其ノ記載事項ノ真実ニ反スルコトヲ知ラサリシニ基因スルモノトスルモ、右調書ノ成立ハ真正ニシテ何等作成名義ヲ偽リタル事実アルモノト謂フヘカラス。然レハ被告人ノ右行為ハ刑法第百五十五条第一項所定ノ公文書偽

造罪ヲ構成スルコトナク、公文書無形偽造ノ間接正犯トシテ同法第一五六条ニ該当スルモノナルニ拘ラス原審カ之ニ同法第一五五条第一項ヲ適用シタルハ失当ニシテ擬律錯誤ノ違法アリ。」（大判昭一五・四・二刑集一九・六・一八八）

【96】（判旨）「職権を以て調査するに、原判決は『被告人は昭和二二年八月二五日肩書本籍地大原村役場において、被告人が日本において兵役に服したことがない旨並びに選挙に投票したことがない旨夫々虚偽の内容を記載した証明願各一通宛合計二通を同役場係員宮原貞次に提出し、情を知らない同係員をして同村長菅原一八から委任を受けていた村長のこの種証明書発行の職務に関し、行使の目的を以て、右証明書二通に順次同村長菅原一八名義の証明書の奥書及び同村長職印の押捺を為さしめ、以て右各証明書記載の内容が事実相違ないことを証明する旨の同村長名義の虚偽の証明書二通を順次作成せしめ』と認定し、被告人の右所為を刑法一五六条、一五五条に該当すると判示している。しかし刑法は、いわゆる無形偽造については公文書のみに限ってこれを処罰し、一般私文書の無形偽造を認めないばかりでなく、公文書の無形偽造についても同法一五六条の他に、特に公務員に対し虚偽の申立を為し、権利義務に関する公正証書の原本又は免状、鑑札若しくは旅券に不実の記載を為さしめたときに限り、同法一五七条の処罰規定を設け、しかも右一五六条の場合の刑よりも著しく軽く罰しているに過ぎない点から見ると、公務員でない者が虚偽の公文書偽造の間接正犯であるときは、同法一五七条の場合の外、これを処罰しない趣旨と解するのを相当とする。」（最判昭二七・一二・二五刑集六・一二・一三八七）

【97】（判旨）「本件運送契約書は、右野村修平においてその虚偽の内容たるの情を知らずして、その職印を押捺したところに基づいて作成されたものである以上、本来その作成権限なき被告人等において野村修平をして右作成せしめた原判示第一、㈠の所為は、行使の目的をもって公務員の印章を使用して公務員の作るべき文書を偽造したものというべきであるから、これが所為については、刑法第百五十五条所定の公文書偽造の罪の成立するは格別、刑法第百五十六条を適用擬律し得べき限りではない。」（東京高裁昭二八・八・三特三九・七二）

【98】（判旨）「文書の有形偽造と無形偽造との区別を当該文書作成権限の有無によって決せんとするのが通説であるが、本件外国人登録証明書の如く、その作成権限が法令の規定に明記せられているが如き場合には、

法令上権限ありとせられている者のみが当該文書作成の権限を有するものと解するを相当とする。されば区長以外の者に法令上の権限の認められていない場合、当該区役所の外国人登録に関する事務に従事する吏員その他の職員が区長印を保管せる係長の隙を窺い右職印を盗捺したときは勿論、密入国者や所在不明者については外国人登録申請書を受理すべきではないのに、これを所定の比照確認の手続をなさずして受理し、かかる不正手段により登録証明書を作成せしめたときと雖も（この場合には犯意なき者を利用したいわゆる間接正犯の法理による）刑法第一五五条第一項の偽造罪が成立し、同法第一五六条の偽造罪とはならないものといわなければならない。」（大阪高判昭二八・一一・二六高裁特二八・六九）

【99】（判旨）「助役ハ、村長ノ補助機関ニ過キサルヲ以テ、村長自ラ其資格ヲ冒用シテ虚偽ノ文書ヲ作成スルニ当リ、助役カ之ニ加功スルモ、助役ハ自己ノ職務ニ関シ虚偽ノ文書ヲ作成シタルモノニアラサルコトハ論旨ノ如クナルモ、刑法第六五条第一項ノ規定ニ依リ、助役モ亦公務員其職務ニ関シ虚偽ノ文書ヲ作リタル罪ノ共同正犯タルヲ免レサレハ、原院ニ於テ被告寿一カ原判決第一事実ノ前段、被告政太郎カ其後段ニ加功シタル行為ニ対シ刑法第一五六条ヲ適用シタルハ正当ナリ。而シテ公務員ニアラサルモノヲ刑法第一五六条ノ共同正犯ト認メ同条ヲ適用シタル以上ハ同法第六五条第一項ノ規定ニ準拠シタルコト自ラ明ナルヲ以テ、特ニ同条項ヲ掲記スルノ要ナキモノナリ。」（大判明四四・四・二七刑録一七・六八七）

八　公務員を利用しての無形偽造

一　公務員利用の無形偽造罪と、その客体

（一）本罪は分れて二つとなる。一は、公務員に対し虚偽の申立をし、権利義務に関する公正証書の原本に不実の記載をなさしめる場合（刑一五七条一項）、二は、公務員に対し虚偽の申立をし、免状、鑑札又

は旅券に不実の記載をなさしめる場合である。

本罪の立法理由は、非公務員が公務員に対し虚偽の申立をし、又はその錯誤ないし法律上の文書作成義務を利用して一定の公文書に虚偽の事実を記載せしめ、これによって公証制度に対する公の信用を害する行為を取り締ろうとするにある（同旨、牧野・刑法下一七六頁）。ゆえに判例も、本罪の性質は公証制度を濫用して公正証書のもつ公の信用に危険を惹起する行為を処罰しようとするにあるものとしている（【100】）。かように、本罪は一種の危険犯であるから、危険の発生以外に何人かに対する実害の発生したことは必要でない（【101】）。

【100】（判旨）「公証ノ制度ハ証書ニ依ル証明ノ信憑力ヲ確実ナラシムルカ為メニ設ケラレタルモノニシテ、公証ノ当該機関タル公務所又ハ公務員ハ一定ノ事実ニ付キ之カ真実ナルコトヲ証明シテ公ノ信用ニ供スルモノトス。故ニ公務員ニ対シ、虚偽ノ申立ヲ為シ公正証書ノ原本ニ不実ノ記載ヲ為サシムル行為ハ、其成立ハ真正ナルモ内容ノ不実ナル公正証書ヲ成立セシムルモノニシテ、即チ公証制度ヲ濫用シテ公正証書ノ有スル公ノ信用ニ危実ヲ加フルモノニ外ナラス。是レ刑法第一五七条ニ於テ処罰スル所ナリ。」（大判大六・一〇・一刑録二三・一〇三八）

【101】（判旨）「刑法一五七条第一項ノ処罰ハ真正ナル公正証書ノ内容ニ対スル公ノ信用ヲ害スル危険アルカ為メニシテ、コノ以外ニ実害ヲ生シ得ヘキコトハ同罪ノ成立要件ニ非ス。」（大判昭一二・三・一三刑集一六・三二七、大判明四三・六・一〇刑録一六・一一四三）

（二）本罪の客体としての(a)「公正証書」とは、公務員が、その職務をもって利害関係人のために或る事実の存在を証明する文書をいう（大判明四三・一一・八刑録一六・一八九五）。特に「権利義務に関する公正証書」とは、公務員が、その職務をもって利害関係人のため権利義務の得喪、変更等に関する事実の存在を証明する効力を有つものをいう（大判大一一・一二・二二刑集一・七二六、同大一一・一二・二二刑集一・八二八）。例えば税務署備付の土地台帳の如きものである

(大判大一一・一二・二二刑集一・八二八)。

(b)「免状」とは、これを有つ者をして一定の行為をする権利を得せしめるところの行政庁の証明書を汎称する。例えば火薬譲受許可証の如きものである(大判明四一・九・二四刑録一四・七九八)。これに反し「米穀輸送証明書」は、米穀の輸送に関する権利義務の得喪、変更等の証明を目的としているものでないから、ここにいう免状ではない(福岡高判昭三〇・五・一九刑集八・四・五六八)。

(c)「鑑札」とは、公務所が一定の人に対し、一定の稼業または営業をすることを許可することを記載した文書をいう。

(d)「旅券」とは、公務所が外国に渡航する一定人に対し、その官吏若しくは日本国民なることの証明を記載した文書をいう。本罪における行為としての「虚偽の申立」とは、一定の事実につき真実に反して当該公務員に申立をすることをいう(大判明四三・八・一六刑録一六・一四六八)。通常は、申立人がその申立事項に関して虚偽の申立をし、不実の記載をなさしめる場合である(大判明四四・五・八刑録一七・八二三)が、なお、申立者がその資格を偽る場合の如きも、虚偽の申立の一場合である。

二　本罪の行為形式

(一)　本罪の行為形式は、前述のように二つに分れるが、要するに「公務員に対し、虚偽の申立をなし、公正証書その他一定の公文書に虚偽の記載をなさしめる」ことである。

ここに「公務員」ということに関し注意すべきは、ちかく最高裁の判例に、「アメリカ領事館員」は本罪なる刑法一五七条二項にいう「公務員」に該らないとするのがある一事である(最判昭二七・一二・二五刑集六・一二・一三八七)。

（二）　虚偽の「申立」とは、一定の事項につき真実に反して、当該公務員に申立をすることをいう（【102】）。ここにいう「申立」それ自体は、自己の名義をもってすると、他人の名義又はその代理資格をもってするとを問わない（【103】）。またこの申立は、数人が共謀してするときは、その間に共犯関係を生ずる（【104】）。かような場合、そのうちの一人が申立行為をすれば、わが判例では共謀者全員において共同正犯の責任を免れないものとしている（【105】）。申立人を欺罔して虚偽の申立をなさしめるときは、本罪の間接正犯であるが（【106】）、裁判所の嘱託によって登記官吏が保存登記をしたり（【107】）、また税務署の通知により土地台帳に記載する場合（【108】）の如きは、いずれもここにいう「申立」に該らない。

【102】（判旨）「刑法第一五七条ニ所謂虚偽ノ申立トハ、真実ニ反シテ一定ノ事実ノ存否ニ付キ申立ヲ為スノ謂ナレハ、苟クモ公務員ニ対シテ存在セサル事実ヲ存在スルモノトシテ申立テ、又存在スル事実ヲ存在セサルモノトシテ申立テ、因テ権利義務ニ関スル公正証書ノ原本ニ不実ノ記載ヲ為サシメタル場合ニ於テハ、同条ノ犯罪ハ直チニ成立スヘク、申立人カ其資格ヲ詐リタルコトヲ必要トセス。」（大判明四三・八・一六刑休暇部判決・刑録一六・一四六八）

【103】（判旨）「抑モ刑法第一五八条、第一五七条ハ、犯人カ自己ノ名義ヲ以テ公証人ニ公正証書ヲ作成セシメタル場合ナルト、将タ他人ノ名義又ハ其代理資格ヲ詐ハリ公証人ニ公正証書ヲ作成セシメ其資格ニテ之ニ署名スル場合ナルトヲ問ハス、苟モ公証人ニ虚偽ノ事実ヲ申立テ権利義務ニ関スル公正証書ノ原本ニ不実ノ記載ヲ為サシメ、之ヲ行使シタル者ヲ処罰スルヲ以テ其趣旨トス。而シテ原判決中第三項ノ認定事実ニ依レハ、被告ハ、相被告正暎ト共謀シテ正暎ノ父正宴ノ代理名義ヲ冒シ、公証人ニ対シ正宴カ真ニ貸借スルモノノ如ク詐言シ、同公証人ヲシテ正宴カ正暎ト連帯シテ金六百円ヲ借用スル旨ノ不実ナル記載ヲ為サシメ、以テ公正証書ノ原本ヲ作成セシメ代理資格ヲ以テ之ニ署名シ、之ヲ同公証人役場ニ備付ケタルモノニシテ、右ハ前掲第一

五八条、第一五七条ニ該当スル事実ナルコト言ヲ俟タス。」（大判明四二・二・八刑録一五・九一）

【104】（判旨）「刑法第一五七条ニ規定スル犯罪ハ、公務員ニ対シテ虚偽ノ申告ヲ為シ、公正証書ノ原本ニ不実ノ記載ヲ為サシムルニ因リテ成立スルモノニシテ、公務員ニ対シ人ノ生年月日ヲ偽リ陳述スルカ如キハ、何人ニ於テモ容易ニ之ヲ為シ得ヘク、所論ノ如ク、必シモ当事者本人ニ専属スヘキ性質ノ事項ニ非ス。而シテ原判決ニ依レハ右公正証書原本ニ虚偽記入ヲ為サシメタルモノハ被告人良作、時治及喜雄ノ三名ニシテ、所論ノ如ク被告喜雄一人ニ於テ公証人ニ対シ右虚偽ノ申立ヲ為シタリトノコトハ、原審ノ認メサル所ニ係ル。然レトモ仮ニ原判示ハ所論ノ如ク、現実ニ虚偽ノ申立ヲ為シ、公証人ヲシテ公正証書ノ原本ニ虚偽ノ記入ヲ為サシメタル者ハ、喜雄一人ナリトスルモ、原判示ニ依レハ、右ハ被告人三名共謀ノ結果ニ為リタルモノニシテ、斯カル場合ニ在リテハ、相互ノ間ニ意思ノ共通アル以上、其ノ中ノ一人ニ於テ他ノ共謀者ノ意思ヲ摂行スルヲ以テ足リ、所論ノ如ク常ニ必シモ行為ノ共同アルコトヲ要セサルコトハ、本院ノ夙ニ判例トシテ屢次解示スル所ナルヲ以テ、方々以テ論旨ハ理由ナシ。」（大判大一一・一〇・二七刑集一・五九七）

【105】（判旨）「刑法第一五七条第一項ノ罪ハ、原来身分ニ因リ構成スル罪ニ非ス。公証人ニ対シ虚偽ノ申立ヲ為シ、公正証書ノ原本ニ不実ノ記載ヲ為サシムル場合ト、登記官吏又ハ戸籍事務ヲ管掌スル吏員等ニ対シ虚偽ノ申立ヲ為シ、公正証書ノ原本ニ不実ノ記載ヲ為サシムル場合トニ依リ、其ノ罪責ニ異同ヲ生スルコトナシ（中略）。従テ情ヲ知ラサル代理人ヲシテ虚偽ノ申立ヲ為サシメタルカ為、嘱託者本人ニ於テ同条ノ罪ヲ構成スルコトアルヘク、又情ヲ知ラサル嘱託者本人ヲ利用シテ虚偽ノ申立ヲ為サシメタル他人ニ於テ同条ノ罪ヲ構成スルコトナシトセス。従テ嘱託人又ハ其ノ代理人ニシテ陳述ノ局ニ当ル者ト他ノ者ト共謀シ、前者ニ於テ虚偽ノ申立ヲ為スコトヲ担当シテ同条ノ罪ヲ為ス場合ニハ、共謀者全員ニ於テ共同実行正犯ノ罪責ニ任スヘキハ固ヨリ論ヲ俟タス。」（大判大一二・一一・一五刑集二・八〇二）

【106】（判旨）「原判決ニ認メタル事実ニ依レハ被告ハ小田島省吾ヲ欺キ、名ヲ貸借ニ藉リテ金五百円ヲ騙取スルニ際シ、牛田市太郎名義ノ連借証書及公正証書作成ノ委任状ヲ偽造シテ之ヲ省吾ニ交付シ、同人ヲシテ

予期ノ如ク該委任状ヲ使用シ公正証書ヲ作成スルニ至ラシメタルモノニシテ、旧刑法ニ於ケル公正証書偽造ノ罪又刑法ニ於ケル公務員ヲシテ公正証書ニ不実ノ記載ヲナサシメタル罪ノ間接正犯ヲ以テ論スヘキモノナルニ付、直接公正証書ノ作成ニ加功シタル事実アルヲ要セス。」（大判明四四・五・四（連）刑録一七・七五八）

【107】（判旨）「文書偽造行使に因り、当該区裁判所をして仮差押命令及びその登記嘱託を発せしめ、登記官吏をしてその登記の前提として登記原本に被告所有の家屋を被告の所有として表示した保存登記を為さしめ、これを当該裁判所に備え付けさせた行為は、現実存在せる自己の家屋につき保存登記を為さしめ、これを当該裁判所に備付けさせたに過ぎない。従って右登記は、区裁判所の嘱託に因ったもので、被告の不実の申立に因るものでないから、たとえその嘱託を為させるに至った手続上に詐欺手段があったとしても、これを以て不実の申立を為し虚偽の登記を為さしめ行使した犯罪行為とはいえない。」（大判大六・八・二七刑録二三・九八四）

【108】（判旨）「税務署に虚偽申立を為して、同署備付の土地台帳に不実の記載を為さしめ、同署の通知により役場の備付土地台帳に不実の記載を為さしめたときは、後の点は前の犯行の結果で、直接被告人の虚偽申立に基くものではないから、犯罪を構成しない。」（大判大一一・一二・二二刑集一・八二八）

（三）つぎに「虚偽」の申立ということであるが、これは単に申立事項の内容が虚偽である場合のみならず（【109】）、(a)「申立人そのもの」が虚偽なる場合も含まれる。ゆえに判例は、(イ)公務員に対し、他人の代理人と冒称して一定の事項を申し立て、公正証書の原本にその旨記載せしめても、本罪は成立するとし（【100】）、また、(ロ)他人の名義を詐って公証人に公正証書を作成する場合も、これに該るとし（【111】）、その他、(ハ)ひろく申立人に関して虚偽の申立をし、若しくは不実の記載をなさしめる場合も、これに該るとしている（【112】）。なお、この点につき注意すべきは、(ニ)裁判所に対し或る虚偽の申立をし、その結果、裁判所を欺罔して虚偽の請求原因を是認した判決を得、これに基づいて登記の申請をし、登記簿に不実の記載をせしめたような場合でも、判例の或るものは本罪を肯定している（【113】）ことである。㈭真実に反する戸籍訂正許可申請による同許可決定に基づく戸籍訂正の申請の場合とても、同様である（【114】）。

さらに、(b)「申立事項の内容が虚偽な場合」は千差万別であるが、判例に現われたこの点の事例としては、㈠公証人に対し、当事者が相通じて、「金銭貸借に関する虚偽の契約」の申立をし、これを公正証書の原本に記入せしめた場合（【115】）、特に、㈡真実は贈与による所有権の移転であるのを売買による所有権移転として登記せしめるが如きは、重要な登記事項につき不動産登記簿に不実の記載をなさしめたものとして、本罪の刑責を免れないものとしている（【116】）。ただ、㈢本罪が成立せんがためには、申立事項の虚偽なることを要するも、その申立事項及び記載事項が不法であることは必要でないとし（【117】）、㈣善意の第三者に対抗することのできない意思表示、いいかえれば絶対無効でない意思表示でも、その虚偽であることを認識して登記せしむれば、罪は成立するとしている判例がある（【118】）。その他、㈭甲が他人所有の建物を偽って自己の妻のものであるが如く申し立て、登記官吏をして不動産登記簿に所有権保存登記をなさしめ、さらに乙に対し、その建物につき抵当権を設定し、申請により登記官吏をして不動産登記簿に抵当権設定の登記をなさしめたときは、所有権保存の登記事項が不実であるのみならず、抵当権設定登記も不実であるから、後者の点は刑法一五七条一項の罪を構成するとし（大判大一三・一〇・二九刑集三・七七〇）、㈹本家建物の所有権の登記名義人が、登記官吏に対し他人所有の便所、物置を擅に自己所有の付属建物であるとして、その新築登記申請をし、登記簿原本にその旨を記載せしめたときは、刑法一五七条一項の犯罪を構成するものとし(大判昭一〇・三・三〇刑集一四・一一)、特に、(ト)他人の建物を自己の所有であるが如く申し立て、登記官吏をして所有権保存の登記をさせ、さらにその建物について抵当権を設定し、申請により登記官吏をして抵当権設定の登記をさせた場合には、右両登記はいずれも不実の記載であり、後者なる抵当権設定登記の点もまた刑法一五七条の罪を構成するとし(大判昭七・四・二八刑集一一・五一八)、(チ)すでに保存登記が存在し、且つ抵当権設定の登記ある建物について、別個の一審抵当権設定の登記を得るため未登記の建物として、さらに保存登記の申請をし、登記官吏をして右の登記をなさしめた場合も、本罪を構成するとし(大判昭三・五・八刑集七・三四〇)、その他、会社関係について、(リ)合資会社の社員の出資の種類及び価格等の定款の記載が虚偽である場合に、これに基づいて登記申請をし、登記原本に不実の記載をなさしめたときは、本罪が成立するとし(大判大一五・三・二三新聞二五五五・一五)、さらに、(ヌ)適法に会社の設立手続を完了したものの如く装い、登記官吏に対し、虚偽の会社設立登記の申請をして、商業登記簿の原本にその旨の不実記載をなさしめたときも、同様とし(大判昭七・四・二一刑集一一・四八九)、(ル)株主総会を開き、何等の決議をした事実がないのに拘らず、虚偽の決議録を作成し、その旨の登記申請をして、登記官吏をして商業登記簿の原本に記載させた場合も、同様とし(大判昭九・一二・一八新聞三七九六・一五)、(ヲ)株金全部の払込がないのに、全部払込済であるとして、登記官吏に対し、その旨を申告し、登記簿原本に、その旨の記載をさせた場合も、同様としている(大判昭一四・一二・一判例全集七・二・一九)。

ただ右と区別して考えるべきは、当事者の不実の申立に因るのではなく、裁判所の嘱託によって登記をなさしめるような場合は、たといその前提手続に虚偽的分子があったとしても、ここにいう「虚偽の申立」とはならない一事である。例えば、(a)甲者が文書の偽造行使に因り、当該区裁判所をして仮差押命令及びその登記嘱託を発せしめ、これに因り登記官吏をして、その登記の前提として登記簿原本に甲者所有の家屋を甲者の所有として表示した保存登記をなさしめたような場合である。このような登記は、区裁判所の嘱託に因ったもので、甲者の不実の申立によるものでないから、たとい、その嘱託をなさしめるに至った手続上に詐欺手段があったとしても、少くともここにいう「虚偽の申立」をし虚偽の登記をなさしめたものということはできない（同旨、大判大六・八・二七刑録二三・九八四）。

同様に、(b)ひとまず犯行としての不実記載が成立した結果として、当然にさらに「不実記載」がなされるような場合、例えば、甲者が税務署に虚偽の申立をし、同署備付の土地台帳に不実の記載をなさしめた結果、さらに同署の通知によって、町村役場の備付土地台帳に不実の記載をなさしめるような場合は、後者の点は、前の犯行の結果であり、直接甲者の「虚偽の申立」に基づくものではないから、この部分は、本罪を構成しないものとする（同旨、大判大一一・一二・二二刑集一・八二八）。

【109】（判旨）「刑法第一五七条ニ所謂虚偽ノ申立トハ、真実ニ反シテ一定ノ事実ノ存在ニ付キ申立ヲ為スノ謂ナレハ、苟クモ公務員ニ対シテ存在セサル事実ヲ存在スルモノトシテ申立テ、又存在スル事実ヲ存在セサルモノトシテ申立テ、因テ権利義務ニ関スル公正証書ノ元本ニ不実ノ記載ヲ為サシメタル場合ニ於テハ、同条ノ犯罪ハ直チニ成立スヘク、申立人カ其資格ヲ詐リタルコトヲ必要トセス。」（大判明四三・八・一六刑事休暇部刑録一六・一四五七）

【100】（判旨）「申立事項又は記載事項の内容に虚偽又は不実がない場合でも、公務員に対し、他人の代理人と冒称して一定の事項を申立て、公正証書の原本にその旨の記載をさせた場合には、刑法一五七条第一項の罪が成立する。」（大判明四一・一二・二一刑録一四・一一三六）（同旨、大判昭二・二・二四新聞二六六六・一〇）

【111】（判旨）「刑法第一五八条ハ、犯人カ自己ノ名義ヲ以テ公証人ニ公正証書ヲ作成セシメタル場合ナルト、将タ他人ノ名義又ハ其代理資格ヲ詐ハリ公証人ニ公正証書ヲ作成セシメ其資格ヲ以テ之ニ署名スル場合ナルトヲ問ハス、苟モ公証人ニ虚偽ノ事実ヲ申立テ、権利義務ニ関スル公正証書ノ原本ニ不実ノ記載ヲ為サシメ之ヲ行使シタル者ヲ処罰スルヲ以テ其趣旨ナリトス。」（大判明四二・二・八刑録一五・八八）

【112】（判旨）「刑法第一五七条第一項ニ所謂虚偽ノ申立ヲ為シ若シクハ不実ノ記載ヲナサシメトハ、申立事項ノ内容若シクハ記載事項ノ内容ニ虚偽又ハ不実ノアル場合ノミニ限ラス、申立人ニ関シテ虚偽ノ申立ヲシ、若シクハ不実ノ記載ヲサセタ場合ヲモ包含スル。」（大判明四四・五・八刑録一七・八一七）（同旨、東京高裁昭二七・五・二七刑集五・五・八六一）

【113】（判旨）「刑法第一五七条第一項ハ公正証書ニ対スル公ノ信用ヲ保持スルカ為ニ設ケタル規定ナレハ、同条第一項ノ罪ハ独リ申立人カ其ノ資格ヲ偽ルニ因テ虚偽ノ申立ト為ル場合ノミニ限ラス、其ノ申立ノ内容カ虚偽ナル場合ニ於テ亦成立スルモノト謂ハサルヘカラス。蓋シ公正証書ノ公ノ信用ヲ害スルニ於テ彼此選フ所ナケレハナリ。然ラハ前示事実ノ如ク、公証人ニ対シ当事者相通シテ金銭貸借ニ関スル虚偽ノ契約ノ申立ヲ為シ之ヲ公正証書ノ原本ニ記入セシメタル行為ハ前記法条ノ罪ヲ構成スルコト疑ヲ容レス。」（大判昭三・五・一三昭二年（れ）第一七九七号事件）

【114】（判旨）「贈与ニヨル所有権ノ移転ヲ売買ニヨル所有権移転トシテ虚偽ノ申立ヲ為シテ登記官吏ヲシテソノ旨ヲ表示セシメルハ、重要ナ登記事項ニツキ不動産登記簿ニ不実ノ記載ヲ為サシムルモノニシテ刑法第一五七条第一項ニ該当スル。」（大判大一〇・一二・九新聞一九三三号一二）

【115】（判旨）「刑法第一五七条第一項ノ罪ヲ構成スルニハ、公務員ニ対シテ為シタル申立ノ虚偽ナルコト及ヒ公務員ヲシテ公正証書ノ原本ニ記載セシメタル事項ノ真実ニ反スルコトヲ要スルモ、ソノ申立事項及記載事項自体ノ不法ナルコトヲ必要トセス。」（大判大元・一二・二刑録一八・一四六四）

【116】（判旨）「民法上善意ノ第三者ニ対抗スルコトヲ得サル意思表示、即チ絶対ニ無効ナラサル意思表示ト雖モ、苟モ其虚偽ナルコトヲ認識シテ登記官吏ニ対シ其申立ヲ為シ登記簿原本ニ不実ノ記載ヲ為サシメタル行為ハ、之ヲ刑法第百五十七条第一項ニ問擬シ得ヘキコト論ヲ竢タス。」（大判大五・六・二刑録二二・八九六）

【117】（判旨）「原判旨ニ依レハ被告人ハ判示不動産ノ前所有者ヨリ其ノ贈与ヲ受ケタル旨全然虚偽ノ請求原因ヲ以テ不動産ノ引渡及所有権移転登記手続請求ノ訴訟ヲ提起シ、且相手方ノ所在不明ナリトテ裁判所ヲ欺罔シ欠席判決ノ手続ニ依リテ勝訴ノ確定判決ヲ受ケ、此ノ虚偽ノ請求原因ヲ是認シタル右欠席判決ニ依リテ登記申請ヲ為シ、以テ該所有権移転ノ事実アリタルカ如ク登記官吏ニ対シテ虚偽ノ陳述ヲ為シ登記簿ニ不実ノ記載ヲ為シタルハ、被告人カ虚偽ノ請求原因ヲ是認シタル右欠席判決ニ依リ贈与ニ因ル所有権移転ヲ証明シテ登記ノ申請ヲ為シタルニ基クモノト認ムヘク、被告人ノ執リタル手段ハ前後一括シテ刑法第百五十七条ニ所謂虚偽ノ陳述ニ該当スルモノト謂ハサルヘカラス。」（大判大一二・二・三刑集二・四四）

【118】（判旨）「戸籍訂正ハ所轄区裁判所ノ許可決定ニ基キ為サルヘキモノナルコト所論ノ如クナルモ、当事者ノ申請アルニ非サレハ之ヲ敢テスルヲ得サルカ故ニ、該決定ノ内容タル訂正事項ニシテ真実ニ反スルモノナリトセハ、其ノ事実ヲ知リナカラ之ニ基キ戸籍吏員ニ対シテ戸籍訂正ノ申請ヲ為スハ、公務員ニ対シ虚偽ノ申立ヲ為スモノト云フヘシ。」（大判昭五・二・二八刑集九・一二八）

（四）　疑問となるのは、当事者の仮装行為に基づく登記が、登記簿に虚偽の事実を記載せしめたものとして本罪を構成するかとの点である。

従来わが大審院の判例は、(a)仮装行為の登記は、登記簿に不実の記載をなさしめたかぎり、刑法上の犯罪を構成するとの立場を採っていた（【119】）。従って、(b)通謀した虚偽の賃貸借契約であるに拘らず、真実な契約であるとして登記簿に記載せしめたときは、本罪を構成するとし（【120】）、(c)通謀による虚偽の抵当権設定登記申請の場合も、同様とし（【121】）、(d)虚偽の金銭貸借に関する契約の申立をし、これを公正証書の原本に記入させるのも、同じとする（【122】）。その他、(e)虚偽の売買に因る土地所有権移転の登記も、同様である（【123】）。なお、(f)仮装の行為の登記でも、適法手続による有効な登記として存続している場合、登記官吏に対し虚偽の申立をしてこの抹消登記をさせる場合も、同様とし(【124】)、さらにすすんでは、(g)仮装の離婚届により(【125】)、ないしは虚偽の養子縁組をした旨の届出により(【126】)、戸籍簿にその旨の記載をなさしめるのも、本罪に該るとする。

　が、反対説は、かような場合には、当事者の意思表示そのものは飽くまでも真実であり、虚偽の意思表示ではなく、しかも真実でない意思表示をすることは、民法とても当然にこれを予想しているのであるから、これに基づき登記をして、当該事項を登記簿に記載せしめることは、決して罪となるものではないとしていた(例、大場・各論下四七二頁)。そして大審院の判例中にも、相当に古くから、このような見解に従うものもあつた。例えば、(a)「虚偽の売買登記に基づいて買主となった者が善意の第三者に対して抵当権を設定し登記をした場合においては、その設定行為は無効とはいえないから、その登記もまた不実とは認められず、刑法一五七条の適用はない」とし(大判明四四・一二・二七刑録一七・二二〇九)、また、(b)「裁判所が、亡甲の家督相続人選定のため乙丙丁の三者を親族会員に選定し、親族会招集決定書を右三者に送達した以上、たとえ丁が無届欠席しても、またその事実を知らなかったとしても、会員の過半数である乙丙で有効に相続人を選定することができるのであるから、丁の署名印章を冒用して相続人選定決議書を作成し、戸籍吏に届け出で戸籍簿に登記させても、文書偽造及び同行使罪が成立するのは格別として、刑法一五七条一項の罪は成立しない」とし(大判大三・一二・二一刑録二〇・二五八二)、さらに、(c)「民法七七二条(現行七三四条)に違反する婚姻届であっても、戸籍吏においてこれを受理した以上は婚姻の効力を生ずるのであって、その登記を目して不実の記載ということはできない」とし(大判大六・四・七刑録二三・二九二)、また、(d)「合資会社を真実に設立する意思がなく、ただ外形上設定したように装うため定款を作成した場合でも、その定款の作成は会社設定行為たるの効力を有し、会社はこれにより成立するから、右定款に基づいて設立登記申請書を提出し設定登記をしても、虚偽の事実を申告して不実の登記を為さしめたものとはいえず、刑法一五七条一項の罪は構成しない」とし（大判大八・三・一九刑録二五・三四六）、なお、(e)「甲が乙に金借の周旋を依願し、乙は更に丙に金融を頼み同人をして甲に金員を貸与せしめた場合に、甲がその債務返済の確証として、その所有の不動産を乙に対し売買名義に因る所有権移転仮登記をしたときは、甲は右債務の返済をするのでなければ乙に右仮登記を抹消させることができず、債務の履行を確証させ事実を挙げ得る適法な契約の一種で有効な法律行為であるから、その登記は甲乙通謀に出たとしても、刑法一五七条一項の犯罪を構成しない」としていた（大判昭九・九・一四刑集一三・一二六四）。

しかし、その間にあって、このような見解を最も明確に判示したものと見らるべきものは、昭和二年一一月一〇日の「土地所有者の馴合の所有権確認勝訴判決に基づく所有権保存登記の場合」に関する次のような判例であった。曰く、「未登記土地の所有権者が、不動産登記法一〇五条二号による所有権証明の判決を得るため所有権確認の訴を提起し、その訴訟の法律上の利益に関する事実についてのみ虚偽の事実を請求原因たる事実に付加し、当事者の通謀により勝訴の欠席判決を受け、その判決に基づいて所有権保存の登記を申請し、土地登記簿にその旨の記載をさせても、右判決は所有権の所在につき誤判はないので、登記事項の内容なる土地所有権の所属に何等虚偽の申立はなく、登記申請資格についても虚偽の申立はないから、刑法一五七条一項の本罪は成立しない」と（大判昭二・一一・一〇刑集六・四二〇）。

【119】（判旨）「虚偽ノ意思表示ヲシタ者カ、ソノ無効ナルニ拘ラス、公務員ニ対シ恰カモ有効ナ行為カアツタヤウニ虚偽ノ申立ヲ為シ、公正証書ノ原本ニ不実ノ記載ヲサセタ場合ニハ、刑法第一五七条第一項ノ罪ヲ構成ス。」（大判昭六・一二・一八新聞三三五八・一〇）

【120】（判旨）「原判旨ニ依レハ、被告カ判示賃貸借契約ハ当事者双方ノ相通シテ為シタル虚偽ノ意思表示ナルニ拘ハラス、登記官吏ニ対シ右契約ハ真実ナルモノトシテ登記申請ヲ為シ、登記簿ノ原本ニ不実ノ記載ヲ為サシメタルモノナルコト明カナレハ、縦シ所論ノ如ク右虚偽ノ賃貸借契約ニ付之ヲ表示スル意思カ事実上存在セリトスルモ、元来効果ヲ発生セシムルノ意思ナキ虚偽ノ賃貸借契約ニ付真実ニ反シテ登記簿ニ不実ノ記載ヲ為サシムルハ、刑法第百五十七条第一項ニ所謂公務員ニ対シ虚偽ノ申立ヲ為シ不実ノ記載ヲ為サシメタル者ニ該当ス。」（大判大八・六・六刑録二五・七六五）

【121】（判旨）「他人ヲ欺罔スル意思ニ因リ登記申請者ノ双方カ共謀合意ノ上虚偽ノ抵当権登記ヲ申請シ登記官吏ニ該登記ヲ為サシメタルモノハ、取モ直サス公務員ニ対シ虚偽ノ申立ヲ為シ不実ノ記載ヲ為サシメタルモノニシテ、刑法第百五十七条ニ問擬スヘキハ当然（ナリ）。」（大判明四三・二・一〇刑録一六・二一七）

【122】（判旨）「公証人ニ対シ、当事者相通シ金銭賃借ニ関スル虚偽ノ契約ノ申立ヲ為シ、コレヲ公正証書原本ニ記入セシムル所為ハ、刑法一五七条ノ罪ヲ構成ス。」（大判昭三・五・一三昭二年(れ)第一七九九号事件）

【123】（判旨）「公務員タル登記官吏ニ対シ売買ノ事実ナク所有権移転ノ効果ヲ生セサルニ拘ハラス恰モ売買契約ヲ為シ所有権ノ移転アリタルカ如キ虚偽ノ事実ヲ陳述シタル登記申請書ヲ提出シ、之ニ因テ不動産登記簿ノ原本ニ不実ノ記載ヲ為サシムル行為ハ、公証ノ制度ヲ濫用シテ公正証書ノ有スル公ノ信用ニ危害ヲ加フルモノニシテ、刑法第百五十七条ニ該当スルモノト謂ハサルヘカラス。」（大判大六・一〇・一刑録二三・一〇三四）

【124】（判旨）「仮シ右所有権移転登記請求権保全ノ仮登記カ所論ノ如キ事情ニ因リ仮装ノ事実ニ基クモノナリトスルモ、其ノ登記手続カ適法ニ為サレタル以上、登記簿上該登記ハ有効ニ存続シ、適法ナル手続ニ依リ抹消セラレサル限リ登記事項トシテノ公ノ信用力ニ何等消長アルコトナシ。従テ判示ノ如ク被告人カ大久保小

三郎ノ名義ヲ冒用シ擅ニ之ヲ抹消スルトキハ其ノ公信力ノ侵害セラルルコト勿論ナレハ、仮装ナル虚偽ノ登記ナルカ故ニ何等効力ヲ認ムヘキニ非ストノ論旨並之ヲ抹消シタルニ過キサルヲ以テ登記簿ノ公信力ヲ増大セシムルモノニシテ犯罪ヲ構成セストノ論旨ノ孰レモ失当ナルヤ論ヲ俟タサルトコロナリ。」（大判昭一二・三・一三刑集一六・三三九）

【125】（判旨）「協議上ノ離婚ハ之ヲ戸籍吏ニ届出ツルニ因リテ其効力ヲ生スルモノナルモ、其成立ハ当事者ノ意思ニ依ルモノナレハ、所論当事者双方カ真実離婚ヲ為スノ意思ナク、止タ外形上離婚シタルカ如ク装ハントシテ離婚届ヲ為ストキハ、其離婚ハ固ヨリ成立スルコトナク、従テ成立セサル離婚ヲ成立セルモノトシテ当該官吏ヲシテ戸籍簿ノ原本ニ其旨ノ記載ヲ為サシムルコトニ帰スルヲ以テ、即チ内容ノ不実ナル戸籍簿ヲ成立セシメ公正証書ノ有スル公ノ信用ヲ害スルモノニ外ナラサレハ、其所為ハ刑法第百五十七条第一項ノ犯罪ヲ構成スルモノトス。」（大判大八・六・六刑録二五・七六五）

【126】（判旨）「養子縁組届出ノ委託ヲ受ケタル事実ナキニ拘ラス、戸籍係員ニ対シ養子縁組ヲ為シタル旨虚偽ノ届出ヲ為シ、戸籍簿ニ其ノ旨虚偽ノ記載ヲ為サシメタル場合ニハ、刑法一五七条第一項ノ罪ヲ構成ス。」（大判昭一四・一〇・二五判例全集六・三一・二八）

（五）右の点に関し特に問題とされたのは、いわゆる「中間省略の登記」が本罪を構成するかとの点であった。既往における大審院の民事判例は、中間省略の登記は、登記として有効なものとするも（【127】）。刑事部の判決は、最初有罪説を採っていたが（【128】）、昭和二年の登記原因を虚構して真実な権利関係の登記申請行為を無罪とした判例により（【129】）、その後においては、従来の見解を変更するに至った。思うに所有権の登記は、当事者の任意であり、これをしないものは、ただ第三者に対し対抗力を取得することができないに止まる。いわゆる中間省略の登記は、所有権の実体移動の真実過程に合致しないとしても、第三者に対抗力をもたせようとする見地と範囲よりしては、その中間省略による所有権の移転は真実であり、虚偽ではないのであるから、この問題は、後者なる無罪説を正しいとすべきであろう(同説、牧野・下一八〇頁)。

【127】(判旨)「所有者乙ヨリ丙ニ不動産ヲ譲渡シタルモ其登記名義ハ旧所有者甲ナル場合ニ於テ、当事者間ノ特約ニ基キ甲ヨリ直接ニ丙ニ譲渡シタル旨ノ所有権移転ノ登記ヲ為スモ其登記ハ真実ノ事実ト適合セサル登記ナリトシテ之ヲ無効ナリト云フコトヲ得ス。蓋シ斯ル登記ト雖モ不動産ニ対スル現在ノ真実ナル権利状態ヲ公示シ登記ノ立法上ノ目的ヲ達スルニ足ルヲ以テ、法律ノ許ス所ナルコト明瞭ナレハナリ。」(大判大五・九・一二民判録二二・一七〇四)

【128】(判旨)「不動産登記ハ不動産登記法ノ定ムル所ニ従ヒ不動産ニ関スル権利ノ得喪変更ヲ公示スル方法ニシテ其登記関係ハ事実ニ適合スルコトヲ要スヘキ者ナレハ当事者間ニ直接所有権移転行為存在セサルニ拘ハラス恰モ其行為存在スルモノノ如ク虚偽ノ事実ヲ記載セル登記申請書ヲ提出シ之ニ因リ登記官吏ヲシテ登記簿ニ不実ノ記載ヲ為サシメタル行為ハ公正証書タル不動産登記簿ノ有スル公ノ信用ヲ害スル者ニシテ刑法第一五七条所定ノ罪ヲ構成スルモノトス。」(大判大八・一二・二三刑録二五・一四九三)

【129】(判旨)「未登記土地ノ所有権者カ不動産登記法第百五条第一号ニ依ル所有権証明ノ判決ヲ得ル為所有権確認ノ訴ヲ提起シ、其ノ訴訟ノ法律上ノ利益ニ付虚偽ノ事実ヲ請求原因タル事実中ニ附加シ、当事者ノ通謀ニ依リ勝訴ノ欠席判決ヲ受ケタリトスルモ、該欠席判決ハ固ヨリ所有権ノ存在ニ付誤判ナキヲ以テ該判決ニ基キ未登記土地ニ付所有権保存ノ登記ヲ申請シ、土地登記原簿ニ其ノ旨ノ記載ヲ為サシムルモ、該登記事項ノ内容タル土地所有権ノ所属ニ付何等虚偽ノ申立アルモノニ非ス、又登記申請資格ニ付虚偽ノ申立ヲ為シタルモノトモ解スヘキニ非サルナミナラス、自己ノ所有権ヲ確信シ、従テ判決ハ自己ノ所有権ヲ証明スルモノト信シ該判決ニ依リ所有権保存ノ登記ヲ申請スルモ、刑法第百五十七条第一項ノ犯罪ニ関スル犯意ヲ阻却スルコトトナリ、孰レノ点ヨリスルモ其ノ所為ハ刑法第百五十七条第一項ノ犯罪ヲ構成セサルモノトス。」(大判昭二・一一・一〇刑集六・四三四)

三　本罪と犯意

（一）本罪と犯意との関係につき、特に指摘すべき判例に二つのものがある。その一は、たとい客観的には虚偽の事実であっても、行為者において虚偽であることとの認識を欠いていた場合は、よしんば虚偽の事実を申し立て、登記簿に不実の記載をなさしめても、犯意を阻却し、罪とならないとするものである（【130】）。

（二）その二は、甲者所有の不動産について、甲乙間に、恰も甲の生前贈与契約があったように仮装して、甲の死亡後に甲乙名義で不動産所有権移転登記を申請し、登記簿に不実の記載をなさしめたときは、たとい甲の相続人丙において右移転に同意していたとしても、犯罪の成立に影響はないとするものである（【131】）。

【130】（判旨）「変更登記事項が、たとえ客観的には虚偽不実であっても、申立人が虚偽であることとついての認識を欠き、刑法一五七条第一項の罪の構成要素たる事実の錯誤を生じたときは犯意を阻却し、故意犯である本罪は成立しない。宗教団体法及び寺院規則が失効したものと信じていた場合は、寺院登記簿の変更登記は客観的には虚偽不実のものであっても虚偽であることについての認識がなく、刑法一五七条一項の罪は成立しない。」（最判昭二六・七・一〇刑集五・八・一四一一）

【131】（判旨）「甲所有の不動産について、甲の死亡後において、甲乙間に甲の生前贈与契約があったもののように作為し、死亡した甲を乙とともに登記申請人として不動産所有権移転登記手続を申請し、登記簿の原本にその旨記載させたときは、たとえ甲の相続人丙が、右の所有権移転に同意していたとしても、公正証書原本不実記載罪を構成する。」（東京高判昭二七・五・二七刑集五・五・八六一）

九　私文書の有形偽造

一　私文書の有形偽造罪と、その客体

（一）　本罪の行為形式は、三つに分れる。一は、行使の目的をもって、他人の印章若しくは署名を使用して権利・義務又は事実証明に関する文書若しくは図画を偽造する場合（刑一五九条一項前段）、二は、偽造した他人の印章若しくは署名を使用して権利・義務又は事実証明に関する文書若しくは図画を偽造する場合（同条同項後段）、三は、右の外、印章若しくは署名を使用しない権利・義務または事実証明に関する文書若しくは図画を偽造する場合（刑一五九条三項）である。わが刑法は、私文書の偽造についても「印章若くは署名のある場合」（刑一五九条一項）と、「印章若くは署名のない場合」（同条三項）とを区別して、前者の刑を重くしている。

（二）　本罪の客体となる文書は、一切の私文書ではなく、そのうち「権利義務又は事実証明に関する文書」に限られる（制限説）。ただ多くの文書は、何等かの意味において、権利・義務または事実証明に関する機能を有っているのであるから、本罪の客体とならないような私文書は、事実上むしろ少い（大判大二・四・一七刑録一九・五〇五）。

本罪の客体となる文書の第一は、法律上の事実に関して意思表示をするものであり、特に私法上の効果発生を目的とする「処分証書」（Dispotive Urkunde）と称せられるもの、これである。例えば権利の設定、移転、変更、その他法律上の効果を生ずべき文書の如きである。第二は、或る法律上の事実を明言するために作成された文書であり、「証拠文書」（Beweisurkunde）これである。例えば、株

式会社の決議書、土地境界の覚書の如きもの、これである。第三は、或る事実証明の用に供せられる文書である。それは社会生活上に利害関係のある一定の事実関係を証明するためのものである。例えば、日付のある郵便封書、転居届、欠勤届、依頼書等の如きものである。一般に「偶然文書」といわれるものこれである。右第一の「権利・義務に関する文書」として、判例の認めているもののうち注目すべきは、(a)世話掛を嘱託する辞令書(大判大二・四・一七刑録一九・五〇五)、(b)銀行の出金票(大判明四三・二・一〇刑録一六・一九九)、(c)外国政府でない者の発行する国庫証券(大判大一〇・六・一五刑録二七・五三五)、(d)他人名義で送金方を要求する旨の電報通信文を記載した電報頼信紙(【132】)の如きものである。さらに右第三の「事実証明の文書」とは、必ずしも法律関係に影響を与えるもののみに限らるべきではなく、ひろく社会生活上の利害関係に影響を与えるもの、判例のいう「人類の社会生活に交渉を有する事実」を証明するに足るべき文書である(大判大一四・一〇・一〇刑集四・六〇六)。例えば、(a)美術品たる書画の箱書(【133】)、(b)転居届書(大判明四四・一〇・一三刑録一七・一七一七)、(c)広告依頼書(大判明四五・三・七刑集一八・三六五)、(d)議員候補者としての推薦状(大判大六・一〇・二三刑集二三・一一六七)、(e)紹介名刺(大判昭四・一〇・一〇刑集一八・三五七、同昭一四・六・二六刑集一八・三五七)の如き、これである。

統制経済時代における「割宛証明書」は、私文書であるか疑いがあったが、判例は「鉄鋼割宛証明書」については、これを私文書と認め、公文書でないとしている(大判昭一七・二・二刑録二一・九三)。またちかく「軍人用販売機関名義の輸入免税申告書」の如きも、私文書とし(【134】)、いわゆる「無記名定期預金証書」も、私文書としている(【135】)。なお判例によれば、「架空人名義の文書」とても、若しそれが一般人をして真正に成立した文書と誤信せしめるに足るものは、本罪の客体となる(最判昭二三・一〇・二六刑集二・一一・一四〇八)。死亡者名義の郵便貯金払戻請求書の如きも、本罪の客体である（最判昭二六・五・一一昭二五年(れ)第一三三五号事件）。

【132】（判旨）「原判決ニ於テ認定セル事実ニ依レハ、被告人ハ電報頼信紙ノ通信欄ニ発信人トシテ他人ノ署名ヲ冒用シ、受信人ニ対シテ一定ノ金額ヲ電報為替ヲ以テ送付スヘキコトヲ要求スル旨ヲ記載シタル他人名義ノ電報通信文ヲ偽造シ、之ヲ局待電報トシテ郵便局ニ提出行使シ虚偽ノ電報ヲ発セシメタルモノニシテ、其判示電報通信文ノ内容カ性質上権利、義務ニ関スル事項ヲ証明シ得ヘキモノニ係ルヲ以テ、同文書カ該事項ノ証明ヲ目的トシテ作成セラレサルモ、之ヲ権利、義務ニ関スル文書ナリト謂フヲ妨ケス。故ニ判示電報通信文ヲ偽造セル被告人ノ所為ハ、刑法第一五九条第一項ノ権利、義務ニ関スル文書ノ偽造罪ニ該当スルモノトス。然ラハ右ト同一ノ擬律ニ出テタル原判決ハ相当ナリ。而シテ原判決ハ判示電報頼信用紙ノ発信人氏名欄ニ署名ヲ偽造シタル事実ニ対シテハ刑法第一六七条第一項ヲ適用シ、同法第一五九条第一項ニ依リテ処断シタルコトナケレハ、本論旨ハ理由ナシ。」（大判大一一・九・二九刑集一・五〇六）

【133】（判旨）「美術品タル書画ヲ模写スルハ自由ナリト雖、之ニ作者ノ落款ヲ擅ニ表ストキハ署名及印章偽造罪ヲ構成スヘク、又擅ニ作者ノ雅号若クハ本名ヲ用ヒテ其ノ容器タル箱ニ箱書ヲ為シテ作者名義ノ内容書画カ其ノ者ノ真筆ニ相違ナキ趣旨ヲ表ハストキハ、文書偽造罪ヲ構成スルモノトス。蓋落款トハ、作者自ラ其ノ名称ヲ掲記シ併セテ其ノ印章ヲ押捺スルノ謂ナレハ、第三者カ擅ニ之ヲ為スニ於テハ署名印章ノ偽造トナルヘク、又雅号トハ、特定人カ自己ヲ表彰スル一種ノ名称ナレハ、氏名ト等シク署名ナルヲ以テ、擅ニ雅号又ハ本名ヲ用ヒテ箱書ヲ為スハ、其ノ書画ノ真筆ニ係ル事実ヲ証明スルニ足ルヘキ文書ヲ作成シタルモノニ外ナラサレハナリ。」（大判昭一四・八・二一刑集一八・四六二）

【134】（判旨）「日本国とアメリカ合衆国との間の安全保障条約第三条に基く行政協定の実施に伴う関税法等の臨時特例に関する法律（昭和二七年法律第一一二号）第二条第六項に規定する軍人用販売機関名義の輸入免税申告書は、私文書である。」（最判昭三二・四・二五刑集一一・四・一四五三）

【135】（判旨）「いわゆる無記名定期預金証書を偽造する所為は、私文書偽造の罪にあたる。」（最判昭三一・一二・二七刑集一〇・一七九八）

二　他人の印章、署名の使用

（一）私文書有形偽造の多くの場合は、「他人の印章若くは署名を使用する」という手段によってなされる（刑一五九条一項）。

それでは、まずここにいう「他人」とは何者を指すか。これは他者なる自然人又は法人を指すこと疑いないが、問題となるのは、一見右のいずれにも属しない自然人の集合であって、しかも独自の法人格を有っていないものが、ここにいう「他人」のうちに入るかである。わが判例は、この点、(a)独立の人格のない「団体」であっても、その名義を偽って文書を作成した場合は、私文書偽造罪を構成するものとし（【136】）、従って例えば、(b)「某会社某工場」というが如く、法人格がなくても、取引関係において独立の人格者と同様に取り扱われるものの名称は、他人の署名であるとし（【137】）、また、(c)何々「青年団」の如きも、特定人を包括的に指示する団体名である限り、他人の署名に該るとしている（【138】）。

【136】（判旨）「多数人ノ集合ニ依リ成立スル団体ニシテ、団体トシテノ人格ヲ有セサルモノニ関シ、其団体ノ名義ヲ偽リテ文書ヲ作成スルハ、其団体ヲ組成スル多数人又ハ其代表者ノ作成スヘキ文書ヲ偽造シタルモノニ外ナラス。故ニ真言宗大師教会ハ独立ノ人格ヲ有セストスルモ、苟モ宗教上ノ組合タル以上ハ、之ヲ組成スル若干ノ人員アルハ勿論ナルヲ以テ、原判決ニ認ムルカ如ク、擅ニ其真言宗大師教会ノ辞令書ヲ作成スル行

為ハ該教会代表者ノ作成スヘキ文書ヲ偽造シタルモノタルヤ疑ヲ容レス。」（大判大二・四・一七 刑録一九・五〇五）

【137】（判旨）「刑法第一五九条ニ所謂他人ノ署名トハ自己以外ニ属スル人格者又ハ人格者ノ団体若クハ其団体ノ代表者ノ氏名又ハ称号ヲ指称スルモノト解釈ヲ限局スヘキニアラス。縦令人格ヲ有セサルモ、取引関係ニ於テ独立ノ人格者ト同様ニ取扱ハルヘキ一定ノ管理者ノ下ニ存在スルモノノ名称ハ、之レヲ同条ノ所謂他人ノ署名ト称スルヲ妨ケス。故ニ判示鏡工場ノ称号ヲ濫用シ、該工場ノ事務ニ関スル文書ヲ偽造シタル被告等ノ行為ヲ以テ、他人ノ署名ヲ偽造シ権利義務ニ関スル文書ヲ偽造シタルモノトシテ、刑法第一五九条第一項ニ問擬シタル原判決ハ相当ナリ。」（大判大七・五・一〇 刑録二四・五七八）

【138】（判旨）「青年団ハ法人資格ヲ有スルモノニアラサルコト洵ニ所論ノ如クナルモ、右ハ各人格ヲ有スル特定人ヲ包括的ニ指示スルモノニシテ刑法上ニ所謂署名ニ該当スルモノナルヲ以テ、苟モ該名義ヲ冒シ文書ヲ作成スルニ於テハ、茲ニ文書偽造罪ヲ構成スヘキコト論ヲ俟タス。」（大判大八・一二・一七 刑録二五・一三八四）

（二）つぎにここにいう「印章」とは、私文書を作成するにあたり、これに作成者の印として使用する一切の印影、印顆を指称する。判例は、(a)書画に掲げる雅号印はこれに該るとするも（【139】）、(b)いわゆる「有合印」は刑法一五九条一項にいう他人の印章中に入らないものとし（【140】）、むしろこれを利用して一定文書を作成する場合は、印章偽造であるとしている（大判大三・一〇・三〇 刑録二〇・一九八二）。しかし苟も有合印が、なお或る物体の上に表現せらるべき特定の人を表識する文字又は符号の影蹟として特定人の印章と誤認せらるべきものであるかぎり、これを利用して一定名義人の文書を作成するのは偽造というべく、そこには「他人の印章」の使用があるものとみるべきであろう。ちかく高裁の判例中には、「有合印」を、何人をして作成させたか、また何人をして押捺せしめたか、これを知る的確な証拠がなくとも、有合印使用による私文書偽造罪が成立する場合を認めたものがある（【141】）。

【139】（判旨）「書画ニ掲ケル雅号及ヒ雅号印ト雖モ、特定人ヲ表彰スルニ足ルヲ以テ、之等ヲ偽造シタルトキハ、刑一五九条第一項ニ所謂署名及ヒ印章ヲ偽造シタルモノニ該当ス。」（大判大一四・一〇・一〇刑集四・五九九）

【140】（判旨）「刑法第一五九条第一項ニ所謂他人ノ印章中ニハ、有合印ヲ包含セサルコトハ論旨ノ如クナルモ、名義人カ真実筆記シタル署名ヲ冒用シテ文書ヲ作成シタル場合ハ、同条項ノ前段ニ該リ、新タニ他人ノ名義ヲ冒署シテ文書ヲ作成シタル場合ハ、同条項ノ後段ニ該ルヲ以テ、原院カ本件被告ノ所為ニ対シ、前記条項ヲ適用シタルハ相当ナリ。」（大判明四二・一〇・二一刑録一五・一四三三）

【141】（判旨）「尤も右認定の有合印を被告人が何人をして作成させたか、又は自ら押捺したか、或は何人かに押捺させたのか、若しくはその何人かが情を知ってしたのか、情を知らないものか、これを確定するに足る証拠は存しないのであるけれども、右印章が小幡登男の所持しているものではなく、右領収証の各記載の筆跡が全然同一人である被告人のものであって、右小幡においてこれを筆記し又は右印章を押捺したものでないことは、原判決挙示の証拠を綜合すればこれを確認するに足りるのであるから、この事実から被告人において有合印を擅に押捺したと推認するも決して経験則に反するものではない。なお右印章を、何人が作成したか又は被告人がかねて持ち合せていたものであったかを確定すること、或は被告人が自ら押捺したか、又は何人かをして押捺せしめたかを確定すること、若しくは何人かをして押捺せしめたとして、その者が情を知っていたか情を知らなかったかを確定することは、いずれも本件被告人の罪責を判断する上において、直接影響を及ぼすべき重要な事項ではないのであるから、この点を特に的確な証拠によって確定しないからとて、原判決の違法を来すべき重大な瑕疵とは言えないのである。」（東京高判昭二八・七・三一特三九・六五）

（三）さらに、ここにいう「署名」とは、作成者を示す記名の意味である（大判明四五・五・三〇刑録一八・七九四、同大二・九・五刑録一九・八五七）。それは、氏名なると、商号その他の符号文字なるとを問わない（大判明四三・三・一〇刑録一六・四一六、同四五・五・三〇刑録一八・七九四）。それは、一定人が自己を表現する名義であらば足りる。従って「氏」若しくは「名」のみをもってするも、その人を表彰するかぎり、署名であり（大判明四三・一・三一刑録一六・七八、同四五・七・二刑録一八・九九六）、「略号」とても、署名である（大判大三・六・二〇刑録二〇・一二九五、同大四・二・二〇刑録二一・一五九）。氏名に代り得べき「屋号」も、署名である（大判明四三・九・三〇刑録一六・一五七二）。また、「片仮名」のみをもってするも、「署名」であり（大判明四三・一・三一刑録一六・七七）、氏名を書かずして、単に印章のみを氏名ある部分に押捺したが、その印影の文面より推して、その署名に替えるものと認められるときは、これまた他者の署名である（大判昭一二・一〇・七刑集一六・一三四二）。そして、署名たるには、必ずしも自署なることを要しない（大判大二・九・五刑録一九・八五七）。

が、「他人の署名」を偽用する行為としての「文書の署名」となるには、その署名は文書自体になされたものでなければならない。ゆえに、封筒面に署名して、その封筒に署名のない文書を封入した場合の如きは、その封入された文書について刑法一五九条三項を適用すべきであるが、その封筒の署名自体に対しては、別に刑法一六七条一項を適用すべきものとすること、判例である（大判明四二・三・二五刑録一五・三二一、同明四五・二・二八刑録一八・九四）（【142】）。

これに反対の見解は、かような場合、その封筒内の文章は封筒と相俟って一体の文書をなし、一定の意思表示となるのであるから、これに対しては単に刑法一五九条一項のみを適用すれば足るものとする（同旨、牧野・下一八六頁註一）。文書を多少社会観念的に考察するにおいては、右後者の見解を妥当とすべきであろうが、判例は文書をどちらかといえば形式的に観察する立場をとっているので、右のような結論をみているのである。

他人の署名があっても、作成名義にこれを使用しないときは、偽造罪とはならない。文書に他人の署名があっても、これをその文書の作成名義に利用しないかぎり、たとい文書の内容において虚偽に亘ることとあるも名義を冒用したことにはならないからである(大判明四五・七・一二刑集一八・九九二)。従って「記名株式券偽造の目的に出た用紙の印刷」の如きは、本罪を構成しない(大判大一五・五・八刑集五・二七五)。また「書留通常郵便物配達証書の一部なる受取人証印欄」に、受取人として捺印するが如きも、本罪を構成しない(大判大八・七・一七刑録二五・八七七)。これに反し、「情を知らない新聞社員をして、他人名義の虚偽の広告文を新聞紙に掲載せしめる」が如きは、恣に他人の署名を使用して、その私書を偽造したものといい得べきであろう(【143】)。さらに、保証証書は、内容の記載はなくとも保証証書なることを妨げないのであるから、これに保証人として他人の名義を偽用するが如きは、署名の冒用として偽造である(大判大二・五・五刑録一九・五六八)。なお親権者が、その親権のもとにある未成年の子のために、同人名義の財産に関する帳簿に不正の記入をすることも、同様である(大判明四四・五・二五刑録一七・九七九)。

【142】(判旨)「被告人ハ署名ナキ虚偽ノ事実証明文書ヲ偽造シ、之ヲ入レタル封筒面ニ其ノ差出人トシテ右実在人ノ署名ヲ偽造シ、一括シテ之ヲ行使シタルコト判文上明確ナリ。斯ノ如ク偽造ニ係ル事実証明文書ニ犯人ノ作成名義ヲ偽リ表示シアラサル場合ニ於テハ、其ノ文書ノ偽造行為ハ、単ニ刑法第一五九条第三項ニ該当スルニ止ルヘク、偶々之ヲ包容セル封筒ニ他人ノ名義ヲ冒用シアル場合ト雖、彼此相結合シテ他人ノ署名ヲ使用スル一箇ノ証明文書ヲ偽造シタルモノトシ、同条第一項ノ罪ヲ構成スルモノト為スヲ得ス。何トナレハ封筒ト内容ノ文書トハ、各自独立セル存在ヲ有シ、必然的一体ヲ成ス関係ニ在ルモノニ非サレハナリ。(中略)然ラハ本件偽造ニ係ル事実証明文ニ署名偽造ニ係ル包容封筒ト相結合シテ他人ノ署名ヲ冒用セル一ノ文書偽造

ナリトシ刑法第一五九条第一項ニ問擬シタル原判決ハ違法ニシテ、論旨ハ理由アリ。」（大判大一一・一〇・一六刑集一・五五一）

【143】（判旨）「新聞紙ノ編輯発行ハ、固ヨリ編輯人、発行人ノ行為ニ属スルモ、其掲載ニ係ル他人ノ寄書又ハ広告ハ寄書家又ハ広告依頼者ノ作成ニ係ル私文書ニ外ナラスシテ、編輯人、発行人ノ作成セルモノト謂フヲ得ス。所論公務員カ申告ニ基キ公簿ノ記載ヲ為スカ如キ、権限アル公務員カ其正当ノ資格ニ基キ公簿ヲ作成スルモノト同一ニ論スヘキモノニ非ス。然レハ本件ノ如ク情ヲ知ラサル新聞社員ヲシテ他人ノ名義ヲ冒シタル虚偽ノ広告文ヲ其新聞紙ニ掲載セシメタル所為ハ、即チ恣ニ他人ノ署名ヲ使用シテ、其私書ヲ偽造シタルモノニ外ナラス。」（大判大四・八・一四刑録二一・一二一四）

（四）本罪は、前述のような印章若しくは署名を「使用して」一定の私文書を偽作することによって成立する。ここに「使用して」とは、偽造した他人の印章、署名を使用すると、他人の真正な印章、署名を利用すると（【144】）、ないしは、他人の署名のある部分を新たに作成した他人の文書に綴り合せ、不正にその署名を使用するとを問わず、苟も不正に他人の印章、署名を使用して一箇の文書を作成する一切の行為をいう（【145】）。

判例は、(a)文書の内容を詐り、他の事項に関する文書であるかのように欺いて、これに作成者として他人に署名捺印させ、これを利用して文書を完成した場合には、たといその署名者又は代筆者が署名中の或る文字を誤記した場合でも、当該署名を利用して、文書を偽造したものといい得べきものとしている（【146】）。また右のような見地から、(b)生命保険の申込書における被保険者及び被保険者の夫の署名を冒用して、これら両名において保険契約の締結を承諾しているものの如く偽作し、該書面を生命保険会社に提出することも、署名の使用であるとし（【147】）、さらに(c)既存文書に、ある他人の署名、印章を利用して全然別異の事項を記入し、新文書を作成するのも、一種の署名使用に該るとしている（【148】）。例えば、(d)他人記名の帳簿に不法に虚偽の記入をするが如きである（【149】）。なお、(e)文書を作成するに当り、「印章」のみを押捺した場合でも、それが署名に替えられたものと認められる場合には、署名を使用して文書を偽造したことになるものとし（【150】）、さらに、(f)苟も行使の目的で、他人の氏名を冒用して文書を作成したかぎり、捺印がなくても、署名を使用して私文書を偽造したことになるとしている（【151】）。

【144】（判旨）「他人ノ署名印章カ正当ニ成立シタル場合ニ在リテモ、擅ニ之ヲ使用シテ其ノ意思ニ反スル文書ヲ作成シタルトキハ文書偽造罪ヲ構成スルコト明白ナリトス。無効ニ帰シタル他人名義ノ委任状ノ委任文言ヲ変更シテ変更前ノ委任状ト全然別箇独立ノモノト為シ、又ハ他人名義ノ白紙委任状ニ擅ニ委任ノ趣旨ニ反スル事項ヲ記入シ、因テ委任状ヲ完成スルカ如キハ同罪ヲ構成スルモノニシテ変造罪ヲ以テ論スヘキモノニ非ス。」（大判大一一・一二・一六刑集一・八〇四）

【145】（判旨）「私文書偽造罪ハ行使ノ目的ヲ以テ他人ノ作成名義ヲ詐リ権利義務又ハ事実証明ニ関スル文書図画ヲ作成スルニ因リテ成立スルモノニシテ、其ノ他人ノ作成名義ヲ詐ルニ付偽造シタル他人ノ印章若クハ署名ヲ使用スルト、他人ノ真正ナル印章若クハ署名ヲ不正ニ使用スルト、而シテ後者ノ場合ニ在リテハ既往ニ於テ適法ニ成立セル印章若クハ署名ヲ利用スルト又ハ文書図画ノ内容ヲ詐リ若クハ了知セシムルコトナクシテ他人ヲシテ其ノ文書図画ニ署名若クハ捺印セシムルト、其ノ何レノ場合タルヲ問ハス、苟モ不正ニ他人ノ印章若クハ署名ヲ使用シテ一箇ノ文書図画ヲ作成シタルトキハ、文書偽造罪ハ成立スルモノトス。原判決ノ確定シタル事実ハ、所論ノ如ク被告人両名ハ甲府市ニ於テ関東農政新聞ヲ発刊センコトヲ企テ、其ノ資金トシテ寄附金ヲ募集スルニ当リ、山梨県下ニ於ケル有力者カ右新聞ノ発刊ヲ賛助シ又ハ寄附ヲ為シタルモノノ如ク装フ必

要アリタルヨリ、曾テ同市佐渡町山田某カ峡中経済新報ヲ発刊セシ際使用シタル寄附金名簿ヲ同人ヨリ貰ヒ受ケ、共謀ノ上、大正十三年九月頃同市代官町ナル当時ノ被告人亮三ノ居宅ニ於テ行使ノ目的ヲ以テ右名簿中ヨリ山梨県下ノ有力者十余名ノ署名ノ上部ニ即納又ハ金三十円等ノ文字ヲ記入シアリタル日本紙三枚ヲ抜取リ、内岡島某、布能某、河野某、坂野某、遠藤某、斉木某ノ署名若ハ其ノ署名ノ上部ニ前示ノ如キ文字ノ記入アリタル日本紙二枚ヲ、関東農政新聞ノ目的ハ農村ノ振興ヲ研究発表シ其ノ平和ト農事ノ改良トヲ宣伝スルニアルヲ以テ協賛ヲ乞フ旨ノ発刊趣旨ヲ添付シタル賛助員芳名簿甲号ニ、其ノ余ノ斉藤某、雨宮某、永井某、宮田某、上野某、根津某ノ署名ノ上部ニ前示ノ如キ文字ノ記入シアリタル日本紙一枚ヲ前同様発刊趣意書ニ添付シタル同芳名簿乙号ニ各転綴シ、以テ前記岡島某外五名並斉藤某外五名カ関東農政新聞発刊ノ趣旨ニ賛同シ、又ハ寄附ヲ為シタル旨ノ同人等名義ノ文書ヲ偽造シタリト云フニ在リテ、被告等ハ関東農政新聞発刊ノ資金ニ充ツル寄附金ヲ募集スルニ当リ、行使ノ目的ヲ以テ岡島某外五名及斉藤某外五名ノ署名アル既存文書ノ紙片ヲ利用シ、之ヲ前記趣旨ノ発刊趣意書ヲ添付シタル賛助員芳名簿中ニ転綴シタルモノナルヲ以テ、該賛助員芳名簿ハ右署名ト其ノ上部ニ記載セラレタル即納又ハ三十円ナル記載ト、前顕関東農政新聞発刊趣意ノ記載ト相俟ツテ茲ニ新タニ別箇ノ文書ヲ作成シタルモノト謂フヘク、而シテ該文書ハ所論ノ如ク一面ニ於テハ被告等カ農政新聞ノ発刊ニ付何人ノ賛助ヲ得又幾何ノ金円ノ寄附ヲ受ケタルカヲ記載シタル文書タルコト論ヲ俟タサルモ、他ノ一面ニ於テハ署名者カ前記新聞発刊ノ趣旨ヲ賛助シ幾何ノ金円ヲ寄附シタルカヲ記載シタル事実証明ニ関スル文書タルヲ失ハサレハ、原判決ハ被告等ノ諸芳名簿ヲ作成シタル所為ヲ認定シテ岡島某外五名及斉藤某外五名ノ署名ヲ使用シ同人等カ関東農政新聞ノ前顕発刊趣旨ニ賛助シ又ハ寄附ヲ為シタル旨ノ私文書ヲ偽造シタルモノトシテ、刑法第百五十九条第一項ニ問擬処断シタルハ相当ナリ。」（大判大一四・九・二二刑集四・五四二）

【146】（判旨）「他人ニ対シテ一定ノ事項ニ関スル文書ニ付キ其内容ヲ詐リ他ノ事項ニ関スル文書ナルカ如ク欺キ之ニ作成者トシテ署名捺印セシメタル場合ニ於テ、作成者若クハ其代筆者カ署名中ノ或文字ヲ誤記シタルニ拘ハラス之ヲ利用シテ一定ノ偽造文書ヲ完成シタルトキハ、当該署名者ノ文書ヲ偽造シタリト云フニ妨ナ

シ。然ラハ原判決ニ於テ書面ニ西村八左衛門ト記入セシメ右ハ八右衛門名義ノ証明書ヲ偽造シタリト説示シタルハ理由ノ不備若クハ齟齬ノ違法アルモノニ非ス。」（大判大四・一〇・一九刑録二一・一六四〇）（同旨、大判大元・一〇・一〇刑録一八・一二七〇）

【147】（判旨）「原判示事実ノ要旨ハ、被告七太郎カ被告鶴吉外一名ト共謀シ、自ラ保険契約者兼保険金受取人トナリ、被保険者ヲ吉田鳥松妻ナカトシ、保険金険ヲ五百円トシ、ナカノ健康状態ニ付キ全然虚偽ノ記載ヲナシタル七十五歳満期ノ生命保険契約申込書ニ擅ニ鳥松及ナカノ署名ヲ冒用シテ同人等ニ於テ承諾セルモノノ如ク装ヒ、ナカ名下ニハ被告七太郎ニ於テ拇印シ、鳥松名下ニハ有合印ヲ押用シ、他ノ文書ト共ニ之ヲ共済生命保険株式会社ニ送致シテ会社ヲ欺キ、該申込書ニ依ル保険契約ヲ締結セシメ、同趣旨ノ保険証券ヲ騙取シ、久シカラスシテ、ナカカ固有ノ疾患ト其他ノ病気トノ為メニ死亡シタルヨリ、被告ハ医師ヲシテ虚偽ノ死亡断診書ヲ作成セシメテ会社ニ送付シ、保険金五百円ノ支払ヲ請求シタルモ、会社ニ怪マレ未遂ニ了レリト云フニ在リテ、則チ（一）其保険契約ハ生存及死亡ノ二箇ノ保険ヲ包含セルコト明白ナルカ故ニ、右保険申込書ニ於ケルナカノ署名ノ附加ハ則チ商法第四二八条ノ規定ニ基ケル同意書ノ性質ヲ、又鳥松ノ署名ノ附加ハ即チ其妻ナカノ行為ニ対スル夫ノ許可書ノ性質ヲ有スルモノニシテ、此偽書ハ則チ法律上右申込書ト各独立セル効力アル同意書及許可書ノ偽造ニ外ナラサルコト、借用証書ニ於ケル保証人名義ノ偽署ハ則チ法律上保証書ノ偽造ナルト異ルヘキノ理ナシ。故ニ右被告ノ行為ヲ署名偽造罪ト為サスシテ、私文書偽造ノ法条ニ問擬シタル原判決ハ正当ナリ。」（大判大四・三・五刑録二一・二四〇）

【148】（判旨）「被告ハ安藤万蔵所有ノ判示土地建物ニ付賃借契約ヲ為シ、賃貸人万蔵ヨリ賃貸借ノ契約書ヲ徴シタルニ、其書面ニハ万蔵ノ署名ト被告ノ宛名トノ間ニ相当ノ空白アリ、且空白ノ下部ニ押捺セラレタル万蔵ノ印影アリタルヲ以テ、遂ニ行使ノ目的ヲ以テ右余白ニ右土地建物ノ売却ヲ予約スル旨ノ文字ヲ擅ニ記載シタルモノニシテ、右記載事項ハ真正ニ成立シタル前記不動産賃貸契約書ノ記載ノ趣旨ヲ変更スルニ至ルヘキ性質ヲ有スルコトナク、賃貸借トハ全然別異ノモノナルヲ以テ、其行為ハ単ニ既成文書ニ存スル他人ノ署名印章ヲ不正ニ使用シテ新ニ一ノ文書ヲ偽造シタルモノト謂フヘシ。」（大判大九・一二・一刑録二六・八五八）

【149】（判旨）「原判決ハ被告等カ不法ニ小沢弥六ノ記名アル帳簿ニ虚偽ノ記入ヲナシ、以テ小沢弥六ノ署名ヲ用ヒ文書ヲ偽造シタル事実ヲ判定シタルモノニシテ、帳簿上ノ記名ハ帳簿ノ内容ヲ構成スル文書ノ作成名義ヲ表示スルモノニ外ナラサレハ、被告等ノ行為ハ刑法ニ所謂他人ノ署名ヲ使用シテ文書ヲ偽造シタルモノニ該当ス。」（大判明四四・五・二五刑録一七・九七九）（同旨、大判明四五・五・三〇刑録一八・七九四、同大二・九・五刑録一九・八五三）

【150】（判旨）「凡ソ印章ハ署名ノ下ニ押捺シ以テ其ノ真正ヲ確保スルヲ普通トスレトモ氏名ヲ書セスシテ単ニ印章ノミヲ氏名ノアルヘキ部分ニ押捺シ其ノ印影ノ文面ヨリ推シテ以テ其ノ署名ニ替フルコトモ亦稀ナリトセス。所論文書ニハ松尾清太郎ノ氏名ソノモノノ記載ナキモ之ニ代フルニ松尾ト刻シタル印ヲ押捺シアリ、其ノ印章ハ仮令松尾ミエノ分ヲ使用シタルモノナリトスルモ、文書ノ趣旨ヨリシテ松尾清太郎ノ作成シタルモノナルコトヲ信シ得ヘキモノナル以上ハ、松尾清太郎ノ署名アル文書ヲ偽造シタリト云フヲ妨ケス。従ツテ原判決カ刑法第一五九条第一項ニ問擬シタルハ相当ナリ。」（大判昭一二・一〇・七刑集一六・一三三八）

【151】（判旨）「苟モ行使ノ目的ヲ以テ他人ノ氏名ヲ冒用シ権利義務又ハ事実証明ニ関スル文書ヲ作成スルトキハ、捺印ナシト雖、刑法第一五九条第一項ノ私文書偽造罪ヲ構成スヘキモノナリトス。」（大判昭五・六・一九刑集九・四二六）

三　他人名義の冒用

（一）　私文書の有形偽造罪の成立には、前述のような「他人の印章若くは署名」を使用する場合は勿論のこと、これらを使用しない場合でも、行使の目的で「他人の名義を冒用」して、法律所定の私文書を作成したことを必要とする。そこに必ず「他人名義の冒用」ということがなければならないが、それでは、この「他人」という名義人は、実在していることを要するものであろうか、それとも架空のもの、時には死亡した者でも差支えないのであろうか。この点は大いに議論を存するところであり、判例も見解は二途に出ている。

（二）　この点、まず古い判例では、(a)「名義人は実在することを要する」との見解を採っていた。ただし、犯人が連続して多数の文書を偽造したような場合は、判文の上では、特にそのうち一、二名の名義につき、氏名を掲記しなければならないが、その他は「外何名」と概括的に判示するも差支えがないとされたまでである（【152】）。そしてこのような見解に立つ判例は、(b)実在している他人の氏名を冒用して、検査報告書を作成した以上、その検査役たる資格が虚無であっても、文書偽造罪は成立するとし（【153】）、また、(c)他人名義は形式的にのみ存在する人格でも足りるとし、従って、たとい設立が無効であって、形式的にのみ存在しているにすぎない株式会社の名義と雖も、これを冒用して擅に同会社名義の文書を作成するときは、本罪に該るとし（【154】）、そして、最高裁判例の或るものとても、すでに名義人が実在するかぎり、たとい架空の者をその代表者として、右実在会社名義冒用の契約書及び領収書の如きものを作成するのは、本罪を構成するとしている（【155】）。

【152】（判旨）「然レトモ刑法第一五九条ノ文書偽造罪ヲ認定スルニハ、行使ノ目的ヲ以テ他人ノ名義ヲ冒用シテ権利義務若クハ事実証明ニ関スル文書ヲ偽造シタル事実ヲ判示スルヲ以テ足ル故ニ、其名義ヲ冒用セラレタル者カ現実存在スル人ナルコトヲ要スルヤ勿論ナリト雖モ、連続シテ多数人ノ文書ヲ偽造シタル事実ヲ判示スルニハ署名者ノ一、二人ニ付キ特ニ氏名ヲ掲記シ其他ハ之レヲ省略シテ唯『外何名』ト概括的ニ説示シ且其存在ヲ確認スヘキ住所等ヲ詳記セサルモ事実理由ノ明示ヲ欠クモノト謂フヘカラス。」（大判明四五・二・一刑録一八・七七）

【153】（判旨）「苟クモ実在セル他人ノ氏名ヲ冒用シ文書ヲ作成シタル以上ハ、其検査役タル資格ノ虚無ナルト否トヲ問ハス、文書偽造罪ノ構成要件ヲ具備スルモノナレハ、原判決カ本件ニ於テ検査役ナルモノノ虚無ナルニ拘ハラス、実在者ノ氏名ヲ冒用セリトノ理由ニ基キ本件検査報告書ノ作成ヲ以テ文書偽造ナリトセシハ

相当ナリ。」（大判大六・七・一四刑録二三・八五四）

【154】（判旨）「株式会社ノ設立カ当初ヨリ無効ナリトスルモ、既ニ其設立カ登記セラレ事業ニ著手シ得ヘキ状態ニ在リタル以上ハ、該会社ハ形式的ニ存在スルヲ以テ、其設立無効ノ判決確定シ、其登記アリタル場合ニ非サル限リハ株式会社ハ其存在ヲ失ハサルヲ以テ、仍ホ人格ヲ保有スヘク、従テ其名義ヲ冒用シテ文書ヲ作成シ若クハ会社ノ為メニスルニ非スシテ其名義ノ帳簿ニ虚偽ノ記載ヲ為シタルトキハ、当然文書偽造罪成立スヘシ。故ニ原判決ニ於テ一面ニ判示株式会社ノ設立カ無効ニ帰スヘキ事実ヲ説示シタルモ、該会社ノ設立無効ノ判決カ登記セラレタル事実ノ判示ナキ以上ハ判示会社ハ儼存シ其人格ヲ喪失セサレハ、他面ニ於テ被告人等カ右会社ノ文書ヲ偽造シタル事実ヲ判定シタルハ相当ナリ。」（大判大八・一一・四刑録二五・一〇五三）

【155】（判旨）「論旨の主張するところは、原審は被告人が谷口豊三郎という架空の人物を東洋紡績株式会社の常務取締役に仮装し同人名義の契約書及び領収書を偽造したものとして刑法第一五九条第一項を適用しているが、実在しない他人名義を使用して文書を作成しても文書偽造罪とはならないのであるから、原判決には擬律錯誤の違法があるというのであるが、原審は所論のように被告人が谷口豊三郎名義の文書を偽造したことを認定したものではない。原審の認定した事実として原判決が引用した第一審の判決に示された事実によると、被告人は東洋紡績株式会社の名義を冒用して同会社作成名義の契約書及び領収書を偽造したのである。されば、同会社が実在する限り被告人の所為が文書偽造罪を構成することは論旨を待たないのであるから、原判決には所論のような違法はない。」（最判昭二三・一〇・二六刑集二・一一・一四〇九）

（三）右のような冒用された名義人は、実在することを要するとの見解を採るとき、それでは「死亡者の名義を冒用して文書を作成した場合」は、いったいどうなるのであろうか。

この点、わが判例、特に大審院の判例は古くから、(a)「死亡者の印章若しくは署名を使用し、又は偽造した死亡者の印章若しくは署名を使用して文書を偽造した場合においても、その文書が死亡者の生存中の日付であるときは、私文書偽造罪を構成する」との立場を採り、この見解を大体維持していた（【156】）。そして、(b)死亡した人の生存中の日付で、その署名を偽造し文書を作成するかぎり、その内容が、署名者生存時における意思に合致していると否とを問わないものとしていた（【157】）。

　このように名義人は実在することを要するとの立場を採る以上、大審院判例は、その当然の結論として、「名義人が虚無である場合、これを使用して文書を作成したとしても、罪を構成することはない」と判旨するの外はなかった（【158】）。

【156】（判旨）「刑法第百五十九条第一項ニ規定スル文書偽造罪ノ成立ニハ、必スシモ生存者タル他人ノ印章若クハ署名ヲ使用シ又ハ偽造シタル生存者ノ印章若クハ署名ヲ使用シテ文書ヲ偽造スルコトヲ要セス。仮令死亡者ノ印章若クハ署名ヲ使用シ又ハ偽造シタル死亡者ノ印章若クハ署名ヲ使用シテ文書ヲ偽造シタル場合ニ於テモ、其文書カ死亡者ノ生存中ノ日附ニ係ルトキハ同罪ヲ構成スヘキモノトス。依テ原判決ヲ査閲スルニ、前ニ第一論旨ニ対スル説明中ニ掲ケタルカ如ク、原判決ニハ、被告ハ行使ノ目的ヲ以テ亡遠藤寅吉（明治三十八年十月死亡）ノ署名ヲ偽造シ、之ヲ使用シテ同人生存中ノ日附タル明治三十二年旧四月二十八日附、同三十四年旧十二月十日附ノ借用証書各一通ヲ偽造シタルコトヲ判示シアリテ、右判示事実ニ対シ刑法第百五十九条第一項ヲ適用シタル原判決ハ正当ニシテ、本論旨ハ理由ナシ。」（大判明四二・一二・二刑録一五・一七二一）（同旨、大判明四三・一〇・二七刑録一六・一七五五、同昭二・七・二八刑集六・二八二、同昭一一・二・二五刑集一五・一七四）

【157】（判旨）「原判決ニ拠レハ被告人等ハ亡藤井（イシ）ノ生存中ノ日附ヲ以テ其署名ヲ偽造シ判示趣旨ノ証書ヲ作成シタル者ニシテ、其行為ハ（イシ）ノ死亡セルニ拘ハラス恰モ其ノ生存中ニ成立セル如ク（イシ）名義ノ証書ヲ作成シ文書ノ真正ヲ害シタル事実ニ該当スルヲ以テ、証書ノ内容カ果シテ署名者タル（イシ）ノ生存時ニ於ケル意思ニ合致シタルト否トヲ問ハス当然文書偽造罪ヲ構成スヘク、縦令（イシ）ノ親族故旧カ

共署名ノ使用ヲ認容シタリトスルモ、之カ為メニ本犯罪ノ成立ヲ妨クヘキニ非ス。」（大判大九・六・一八新聞一七三五・一八）

【158】（判旨）「刑法第百五十九条第一項ノ私文書偽造罪ノ成立スルニハ、他人ノ作成名義ヲ冒用シテ文書ヲ作成スルヲ要スルモノナレハ、虚無人ノ氏名ヲ使用シタルトキハ本罪ヲ構成セス。」（大判昭一〇・七・二三新聞三九〇二・八）

（四）しかるに最高裁の時代となって、(a)「名義人は必ずしも実在していることを要しない。文書の名義人として架空人を掲記していても、これがあたかも実在人と思わせるような文書を作成するときは、私文書偽造罪を構成する」との見解を採るに至った（【159】）。それは、被告人は「米軍第一騎兵師団庶務課長ジー・エム・ホワイト」と記載した文書を作成したが、さような人物は実在しない、という事件に対する最高裁昭和二四年の判決において見受けられるのである。ついで、(b)最高裁は、「名義人の生存中、名義人から預った郵便貯金通帳と共に行使する目的で、この通帳に基づいて擅に同人名義の郵便貯金払戻証書を作成した場合には、たとい作成当時名義人がすでに死亡していたとしても、私文書偽造罪が成立する」として（【160】）、明らかに大審院当時の判例と異る見解を判示するに至った。そしてさらに、(c)最高裁は、「架空名義の簡易保険申込書を作成した場合でも、それが当局のみならず一般人をして真正に作成された文書と誤信せしめる危険があるときは、私文書偽造罪を構成する」とするに至った（【161】）。じらい、下級審なる高裁の判例とても、この見解に従っている。その一は、架空の名義で私文書を偽造した場合でも、それが実在の人が作成したものの如く作為し、かつ一般人をしてそのように誤信させるおそれのある場合には、私文書の偽造が成立するとするものであり（【162】）、二は、死亡者名義でも、架空人名義でも、その作成されたものが、実在人なるが如く作為したものであり、一般人をして実在人の真正に作成したものの如く誤信せしめるに足るものの作成は、私文書偽造罪となる旨を判示しているそれである（【163】）。

【159】（上告理由）「原審は本件文書を米軍第一騎兵師団発行名義の私文書を偽造したものと判示せられたのであるが、私文書偽造に於ては、偽造せられた名義人は実在のものたることを要するものと思量する。然るに本件文書は先に述べたる如く、庶務課長ジー・エム・ホワイトなるものは全然架空なものであるから、被告人の所為を私文書偽造と断ずるは誤りであると信ずる。」

（判旨）「本件において、偽造せられた私文書の発行名義は、英文で第一騎兵師団庶務課長ジー・エム・ホワイトとなっている。記録によれば、庶務課長ジー・エム・ホワイトは、米軍第一騎兵師団には勤務していないで、同師団には、エヌ・シー・ホワイトという少佐が勤務している。そこで、上告論旨は、庶務課長ジー・エム・ホワイトは全然架空な人物であるから、米軍第一騎兵師団発行の文書とはいえないと主張している。しかし、文書偽造罪は、法律上関係ある事実について、文書の真正に対する公の信頼性を害する危険がある場合に成立するものである。本件において、米軍第一騎兵師団が日本に実在せるものであることは顕著であり、一般に知られている（記録に依れば、判示の「ジョンソン航空隊」は日本に実在しており、又米軍第一騎兵師団の勤務員の中には現にホワイト少佐というのがいる位である）から、たとえ仮りに庶務課長ジー・エム・ホワイトは架空の人物であるとしても、本件文書の形式及び内容は、普通一般の人をして米国軍第一騎兵師団発行の真正の文書と誤認せしめる可能性があり、文書の真正に対する公の信頼性を害する危険があることは火を見るよりも明らかである。従って原審が私文書偽造罪として処罰したのは当然であって、論旨は理由がない。」

（最判昭二四・四・一四
刑集三・四・五四三）

【160】（上告理由）「原審判決中理由第一の渡辺三郎に対する私文書偽造同行使罪に付いては、原審公判調書中被告人の供述として、右渡辺三郎は被告人が同人の署名を冒用したと云う時より一年前に戦死して居ると

云う事実を述べてあり、若し同人が真実一年前に戦死して居ったものとすれば、他人と称することを得ざる為同人に対する部分は明らかに擬律に錯誤あり、此の点に関して原審は何等の処置をしないまま軽々に判断したのは事実に誤認があるものである。」

（判決理由）「原審公判調書中被告人の供述として、渡辺三郎は被告人が同人名義の貯金払戻受領証を作成した時から一年位前に戦死しているものであると述べていることは所論のとおりである。しかし右事実については被告人の右供述を除いては他に何等の証拠のない本件においては、渡辺三郎が本件犯行当時確実に死亡していたと認定することは困難であるのみならず、たとえ同人が死亡していたとしても必ずしも所論のような違法あるものということはできない。原判決の確定した判示第一の事実は、被告人は渡辺三郎外十名の預金者から貯金の払戻その他の為同人等名義の貯金通帳を預っていたので、これを使用して同人等名義の郵便貯金払戻証書を偽造行使したというのであって、（中略）右渡辺三郎名義の郵便貯金払戻証書は被告人が生存中の渡辺三郎から預った郵便貯金通帳と共に、これを行使する目的で、この通帳に基いて作成したものであるから、それは渡辺三郎の生存中の作成にかかるものの如く作為したものとみるのが相当であり、又一般人をして左様に誤信させるおそれの十分にあるものであるから、かかる場合には、たとえその作成当時渡辺三郎が既に死亡していたとしても被告人の行為は文書偽造罪を構成するものと解すべきである。」（最判昭二六・五・一一刑集五・六・一一〇二）

【161】（判旨）「第一審判決の挙示する証拠によれば、右今立正三外四名名義の保険申込書は被告人が右郵便局備付の印刷せられた保険申込書用紙を使用したものであり、被告人はこれを他の真正な実在の人の保険申込書と同様にこれを取扱う目的で作成したものであることが窺われ、且つ冒用した名義は架空人であるにしても、いずれも巷間にありふれたような名義のものであって、被告人において右名義人が実在するものの如く作為したものと認めるのが相当であり、又それは当局のみならず、一般人をして実在者の真正に作成した文書と誤信せしめるおそれが十分にあるものということができるのである。そして被告人が右の如く架空人名義を用いて保険申込書を作成した場合と実在人名義を冒用して保険申込書を偽造した場合とを比較して考えてみる

と、当局のみならず一般人をして真正に作成された文書と誤信せしめる危険のある点において何等区別はないのであるから、本件のような場合には架空人名義を用いたとしても、被告人の行為は私文書偽造罪を構成するものと解すべきである。」（最判昭二八・一一・一三刑集七・一一・二〇九八）

【162】（判旨）「原判決を調査するに、原判決の確定した判示第一の事実は、被告人は川上村須田郵便局長として同局事務を監督し、為替貯金、簡易保険の募集、金銭の出納保管等の業務に従事していたものであるが、架空人の名義を用いて偽造の保険申込書を作成行使して同局に割当てられた簡易保険募集額の割当責務の達成を装わんことを企て、別表第一記載の各年月日頃いずれも右郵便局においてインクを用い行使の目的を以って各保険申込書用紙に同表記載の各契約者の署名を冒用し、同表記載の各保険金額、被保険者、保険金受取人、払込場所等保険契約者において記入すべき必要事項を擅に記入し、各保険契約者、被保険者の名下に同局にあった三文判又は借受判を冒捺し、もっていずれも架空人である同表記載の今立正三外四名名義の保険申込書合計九通を夫々作成偽造した上、同年四月上旬頃情を知らない安達栄子に命じて右各申込書を真正に成立した文書として京都地方簡易保険局に一括して送付し、其の頃同局に到達受理させてこれを行使したというのであって、押収に係る右今立正三外四名の保険申込書を検するに、同書は被告人が右郵便局備付の印刷せられた保険申込用紙を使用したものであり、冒用した架空人の氏名は、いずれも巷間通常用いられるものに類似しているものであるから、右用紙に記入せられた以上一見第三者をして実在人のように思い込ませ得るものである。しかして被告人は他の真正の実在人の保険申込書と同様にこれを取り扱う目的で作成したものであるから、それは今立正三外四名が実在しているものの如く作為したものと見るのが相当であり、又当局並びに一般人をして左様に誤信させるおそれの充分にあるものである。従って、たとえ本件保険申込書の各契約者が架空人であっても、被告人の行為は文書に対する公の信用を害する危険があるのであって、私文書偽造行使罪を構成するものと解すべきである」（大阪高裁昭二七・一・二九刑集五・一・四五）

【163】（判旨）「たとえその冒用した名義人の中に死亡又は架空人があるとしても、そのいずれも巷間にあ

りふれたような名義の者のみであって、被告人において右名義人等が実在するものの如く作為したものと認めるのが相当であり、又それは独り関係当局ばかりでなく一般人をして実在人の真正に作成した文書と誤信させるおそれが十分にあるものということができる。これを実在名義を冒用して偽造した場合と比較して考えて見ても、その関係当局のみならず一般人をして真正に作成された文書と誤信させる危険のある点においてなんら区別あるを見ない。即ち本件の場合に、たとえ被告人が実在人の名義と共に死亡又は架空人の名義を列記冒用したとしても、判示被告人の所為が私文書偽造罪を構成するものと解すべきである。」（東京高判昭二九・七・一高裁特報一・一・三二）

（五）　つぎに「名義人の冒用」となるには、(a)その文書に「名義人が表示」されていなければならない。その文書が何人の意思表示であるか判断することのできないようなものは、刑法にいう私文書ということはできない（【164】）。名義人の表示には、氏名は必ずしも明白にする必要はない。氏名が掲げてなくても、例えば「何々団体」「何々銀行本店」というが如き「名義」は、別箇に存在しているからである。が、(b)名義の冒用となるには、その名義人は「特定」されていなければならない。その文書自体で、何人の名義文書であるか特定することができないときは、暴用とならない（【165】）。(c)氏名の冒用は、当該文書に捺印がない場合とても、可能である（【166】）。(d)特に電報頼信紙に発信人の氏名を表示した場合には、氏若しくは名のみでも、それが発信人の何人かを示す以上、名義の表示あるものというべく、それが本文の末尾であっても、受信人名の下であっても差支えない（【167】）。因みに付記すべきは、(e)預金名義が、預金本人の氏名と異っていても、この場合「虚無人」の預金とみるべきではない一事である（【168】）。そこには、実在の人が存在しているからである。

【164】（判旨）「仍テ按スルニ、文書ノ偽造トハ他人ノ作成名義ヲ偽リ、新タニ文書ヲ作成スルコトヲ意味

シ、其文書カ何人ノ作成名義ニ係ルカハ該文書自体ニ依テ之ヲ判断シ得ルコトヲ要ス。故ニ書面自体ニ依テ其作成名義即チ其書面ハ何人ノ意思表示ニ係ルカヲ判示シ得サルモノナルトキハ、該書面ハ刑法上文書ト云フコトヲ得ス。従テ文書偽造ノ目的タルコトヲ得サルヤ論ヲ俟タスト雖モ、論旨所掲ノ原判文ニ依レハ、判示偽造ノ文書ハ其文意自体ニ依テ判示大和田銀行本店責任者ノ名義ヲ偽リ作成セラレタルモノナルコトヲ認メ得ヘク、而シテ該責任者ノ氏名ヲ文書ニ依テ表示スルコトハ文書偽造ノ必要条件ニアラス。然レハ右判示事実ハ他人ノ印章若クハ署名ヲ使用シテ文書ヲ偽造及行使シタルモノニアラサルヲ以テ、刑法第百五十九条第一項及同法第百六十一条第一項、第百五十九条第一項ノ罪ヲ以テ論ス可ラサルヤ論ヲ俟タスト雖モ、同法第百五十九条第三項ハ行使ノ目的ヲ以テ他人ノ印章若クハ署名ヲ使用セスシテ文書ヲ偽造シタル場合ニ適用スヘキモノナルヲ以テ、右判示文書偽造ノ点ニ付同条項ヲ適用シ、偽造文書行使ノ点ニ付同法第百六十一条第一項、第百五十九条第三項ヲ適用シタル原判決ハ正当ニシテ本論旨ハ理由ナシ。」（大判明四三・一二・二〇刑録一六・二二六七）

【165】（判旨）「按スルニ文書ノ偽造トハ、特定セル他人ノ作成名義ヲ詐ハリテ文書ヲ作成スルヲ謂フモノニシテ、其ノ文書カ何人ノ作成ニ係ルカハ該文書自体ニ於テ判別シ得ルヲ要スルモノナリトス。而シテ他人ノ代表資格ヲ詐ハリテ作成シタル文書ト雖、其ノ被代表者タル他人カ何人ナルヤヲ文書自体ニ於テ判別シ能ハサルトキハ文書偽造罪ヲ構成セサルモノトス。原判決ノ確定シタル事実ニ従ヘハ、被告人ハ清水広助ト不和ノ間柄ト為リ居タル結果、其ノ筋ニ対シ、広助ノ営業ニ関スル批難ヲ申告シテ其ノ信用並ニ営業ヲ妨害センコトヲ企テ、行使ノ目的ヲ以テ昭和二年十二月中旬頃、福岡県鞍手郡木屋瀬町ニ於テ郵便葉書（証第九号）ニ擅ニ小屋瀬町会議員代表ト冒書シ門司鉄道局下関運輸事務所旅客課長ニ宛テ厚狭駅構内ノ立売弁当ハ不潔ニシテ非衛生的ナル蠅卵付着セル旨虚偽ノ事実ヲ記載シタル文書一通ヲ偽造シ、其ノ頃之ヲ投函シテ前記旅客課長ニ到達セシメテ之ヲ行使シ、以テ偽計ヲ用ヒ当局其ノ他ヲシテ右広助ノ営業ニ疑念ヲ抱カシメ同人ノ信用ヲ毀損シ且ツ其ノ業務ヲ妨害シタルモノナリト云フニ在リテ、其ノ郵便葉書ニ表示セラレタル該文書ノ作成名義ヲ観ルニ小屋瀬町会議員代表トアルノミニシテ、其ノ小屋瀬トハ木屋瀬ト解シ得ラレサルニ非サルモ、被代表名義ト認

ムヘキ『木屋瀬町会議員』トアルハ其ノ町会議員全部ノ意ナリヤ一部ノ意ナルカ単ニ集合名詞ノ記載アルニ過キスシテ其ノ名義人ヲ特定スルニ由ナキヲ以テ、斯カル文書ヲ作成シタリトスルモ文書ヲ偽造シタルモノト謂フヲ得サルモノトス。果シテ然ラハ、原判決ハ被告人カ前叙ノ如キ葉書ヲ作成シタル行為ヲ以テ木屋瀬町会議員代表名義ノ事実証明ニ関スル文書ヲ偽造シタルモノト解シ、刑法第百五十九条第一項、第百六十一条第一項ニ問擬シタルハ擬律錯誤ノ違法アリ。」（大判昭三・七・一四刑集七・四九三）

【166】（判旨）「行使ノ目的ヲ以テ他人ノ氏名ヲ冒用シ、権利義務又ハ事実証明ニ関スル文書ヲ作成スルトキハ、捺印ナシト雖モ刑法第一五九条一項ノ私文書偽造罪ヲ構成ス。」（大判昭五・六・一九新聞三一八九・八）

【167】（判旨）「原判決ニ被告カ電報頼信紙中ニ『タケムラ』ナル文字ヲ用ヒ竹村鶴松ノ名義ヲ表示シテ通信文ヲ記載シタル事実ヲ判示シアル以上ハ、特ニ頼信紙ノ如何ナル部分ニ氏名ヲ記載シタルカヲ説示セサルモ電報規則第二十三条ノ規定ニ従ヒ頼信紙中本文ノ末尾若クハ受信人名所ノ下ニ記載シタルモノトシテ前掲判示ヲ為シタルモノト解スヘキモノトス。蓋シ同条ニ依リテ氏名ヲ表示スレハ孰レノ方法ヲ執ルモ発信人ノ何人ナルカヲ受信人ニ伝達スルノ効果ハ同一ニシテ、而カモ均シク発信人ノ名義ヲ表示シ通信文ノ一部ヲ構成スレハナリ。故ニ原審カ被告ノ所為ヲ以テ他人ノ署名ヲ冒用シテ事実証明ニ関スル文書ヲ偽造シタルモノトシテ刑法第百五十九条第一項ヲ適用シタルハ理由不備ノ判決ニ非ス。」（大判明四三・一一・三一刑録一六・七四）

【168】（判旨）「原判示第二㈡の小林五六名義は実在人藤本五一が預金に際して使用した氏名であるから、所論のように虚無人とみるべきでない。」（最判昭三〇・四・一九昭二八年（あ）第三六五二号事件）

（六）　本罪の成立には、他人の名義を「冒用」していなければならない。判例は、(a)文書に他人の署名があっても、これを当該文書の作成名義に冒用していないときは、たとい文書の内容が虚偽であっても、偽造罪は成立しないものとする（【169】）。従って、(b)たとい文書の作成日付等が不実であっても、苟も他人の作成資格を冒していないかぎり、犯罪の成立はないものとし（【170】）、また、(c)会社の登記手続において、たとい取締役及び監査役が、会社設立登記申請書の内容に虚偽の記載をしても、その申請人は会社でなく取締役及び監査役がその資格において申請人であるときは、申請書の名義人は取締役及び監査役であり、そこに「名義の冒用」がないので、罪を構成しないとしている（【171】）。なお、(d)高裁の判例は、他人名義の冒用が犯罪を構成しても、その前提手続なる印鑑証明下付委任状作成の点まで、直ちに他人名義の冒用とまでいい得ない場合のあることを判示している（【172】）。

【169】（判旨）「刑法第百五十九条ニ規定スル私文書偽造罪ノ成立ニハ、他人ノ作成名義ヲ冒用シテ文書ヲ作成スルコトヲ要ス。文書ニ他人ノ署名アルモ、之ヲ其文書ノ作成名義ニ冒用セサルトキハ、仮令文書ノ内容虚偽ニ渉ルモ本罪ヲ構成セス。原判決ヲ閲スルニ、被告ハ宮城野勇太郎カ其店員滝野沢周吉ヲシテ造材ノ本数寸尺等ヲ計量セシムルニ際シ周吉ヲシテ其任務ニ背キテ石数ヲ不当ニ査定シ之ヲ帳簿ニ偽記シテ勇太郎ニ報告セシメ、以テ不法ノ利ヲ得ンコトヲ企テ周吉ヲ教唆シタルニ周吉ハ之ニ応シ、右造材査定ノ際其任務ニ背キテ勇太郎ノ有ニ属スヘキ署名捺印ナキ帳簿（第二号証）ニ筏三十枚ノ総石数一万二百有余石アルヲ九千二百七十一石七升八合ト偽記シ、同月十一日之ヲ勇太郎ニ示シ、尚ホ意思継続シテ宮城野ノ署名アル木材寸見ト題スル帳簿（第三号証）ニ同様虚偽ノ記載ヲ為シ同月二十一日之ヲ勇太郎ニ提出シタルモ、同人カ其石数ヲ疑ヒ再調ヲ為スニ至リ予期ノ目的ヲ遂ケサリシモノナリト判示シアルヲ以テ見レハ、右第二号証ハ勿論第三号証モ亦被唆教者周吉ニ於テ自己ノ査定シタル石数ハ此ノ如シト詐リ報告スル為メ不実ノ記載ヲ為シタルモノニシテ、内容ノ虚偽ニ止リ其作成名義ハ之ヲ詐リタルモノニアラス、第三号証ニ判示ノ如ク宮城野ノ署名ナルモノアリトスルモ周吉ニ於テ右不実ノ記載ヲ以テ宮城野ノ作成ニ係ルモノトシテ該署名ヲ其作成名義ニ使用シタルモノニアラサルコトハ判文上自ラ明ナレハ、所謂無形ノ偽造ニ過キスシテ、他人ノ作成名義ヲ冒用シテ文書ヲ作成シタルモノト云フヘカラサルヲ以テ、刑法第百五十九条ノ文書偽造罪ヲ構成セス。」（大判明四五・七・二 刑録一八・九九二）

【170】（判旨）「原判決判示第一事実中ニ名相謀リ芳雄ハ金次郎ト共ニ草案ヲ認メ、竜太ハ文書ニ修正ヲ加ヘタル上、芳雄ヨリ金次郎ニ宛テ大正二年三月三十一日付ノ右当事者間ニ五千円ノ報酬契約ノ証ト題スル書面ヲ作成シタル点ハ、作成日附ノ不実ナルニ拘ラス、他ノ作成資格ヲ冒シテ文書ヲ作成シタルモノニアラサルヲ以テ、刑法第百五十九条ノ偽造罪ヲ構成セス。従テ之ヲ行使スルモ同法第百六十一条ニ触ルルモノニ非ス。」（大判大五・九・一八 新聞一一七二・三一）

【171】（判旨）「取締役カ、苟クモ其作成スル文書ニ虚偽ノ事実ヲ記載スルトキハ、之ヲ以テ悉ク文書偽造罪ニ問擬スヘキモノトスルハ、刑法ノ精神ニ反スルモノニシテ、本院判例亦之ヲ認メサル所トス。然リ而シテ会社登記手続ニ関スル非訟事件手続法第百八十九条ニ依レハ、会社設立登記ハ総取締役及ヒ総監査役ヨリ申請スヘキモノニシテ、此場合ニ於テハ会社ヲ以テ申請人ト認ムヘキニアラスシテ、取締役及ヒ監査役カ此資格ニ於テ該申請人タルモノト解スヘク、従テ其申請書ハ取締役監査役ノ文書ニ外ナラサルヲ以テ、其内容ニ虚偽ノ記載アリト雖モ、之ヲ以テ文書偽造罪ナリト云フヲ得サルモノト為スベキハ本院判例ノ趣旨ニ照シテ明カナリ。所論判示ノ事実ハ此趣旨ニ於テ文書偽造罪ヲ構成スヘキモノニ非ス。」（大判大六・一二・二二 刑録二三・一六〇五）

【172】（判旨）「原判決が証拠として挙示した昭和二十四年九月十四日附委任状謄本によれば、足立享一が被告人を代理人として足利市長に対して印鑑証明書一通の下附を受けることを委任する趣旨だけが記載されているに過ぎず、実父名義の金員借用につき右足立享一名義を冒用することを窺わせるに足る何等の記載もないから、被告人が右委任状により交付を受けた印鑑証明書一通を原判決認定のような不正の目的に使用したとしても、右印鑑証明書の下附を受けること自体、従って足立享一名義の右委任状を作成すること自体は、前記の理由によって、被告人の権限内の行為と解し得るのである。従って原判決認定のように、足立享一から小野アイの保証人となるために必要な手続を為すことを依頼された事実関係が存続していたものとすれば、被告人が実父名義の借用証書を作成するに当り、足立享一名義を冒用したことが犯罪を構成することはあっても、その前提手続として足立享一の代理人として委任状を作成して印鑑証明書の下附を受ける行為自体は犯罪を構成し

ないものと解すべきである。尤も若し右足立享一が被告人に対する右依頼を解約した後、被告人が預った同人の印鑑を返還しないで、右委任状を作成したものとすれば、解約により権限消滅後に作成したこととなるので、右委任状の私文書偽造罪を構成することとなるのである。」（東京高判昭二七・三・一九特二九・九二）

四　作成権限のないこと

（一）　前述の「他人名義の冒用」ということは、要するに当該文書を作成する権限のないことを前提とする。かようにして「作成権限のないこと」は、文書偽造罪成立の実質的な一要素ということができる。

この点に関する判例として注目すべきものの一は、「銀行書記は、取締役又は支配人の名義を以て文書を作成すべき法律上の権限を有するものでないから、取締役又は支配人名義を以て文書を作成した場合には、文書偽造罪が成立する」とするものであり（【173】）、二は、「銀行取締役又は支配人の承認に基づきその名義を用いて出納事務を取り扱う使用人が、承諾の範囲に属しない事項につき、擅に取締役又は支配人名義の文書を作成するときは、文書偽造罪を構成する」とするものである（【174】）。三は、「株式会社の使用人は、会社の機関として会社名義の文書を作成すべき法律上の一般的権限を有するものではなく、取締役又は支配人の承諾の範囲においてのみ会社名義の文書を作成することを得るに止まり、その承諾以外の事実に関し、擅に会社名義の文書を作成するときは、文書偽造罪を構成する」とし（【175】）、四は、「鋳物工業組合が統制団体より、一定の割当限度内において鉄鋼割当証明書の発行事務を委託せられている場合に、その事務担当者たる同組合書記が、なんら割当がないのに拘らず、擅に行使の目的を以て同統制団体の記名捺印のある鉄鋼割当証明書用紙を利用し、これに同団体より組合に対する鉄鋼の割当があったように記載して該証明書を作成する行為は、その権限外のことに属し、同団体名義の文書を偽造したものである」とし（【176】）、五は、「組合書記が、日本鋳物工業連合会より組合に割り当てられた数量以外にわたる鉄鋼割当証明書を発行したことは、作成権限のないところとして、結局その作成名義を偽ったことになる」としているそれである（【177】）。

【173】（判旨）「被告人ハ株式会社北越銀行ノ書記ニシテ、支配人又ハ取締役ノ名義ヲ以テ文書ヲ作成スヘキ法律上ノ権限ヲ有スルモノニ非ス。随テ取締役又ハ支配人名義ヲ以テ擅ニ文書ヲ作成シタルトキハ、文書偽造罪ヲ構成スルモノトス。故ニ被告人カ擅ニ同上銀行取締役永滝文作ノ氏名ヲ表示シ、其ノ印章等ノ押捺シアル同銀行小切手用紙ニ年月日金額宛名銀行等ノ要件ヲ記載シテ送金小切手ヲ作成シタルコト原判示ノ如クナル以上ハ、其ノ所為小切手偽造罪ヲ構成スルモノトス。其ノ他原判決ハ、被告人カ擅ニ同上銀行ノ署名ヲ使用シ当座口払込報告書及手形金取立済ノ報告書ヲ偽造シタル事実ヲ説示セルヲ以テ、其ノ所為ハ文書偽造罪ヲ構成スルモノトス。」（大判大五・七・一大五年(れ)第八四三号事件）

【174】（判旨）「被告ハ、判示銀行ノ雇ニ過キサレハ、支配人又ハ取締役ノ名義ヲ以テ文書ヲ作成スヘキ法律上ノ権限ヲ有スルモノニ非ス。単ニ支配人又ハ取締役ノ承諾セル範囲内ニ於テ其ノ名義ヲ以テ出納事務ヲ取扱フ機械的ノ補助者タルニ止マリ、其ノ承諾ノ範囲ニ属セサル事実ニ付テハ上叙ノ補助行為ヲモ為スコトヲ得ルモノニ非サルカ故ニ、斯ル事実ニ付支配人又ハ取締役名義ヲ以テ擅ニ文書ヲ作成シタルトキハ文書偽造罪ヲ構成スルコト勿論ナリトス。」（大判大一一・八・三〇刑集一・四二三）

【175】（判旨）「原判旨ニ依レハ、被告人ハ判示株式会社川北電気企業社松江出張所ノ使用人ニ過キサレハ取締又ハ支配人ノ如ク会社ノ機関トシテ会社名義ヲ以テ文書ヲ作成スヘキ法律上ノ一般権限ヲ有スルモノニ非スシテ、却テ斯ル権限ヲ有スル者ノ承諾スル範囲内ニ於テノミ機械的補助者トシテ会社名義ノ文書ヲ作成スル

コトヲ得ルニ止ルモノトス。従テ若シ其ノ承諾範囲外ノ事実ニ関シテ擅ニ叙上ノ文書ヲ作成スルニ於テハ、文書偽造罪ヲ構成スルコト明ナリ。而シテ判示第一及第二ニ依レハ、被告人ハ同会社出張所ノ金員ヲ横領シ其ノ犯行ヲ隠蔽センカ為ニ同出張所名義ノ仕訳日記帳ニ判示虚偽記入ヲ為シタリト云フニ在リテ、全然会社取締役又ハ支配人ノ承諾ノ範囲ニ属セサル事実ニ関スル文書ヲ作成シタルモノナルコト明ナルヲ以テ、原審カ之ヲ文書偽造罪ニ問擬シタルハ正当ナリトス。」（大判大一一・一二・六刑集一・七四〇）

【176】（判旨）「判示商工省令鉄鋼配給統制規則第七条ハ、商工大臣指定ノ統制団体ハ同大臣ノ定ムル数量ノ限度内ニ於テ鉄鋼割当証明書ヲ発行スヘキコトヲ規定シ、以テ統制団体ノ鉄鋼割当証明発行ニ関シテ明ニ其ノ事務ノ範囲ヲ限定セルノミナラス、原判決ニ依レハ統制団体タル日本鋳物工業組合聯合会ハ、所属組合ノ各組合員ニ対スル鉄鋼ノ割当及鉄鋼割当証明書発行ノ事務ヲ便宜上各府県組合ニ委任シ、同府県組合ハ右聯合会ヨリ割当通知ヲ受ケタルトキハ、其ノ割当数量ノ限度内ニ於テノミ予メ同聯合会ヨリ交付セラレ自ラ保管セル同聯合会ノ記名捺印アル用紙ヲ使用シ之ヲ発行シ得ルモノナルカ故ニ、右聯合会並其ノ所属ノ判示徳島県鋳物工業組合ハ割当証明書ノ作成発行ニ関シ、広汎ナル一般的権限ヲ有スルモノニ非スシテ、唯単ニ割当数量ノ限度内ニ於テノミ之ヲ為シ得ルニ止マル故ニ、右聯合会並ニ組合ハ勿論、事実上右発行事務ヲ担当スル判示組合ノ使用人松家書記カ、全然被告人ニ対スル鉄鋼ノ割当ナキニ拘ラス、之アリタル如ク割当証明書ヲ作成発行スルカ如キコトハ、固ヨリ其ノ権限外ノ事ニ属ス。従テ被告人カ判示ノ如ク松家書記ト共謀シ、行使ノ目的ヲ以テ被告人ニ対スル鉄鋼ノ割当ナキニ拘ラス之アルカ如ク右聯合会名義ノ鉄鋼割当証明書ヲ作成シ、之ヲ判示各商店ニ交付シタル以上、其ノ行為ハ私文書偽造行使罪ヲ構成スルモノト云ハサルヘカラス。所論ノ如ク縦令右文書ノ形式自体ニ於テ作成権限ナキ者ノ作成ニ係ルモノナルコト明白ナラストスルモ毫モ、右認定ヲ妨クルモノニ非ス。」（大判昭一七・二・二二刑集二一・八六）

【177】（判旨）「原判示ニ依レハ、判示組合ハ判示日本鋳物工業聯合会ヨリ組合ニ割当ヲ受ケタル数量ノ銑鉄ニ付右聯合会名義ノ鉄鋼割当証明書ヲ聯合会ニ代リ発行スルコトヲ委任セラレ、判示組合書記松家幸太郎ハ

右証明書発行ニ関スル事務ヲ掌リ居リタルモノニシテ、右判示ハ同書記ニ於テ書記組合カ前記聯合会ヨリ割当ヲ受ケタル数量ノ銑鉄ニ付テノミ右証明ヲ発行スルコトヲ得ルモ、苟モ右数量ヲ超ユルトキハ、縦令其ノ数量ハ証明書発行ノ名義人タル前記聯合会カ商工大臣ヨリ受ケタル割当数量ノ範囲内ナル場合ト雖、割当証明書ヲ発行スルコトヲ得サルモノニシテ、組合カ右聯合会ヨリ割当ヲ受ケタル数量ヲ超エテ割当証明ヲ発行スルコトハ、右聯合会ノ意思ニ反スルモノナリトノ趣旨ニ解スルヲ相当トス。而シテ右判示事実ハ、原判決挙示ノ証拠ニ依リ優ニ之ヲ証明シ得ヘク、記録ヲ査スルモ原判決ノ右ノ事実認定ニ重大ナル誤認アルコトヲ疑フニ足ルヘキ顕著ナル事由アルコトナシ。然ラハ判示ノ如ク、被告人カ前記松家書記ト共謀ノ上、行使ノ目的ヲ以テ判示組合カ判示聯合会ヨリ受ケタル割当数量ヲ超エテ判示銑鉄ニ付右聯合会名義ノ鉄鋼割当証明書ヲ作成シタル以上、右作成ハ該証明書ノ作成名義人ノ意思ニ反スルモノナレハ其ノ作成名義ヲ偽リタルモノト謂フヘク、従テ文書偽造罪ヲ構成スルヤ論ヲ俟タス。」（大判昭一七・四・七新聞四七七五・五）

（二）　この点疑問となるのは、文書を作成することにつき「他人の承諾」があるときは、そこに「作成の権限あるもの」として犯罪を構成することにならないか、との一事である。が、「当該の文書を作成すること、それ自体につき承諾を得ているとき」は、作成の権限を有たないものといい得ないから、この場合は、殆んど問題とならない。

これに反し、(a)文書に記載される事項の内容につき、たとい本人の承諾を得ていたとしても、文書の作成それ自体、他人の承諾を得ていないときは、作成の権限はないものというの外はないであろう。ゆえに判例は、「主たる或る債務者が、債権者を確定する以前に、あらかじめ他者甲から、その保証人となる旨の承諾を得ていたとしても、苟も右甲者の名義を擅に使用して、債務保証書を作成したような場合には、文書偽造罪が成立する」としている（【178】）。また、(b)事後において承諾を得たとしても、苟も文書作成の時においてこれを得ていなければ、作成の権限はなかったものとして犯罪を構成するとしている（【179】）。

そこに主として問題となるのは、(c)承諾のあることを予想して文書を作成する場合であるが、判例は、承諾を予知し得べき場合であると否とを問わず、苟も他人の承諾なく、その署名を偽り、文書を作成するにおいては、文書偽造罪を構成するとしている（大判明四三・二・二一刑録一六・二七八四、同大七・一〇・一八大七年(れ)第二四〇〇号事件、同昭九・一一・二二刑集一三・一五三）。そして、(d)苟も承諾を得ずして文書を作成した以上、たとい作成者が名義人の事務管理であると信じてこれをしたとしても、そのため文書偽造罪の成立を阻却するものではない、とする高裁の判例がある（広島高判昭二五・二・二五特八・八）。

【178】（判旨）「苟モ行使ノ目的ヲ以テ他人ノ名義ヲ冒用シ、債務保証証書ヲ作成スルニ於テハ、文書偽造罪成立シ、主債務者ニ於テ債権者未定前予メ其ノ他人ヨリ保証人タルコトノ承諾ヲ得タルノ事実ハ文書偽造罪ノ成否ニ消長ヲ来スモノニ非サルハ勿論、右承諾ヲ得タル者保証人ニ代リ同証書ヲ作成スルノ権限ヲ授与セラレタリト論断スルヲ得サルヤ明ナリ。」（大判昭四・九・三大審院裁判例(三)刑三〇）

【179】（判旨）「苟モ行使ノ目的ヲ以テ名義人ノ承諾ナキニ拘ラス、其ノ氏名ヲ使用シテ文書ヲ作成スルトキハ、直ニ文書偽造罪ヲ構成シ、犯人カ事実上名義人ノ承諾ヲ得居ラサルモ該文書ノ作成ニ付名義人ニ異存ナキモノト信シ、且後日名義人ノ承諾ヲ得タル場合ト雖、之レカ為同罪ノ成立ハ毫モ妨ケラルヘキモノニ非ス。原判決ハ此ノ趣旨ニ於テ判示推薦状偽造ノ事実ヲ認定シタルモノト謂フヘク、而シテ原判決挙示ノ証拠ヲ綜合スレハ右事実ヲ証明スルニ足ルカ故ニ重大ナル事実誤認ヲ疑フニ足ル顕著ナル事由アルコトナシ。」（大判昭一一・一二・二新聞四〇八六・一八）（同旨、大判大八・一一・五刑録二五・一〇六四、同昭一一・一一・三一刑集一五・六三）

(三)　さらに、「他者の委任承諾の範囲を逸脱して、文書を作成する行為」が、はたして私文書の有形偽造となるのであろうか、それとも私文書に虚偽の記載をしたことになるのでなかろうかが、問題となってくる。

この点判例は、まず第一に、「他人名義の白紙委任状に、あらかじめ許容された使用方法以外に使用する目的で、一定の文字を記入した場合には、文書偽造罪が成立する」としている（【180】）。第二に、「自己の借用金を併せて特定金額の金策方の依頼を受けた者が、その借入をするに当り、あらかじめその依頼者から手交されていた当該依頼者の署名捺印のある借用証書に、右特定額を超過する金額を擅に記入したような場合には、私文書偽造罪を構成する」とし（【181】）、第三に、「主たる債務者が、保証承諾額を超過する多額の借金を保証人の署名捺印のある借用証書の用紙の金額記入空白部に擅に記入した場合は、私文書の偽造となる」とし（【182】）、第四に、「甲が自己の金融のため、乙より乙所有の特定の不動産一筆につき抵当権を設定して他から金三百円を借り受けることの承諾を得て、その設定登記をすることの委任を受けたのみであるのに、擅に右承諾並びに委任の範囲を超えて右一筆に乙所有の他の不動産五筆を加えて抵当権を設定し、金六百五十円を借り受けるにつき、乙においてその抵当権設定を承諾した旨の証書を作成したときは、文書偽造罪が成立する」とし（【183】）、第五に、「他人をして山林の分筆に関して承諾させ白紙に調印させ、同人名義の分筆承諾書を作成するに当って、擅に質権放棄の旨を併せて記載したような場合には、該記載部分は偽造となる」としている（【184】）。

【180】（判旨）「他人名義ノ白紙委任状ヲ其使用方法ヲ限定シテ他人ヨリ預リタリ場合ニ、其名義者ノ承諾

ナクシテ、前ニ許容セラレタル使用方法以外ニ使用スル目的ヲ以テ其白紙委任状ニ一定ノ文字ヲ記入シ行使シタルトキハ、文書偽造行使罪ヲ構成スルモノトス。而シテ原判決ニハ、被告伝助久太郎ハ原審共同被告高橋重木、山本博行ト共謀ノ上云々、予テ他事件ニ使用ノ目的ヲ以テ田中勝太郎、山本万蔵両名ヨリ預リ居リタル同人等ノ氏名ヲ記載シ其名下ト印紙貼用部分トニ各其実印ヲ押捺シアリテ本文等ノ記載ナキ白紙委任状用紙ニ、田中勝太郎ノ承諾ヲ得スシテ擅ニ山本博行カ吉元伝助ヨリ金六千円ヲ借受クルニ付キ連帯保証人トナリ且強制執行承諾等適宜契約ノ条項ヲ定メ公正証書ニ依ル保証契約締結方ヲ山本久太郎ニ委任シタル旨ノ文詞ヲ記入シ、以テ勝太郎ノ署名及印影ヲ使用シテ同人名義ノ委任状ヲ偽造シタル上云々該委任状ヲ公証人衛藤歓吉役場ニ提出シタルコトヲ判示シアリテ、右判示事実ハ明ラカニ旧刑法第二百十条第一項ニ規定スル文書偽造罪ヲ構成スヘク、従テ原判決ニ於テ同判文ニ所謂『他事件』ノ内容ニ付説示スルコトナクシテ前記判示事実ニ対シ同法条ヲ適用シタルハ正当ニシテ本論旨ハ理由ナシ。」（大判明四二・一二・二 刑録一五・一七一〇）

【181】（判旨）「自己ノ借用金ト併セ特定額金策方依頼ヲ受ケ、之カ借入ヲ為スニ当リ、其ノ依頼者ノ署名印章アル借用証書ニ右特定額ヲ超過スル金額ヲ擅ニ記入シ、依頼者ヲ主タル債務者又ハ連帯保証人ト為スニ於テハ、私文書偽造罪ヲ構成スルモノトス。蓋既ニ主タル債務者又ハ連帯保証人ト為ルヘキ者ノ承諾ニヨリ署名印章ヲ使用シタルトキト雖、借用スヘキ金額ヲ特約セル場合ニ、其ノ額ヲ超過シテ擅ニ之カ記入ヲ為スニ於テハ、新ニ署名印章ヲ冒用シタルト異ル所ナク、文書ノ真正ニ対スル公ノ信用ヲ害スルモノナレハナリ。原判決ノ認メタル判示第三ノ二事実ハ、論旨摘録ノ如クナルヲ以テ、私文書偽造罪ニ当ルコト洵ニ明カナリ。従テ被告人カ金額ヲ記入シタル証書ヲ関係人ニ示シタリ、又ハ被告人ニ於テ記入スヘキ金額ヲ一任サレタリトノ所論ハ、原判示ニ副ハサル主張ナリトス。而シテ証第十三号ノ借用証書ニハ、被告人カ主タル債務者ト為リ居ルカ故ニ、普通ノ貸借ニ於テハ被告人ニ於テ予メ借用スヘキ金額ヲ記入シテ作成スヘシト雖、本件ニ於テハ借用スヘキ特定額ニ付連帯保証人ト特約シ、其ノ金額ノ記入ニ先チ連帯保証人ノ署名捺印ヲ得タル場合ナルコト原判示ノ如クナルヲ以テ、其ノ額ヲ超過スル金額ヲ擅ニ記入スルニ於テハ、文書ノ真正ニ対スル公ノ信用ヲ害スルコト言ヲ俟

タス。又証第十二号ノ借用証書ハ、被告人ニ於テ連帯保証人トナリタル場合ナルヲ以テ、案スルニ連帯保証ハ連帯保証人ト債権者トノ合意ニ依リ成立シ、主タル債務者ニ関係ナキヲ普通トスト雖、本件ノ如ク連帯保証人タルヘキ被告人カ予メ主タル債務者及他ノ連帯保証人ニ対シ、其ノ負担スヘキ特定額ノ債務ヲ連帯シテ保証スヘキコトヲ約シタル上、先ツ金額ノ記載ナキ借用証書ヲ作成シ、之ニ主タル債務者及連帯保証人ノ署名捺印ヲ得タル後ニ於テ金額ヲ記入シ自己ノ署名捺印ヲ了シタル上、右借用証書ヲ債権者ニ交付シ、借用金ヲ受領シタル場合ニ於テハ、玆ニ債権者ト主タル債務者並連帯保証人トノ間ニ債務関係ノ成立スルコト民事上疑ナケレハ、被告人カ叙上ノ場合金額ヲ記載スルニ当リ擅ニ特約セル金額ヲ記入スルニ於テハ、主タル債務者及他ノ連帯保証人トノ関係ニ於テ不正ニ署名印章ヲ使用シタルモノト謂ヒ得ヘシ。」(大判昭一三・二・八刑集一七・五三)(同旨、大判昭一一・七・一八刑集一五・一〇七三)

【182】（判旨）「主債務者カ数額ノ範囲ヲ限定シタル金銭債務ニ付保証ノ承諾ヲ得、借用証書ノ用紙ニ保証人トシテ署名捺印ヲ受ケタルニ止マリ、其ノ金額記入ノ部ヲ空白ニ存シタル後、右空白部ニ其ノ範囲ヲ超越シ擅ニ多額ノ金円ヲ記入スルカ如キ行為ハ、既存ノ署名捺印ヲ利用シ新ニ文書ヲ偽造シタルモノニシテ、私文書偽造罪ヲ以テ之ヲ処断スヘク、単ニ保証人ノ金額記入ノ委託ニ背キタルニ過キサル無形偽造トシテ不問ニ附スヘカラサルヤ論ヲ俟タス。原判決ノ判示スル所ハ、被告人ハ松軒乙松、川本顕次、松軒角蔵、石井由太郎ニ対シ株式会社鳳至銀行ヨリ金額七百円乃至千円内ノ金借ヲ為スニ付之カ保証ヲ為サレタキ旨夫々依頼シ、同人等カ金額ヲ記載セサル該借用証書ニ保証人トシテ署名又ハ捺印シタルヨリ、行使ノ目的ヲ以テ擅ニ前記借用証書用紙ニ借用金額ヲ五千円ト記入シ、以テ右四名ヲ保証人トセル株式会社鳳至銀行宛金額五千円ノ借用証書一通ヲ作成シ、以テ右四名ノ保証証書ヲ偽造シタリト云フニ在リテ、原審カ之ニ対シ刑法第百五十九条第一項ヲ適用処断シタルハ正当ナリ。」(大判昭三・五・二九新聞二八七八・一五)

【183】（判旨）「文書偽造罪ハ行使ノ目的ヲ以テ他人ノ印章若ハ署名ヲ不正ニ使用シテ権利義務又ハ事実証明ニ関スル文書若ハ図画ヲ作成スルニヨリテ成立スルモノトス。原判決判示事実ニヨレハ、被告人ハ叔父村井菊治ニ懇請シテ同人ヨリ同人所有ノ判示北向二十五番ノ一号田五段三畝五歩ニ抵当権ヲ設定シテ他ヨリ金三百

円ノ融通ヲ受クルコトノ承諾ヲ得タルノミナルニ拘ラス、同人ヨリ印章ヲ託セラレタルヲ奇貨トシ、菊治ノ承諾及委任ノ範囲ヲ超エテ金借ヲ為サンコトヲ企テ、工藤与郎治ヲ介シ、判示済藤みち、代理人粟谷川市三郎ニ対シ菊治ノ承諾セル前記不動産ノ外ニ擅ニ判示五筆ノ不動産ヲ加ヘ、之ヲ担保トシテ金六百五十円ノ借入方ヲ申入レ、其ノ情ヲ知ラサル長田義美ヲシテ被告人カ村井菊治ノ代理人トシテ前記不動産六筆ニ付済藤みちニ対シ債権額金六百五十円ノ債務ノ為メ抵当権ヲ設定スル旨ノ菊治名義ノ登記申請書一通、菊治カ該登記申請ニ付被告人ヲ代理ト為シタル旨ノ委任状一通並ニ被告人カ済藤みちヨリ金六百五十円ヲ借受クルニ付菊治ニ於テ右六筆ノ不動産ニ対シ抵当貸主トシテ抵当権ヲ設定シタル旨ヲ記載シタル借用証書一通ヲ作成シ、右委任状及借用証書ノ菊治名下其ノ他ニ同人ノ印章ヲ押捺シテ各其ノ偽造ヲ完成シ、之等ノ文書ヲ所轄登記所ニ提出行使シテ虚偽ノ申請ヲナシ、以テ登記官吏ヲシテ登記簿ニ其ノ旨不実ノ記載ヲ為サシメ、即時同所ニ備付ケシメテ行使シ登記所ヨリ右登記済ノ借用証書ヲ交付セラレタルヨリ粟谷川市三郎ニ対シ該金六百五十円ノ交付ヲ求メタル処、同人ニ於テ菊治カ右不動産六筆ニ対スル抵当権設定ニ関シ真ニ承諾シタリヤ否カヲ確メムトシタルニヨリ、被告人ハ真実菊治ノ承諾アルモノノ如ク装ハムカ為、更ニ其ノ情ヲ知ラサル長田藤美ニ依頼シ菊治名義ノ右不動産ヲ抵当トシテ済藤みちヨリ金六百五十円ヲ借入レルニ付登記申請方ヲ承諾シタル旨ノ承諾書一通ヲ作成セシメ、之ニ菊治ノ印章ヲ押捺シテ其ノ偽造ヲ完成シ、其ノ翌日恰モ真正ニ成立シタルモノノ如ク装ヒ、之ヲ市三郎ニ交付行使シ、同人ヲシテ右抵当権設定登記ニ付菊治カ其ノ承諾ヲ為シタルモノト誤信セシメテ同人ヨリ借用名義ノ下ニ金六百五十円ヲ交付セシメテ之カ騙取ヲ遂ケタルモノトス。然ラハ右抵当不動産中判示北向二十五里ノ一号田五段三畝五歩ニ付テノミ菊治ニ於テ被告人ニ対シ之ヲ抵当トシテ他ヨリ金三百円ヲ借入ルルコトヲ承諾シタルニ過キスシテ、右不動産以外ニ更ニ判示不動産五筆ヲ加ヘ之ヲ抵当トシテ金六百五十円ヲ借入ルルコトヲ承諾並ニ委任シタルコトナキニ拘ラス、被告人ハ擅ニ金六百五十円ヲ借受クルニ付菊治ニ於テ本件不動産六筆ニ対シ抵当権ヲ設定シタル旨ヲ記載シタル借用証書一通ヲ作成シ、不正ニ菊治名下ニ同人ノ印章ヲ押捺シテ菊治ニ関スル該証書ノ作成ヲ完成シタルモノナレハ、被告人ノ行為ハ該証書ノ偽造罪ヲ構成スルコト勿論ニシテ、此ノ如キ場合ニ該証書並ニ其ノ記載事項ヲ可分的ニ観察スヘキモノニ非サレハナリ。」（大判昭七・一〇・二七 刑集一一・一五一二）

【184】（判旨）「判示第四ノ事実ニ依レハ、所論証第二七号ノ一七ノ一、二ノ承諾書二通ノ中其一ニ付テハ質権設定ノ目的トナリタル論旨所掲中川手村字上ノ山六千七百十八番イ号ノ一山林一町一反七畝十四歩ヲ分筆シ、現在イ号ノ一山林ヲ七反三畝五歩ト為シタル上、岩太郎方ニ至リ、単ニ分割届ニ必要ナルニ付キ調印ヲ求ムルモノノ如ク申偽リテ、同人ヲ欺キ同人ヲシテ其分割ヲ承諾シ、且ツ右イ号ノ四山林一反八畝十九歩、イ号ノ五山林二反五畝二十四歩ニ付キ質権ヲ拋棄スル旨ノ岩太郎名義ノ承諾書ニ捺印セシメ、以テ之ヲ偽造シタルモノトス。之ニ依テ観レハ、其分筆ニ関シテハ岩太郎ノ承諾アリタルモノニシテ、単ニ調印ヲ求ムルニ際シ詐言ヲ弄シタルモ分筆ニ関シテハ岩太郎ハ承諾ノ上捺印シタルモノニ外ナラス。蓋シ此場合ハ単ニ前記分筆ノ点ヲ承諾セシメテ岩太郎ヲシテ白紙ニ調印セシメ同人ノ同意ヲ得テ同人名義ノ分筆承諾書ヲ作成スルニ当リ擅ニ質権拋棄ノ旨ヲ併セテ記載シ加入シタルモノト同一ニ論スヘキモノニシテ、分筆承諾書作成ノ点ハ偽造トナラス、質権拋棄ニ関スル部分カ偽造トナルモノトス。但前掲承諾書二通ノ中其二ハ之ニ掲クル分筆事項並ニ質権拋棄ニ付キ全然承諾ナキヲ以テ其全部カ偽造タルコト論ヲ俟タス。」（大判大六・一一・五 刑録二三・一二三六）

五　代理権、代表権の逸脱と偽造罪の成否

（一）　文書の無形偽造に似て、そうでないものに、一定の権限を逸脱して文書を作成する場合がある。そこに実際として、しばしば問題とされるのは、特定の代理・代表権限を冒用ないし逸脱して文書を作成する行為が罪となるか。若し罪となるとすれば、それは有形偽造か、それとも無形偽造ないしそれ以外の罪かとの点である。

この問題は、(a)特定の代理権、代表権の全然ない者が、代理権、代表権があると称して本人の代理者、代表権者として文書を作成する場合（いわゆる無権限の場合）と、(b)一定の代理権、代表権を有

つ者が、その権限を逸脱して文書を作成する場合（代理・代表権の濫用）とは、区別して考察されなければならない。が、この問題は厳格にいうならば、少くともつぎの三つの場合は、区別して考察さるべきである。

その一は、代理権があると称して、本人の代理人として一定の文書を作成するも、その文書中に、本人の名義を表示していない場合である。このような場合、その文書は、たとい本人のために代理人によって作成されたものであっても、作成された文書の形式よりすれば、依然として代理人名義のものであるから、そこには文書偽造の問題を生ずる余地はない。

二は、代理権又は代表権があるとして本人の代理人、代表者なることを表示する文字を使用し、本人のために一定の文書を作成しているが、その実、代理・代表資格の全くない場合であって、これは代理・代表資格を冒用して本人名義を偽ったことになるのであるから、有形偽造となるものと解することができる（同説、小野・刑法講義一〇〇頁、滝川・各論六六頁、木村・各論二七三頁、大判明三六刑録一九七、一二二一、同四〇刑録三八一、同四二・六・一〇刑録一五・七四九、大一一・八・三〇刑集一・四二六、大一一・一二・六刑集一・七四〇、大一二・六・一六刑集二・五五八、昭七・一〇・二七刑集一一・一五一二）。

ただしこの場合は代理人として作成者名義を文書に表示しているのであるから、作成者名義に偽りなく、ただ一種の無形偽造でなかろうかが疑われるのである。通説は、これを有形偽造としているが、一派の見解は無形偽造とし、刑法一五九条三項を適用すべきものとしている（木村・各論二七五頁）。

第三は、代理人、代表者として一定の権限を有する者が、その権限を濫用し、又はそれを逸脱して文書を作成する場合である。それは一見して無形偽造の如くみえるが、その権限を逸脱して文書を作成したかぎりにおいて、恰も全然権限のない者がその文書を作成したのと同様、有形偽造をもって目すべきでなかろうか、それともこれは結局、作成名義には偽りなく、従って偽造罪は構成しないものと解すべきかが、疑問とされるのである。

（二）　代理権、代表権のない者の場合（代理・代表権の冒用）　代理・代表資格のない者の他人名義文書の作成は、私文書偽造罪を構成する。判例はまず、(a)代理資格の冒用の場合について、苟も他人の代理者たる資格を詐り、他人名義の文書を作成するにおいては、その効果は直接に他人の署名を詐って文書を作成した場合と択ぶところがないから、刑法一五九条一項の罪を構成するものとし（【185】）、また、(b)自己のためにする意思をもって擅に他人の代理資格を用いてする行為は、いわゆる無権代理ではなく不法であるから、他人の代理人たる資格を詐って文書を作成するときは文書偽造罪となるものとしている（【186】）。そしてさらに、(c)法人の代表資格の冒用の場合についても、「他人の代表者として文書を作成する一般的権限のない者が、擅に人をしてその権限があるものと誤信せしめるに足るべき資格を表示して虚偽の文書を作成するときは、これまた文書偽造罪を構成するもの」とし（【187】）、さらに、「会社の支配人が、会社の営業範囲に属しない事項に関し、自己のために会社名義若しくは自己の支配人名義をもって文書を作成した場合には、会社を代表する権限のない場合において代表名義を冒用したもので、他人の作成名義を冒用した場合と何等区別はないから、文書偽造罪が成立する」としている（【188】）。これらの判例は、後述の「代表権逸脱の場合」に関する大正一一年(れ)第三四六号の刑事連合部の判例と結論を異にするも、本件は代表権のない冒用の場合に関するものであるから、矛盾するものではないのである。

【185】（判旨）「原判決ニ依レハ、被告ハ小板久馬吉ヨリ同人ノ署名アル売渡価格二百円ノ売渡契約書ヲ受取リ、同金員ニテ本件電話ノ買戻約款附売渡ヲ為スコトヲ依頼セラレタル事実ハアレトモ、右久馬吉ノ代人名義ニテ岩橋繁蔵宛ノ売渡価格三百円ノ売渡契約書ヲ作製スルコトヲ依頼セラレタル事実ハ之レナキモノナレハ、従テ被告ニ競売契約書ヲ作製スルノ権限毫モ存スルコトナク、前段ニ所謂被告カ売渡ヲ依頼セラレタル事実アルノ故ヲ以テ、右契約書作成ノ権限ヲ得タルモノト速断スルコト能ハサルカ弁ヲ要セスシテ明カナリ。而シテ凡ソ他人ノ代理者タル資格ヲ以テ文書ヲ作成スル場合ニ於テ、其代理者ハ自己ノ為メニ之ヲ作成スルモノニアラスシテ、本人即チ被代理者ノ為メニ之ヲ作成スルモノナレハ、其文書ハ代理者其人ノ文書ニアラスシテ、本人ノ文書ニ属シ、従テ該文書ハ代理者ニ対シ其効力ヲ生スルモノニアラスシテ、本人ニ対シ其効力ヲ生スルモノト論定セサルヘカラス。故ニ苟クモ他人ノ代理者タル資格ヲ詐リ文書ヲ作成スルニ於テハ、其効果ハ直接ニ他人ノ署名ヲ詐リ文書ヲ作成シタル場合ト敢テ択フ所ナキヲ以テ、刑法第百五十九条第一項所定ノ犯罪中ニハ前記ノ所為ヲモ包含スルモノニシテ、右ハ本院ニ於テ既ニ判示シタル趣旨ナリトス（明治四一年(れ)第八三九号、同年十一月十日判決）。左レハ原判決ニ於テ被告カ小坂久馬吉ノ代理者タル資格ヲ詐リ本件ノ契約書ヲ作成シテ之ヲ行使シタル所為ヲ私文書ノ偽造及行使ノ罪ヲ構成スルモノト為シタルハ相当ナリ。」（大判明四二・六・一〇刑録一五・七四九）

【186】（判旨）「代理権ヲ有セサル者カ、他人ノ代理人トシテ法律行為ヲ為ス場合ハ、其ノ自称代理人ハ他人ノ為ニ代理行為ヲ為スモノナレハ、他人カ之ヲ追認スルニ因テ其ノ効力ヲ生スルモノニシテ、固ヨリ法ノ禁スル所ニ非スト雖モ、之ニ反シ、自己ノ為ニスル意思ヲ以テ、擅ニ他人ノ代理資格ヲ用キテ為ス行為ノ如キハ、所謂前記無権代理ノ場合ニ該当スルモノニ非スシテ、其ノ不法ナルコト言ヲ俟タス。故ニ若シ他人ノ代理者タル資格ヲ詐リ文書ヲ作成スルニ於テハ、本院判例ノ示スカ如ク、文書偽造罪ヲ構成スルモノニシテ、従テ其ノ文書ヲ真正ニ作成セラレタルモノトシテ他人ニ交付シ、因テ錯誤ニ陥ラシメタル結果財物ヲ交付セシムルニ於

テハ、即チ偽造文書行使及詐欺ノ罪成立スルモノトス。原判示ニ依レハ、被告ハ自己ニ金円ヲ領得スル意思ヲ以テ、柿沼兼次郎ノ発起ニ係ル頼母子講ニ加入セル古本伝右衛門ノ代理者タル資格ヲ冒用シ、金額七十四円五十銭ノ借用証書一通ヲ偽造シ、之ヲ真正ニ成立シタルモノトシテ兼次郎ニ交付シ、同人ヲ欺罔シテ同人ヨリ伝右衛門ノ借用名義ノ下ニ自己ニ金七十四円五十銭ヲ交付セシメタルモノニシテ、其ノ所為ハ所論ノ如ク、無権代理関係ヲ以テ律スヘキモノニ非サルハ勿論、当ニ私文書偽造行使詐欺罪ヲ構成スルコト明ナリ。而シテ論旨第二点及第五点ニ於ケル所論又ハ判示事実ハ、判示原審公廷ニ於ケル被告ノ供述其ノ他列記ノ各証拠ニ徴シテ之ヲ認ムルコトヲ得ヘク、原判決カ右被告ノ所為ニ対シ所論私文書偽造行使詐欺ノ各法条ヲ適用処断シタルハ正当ニシテ、所論ノ如キ不法アルコトナシ。」（大判大二・一二・四大二年(れ)第一七二九号事件）

【187】（判旨）「他人ノ代表者又ハ代理人トシテ一般的ニ文書作成ノ権限ヲ有スル者カ、其ノ資格ヲ用ヒテ文書ヲ作成スル場合ハ、仮令其ノ内容ニ虚偽ノ点アリトスルモ文書偽造罪ヲ構成セサルモノナリト雖、斯ノ如キ権限ヲ有セサル者カ、擅ニ他人ヲ代表若ハ代理スヘキ資格又ハ普通人ヲシテ他人ヲ代表若ハ代理スルモノト誤信セシムルニ足ルヘキ資格ヲ表示シテ虚偽ノ文書ヲ作成スルトキハ、文書偽造罪ヲ以テ処断スルヲ相当トス。而シテ株式会社ニ在リテハ、取締役又ハ支配人ニ於テノミ其ノ営業ニ関スル一切ノ行為ヲ為ス一般的権限ヲ有シ、其ノ他ノ使用人ノ如キハ営業ニ関スル或種類又ハ特定ノ事項ニ付特別ノ委任ヲ受ケタルトキニ限リ其ノ委任事項ニ関シ一切ノ行為ヲ為ス権限ヲ有スルニ過キス。原判決ノ認ムル所ニ依レハ、被告順介ハ、株式会社京和銀行下関支店今浦出張所ノ主任タルニ止マリ、同会社取締役又ハ支配人ニ非ス、且所論別段預金証書発行ノ権限ヲ付与セラレタル者ニ非サルヲ以テ、同被告ニ於テ右出張所主任トシテ同行ノ業務執行ニ関スル一般権限ヲ有スルモノト為スヲ得サルカ故ニ、判示被告ノ所為ニ付テハ固ヨリ取締役又ハ支配人カ其ノ資格ヲ用ヒテ虚偽ノ文書ヲ作成シタル場合ト同一ノ例ヲ以テ律スヘキモノニ非ス。而シテ右銀行支店出張所主任ナル者ハ、叙上ノ如ク銀行ヲ代表スル権限ヲ有セスト雖、原判示ノ如ク右資格ヲ用ヒ出張所ノ印ヲ押捺シテ作成シタル文書ハ、普通一般ノ人ヲシテ銀行ヲ代表シテ作成シタル文書ナリト誤信セシムルニ足ルモノト認ムヘク、且被告ノ

所為ハ行使ノ目的ニ出テタルモノナレハ、文書偽造罪ヲ構成スルモノト謂ハサルヘカラス。」（大判大一二・六・一六刑集二・五五八）

【188】（判旨）「原判決ニ拠レハ、被告人カ、其ノ支配人タル岩越炭鉱株式会社ノ営業範囲ニ属セサル木炭ノ売買ヲ自己ノ為ニスルニ付、会社ノ名義若ハ自己ノ支配人タル名義ヲ使用シ、文書ヲ作成スルハ、其ノ権限ノ許容セサル所ナルコト、洵ニ明確ナレハ、原判示ノ如ク、被告人カ、勝山某ニ対シテ会社カ営業トシテ木炭ヲ売買スルニ付出荷セラレ度旨詐言シ、会社支配人ノ資格ヲ冒用シタル被告慶司名義ノ契約書ヲ作成シ、之ヲ太吉ニ交付シ、同人ヲシテ会社ト取引スルモノト誤信シ、被告人ニ木炭ヲ交付セシメタル行為ハ、文書偽造詐欺ノ罪ニ該当スルモノトス。蓋判示契約書ハ、被告人ノ個人タル資格ニ於テセス、会社ノ営業範囲ニ属セサル事項ニ付支配人ノ代表権限外ニ於テ会社ノ支配人タル資格ヲ以テ作成シタルモノナレハ、右契約書作成ノ行為ハ、当然文書偽造罪ニ問擬スヘキモノトス。本論旨ハ理由ナシ。

顧フニ本院大正十一年（れ）第三四六号被告事件ニ付刑事総聯合部ニ於テ従前ノ判決ヲ翻ヘシ判示セル趣旨ハ、他人ノ代表者又ハ代理人カ其代表名義若ハ代理名義ヲ用ヒ又ハ本人ノ署名（若ハ商号）ヲ使用シテ文書ヲ作成スル権限ヲ有スル場合ニ於テ、偶々其ノ地位ヲ濫用シ、自己又ハ第三者ノ利益ヲ図ル目的ヲ以テ擅ニ其代表名義若ハ代理名義又ハ本人ノ署名若ハ（商号ヲ）用ヒ文書ヲ作成シタルトキト雖、文書偽造罪ハ成立セサルモノトス。而シテ商人ノ選任シタル支配人ハ、主人ニ代リテ其営業ニ関スル一切ノ裁判上又ハ裁判外ノ行為ヲ為ス権限ヲ有シ、其ノ代理権ニ加ヘタル制限ハ之ヲ以テ善意ノ第三者ニ対抗スルコトヲ得サルハ、商法第三十条ノ規定スル所ニ係ル。然ラハ支配人カ自己ノ代理名義ヲ以テスルハ勿論、主人ノ商号ヲ使用シテ主人ノ営業ニ関シテ手形其ノ他ノ文書ヲ作成スルカ如キハ、商法ノ規定上当然ノ権限ニ属スルモノト解スヘク、従テ主人ノ営業ニ関シ自己ノ代理名義又ハ主人ノ商号ヲ用ヒ文書ヲ作成シタルトキハ、縦令其ノ目的カ主人ノ為メニスルニ非スシテ、自己又ハ第三者ノ利益ヲ図ルニ在リタリトスルモ、其ノ所有ハ法律上文書偽造罪ヲ構成セスト云フニ在リ。而シテ本件ノ事案ハ、被告人カ岩越炭鉱株式会社ノ支配人トシテ右会社ノ営業範囲ニ属セサル木炭ノ売買取引ニ付、自己ノ代表名義又ハ会社名義ヲ使用シテ文書ヲ作成スルコトヲ得サル場合ナルニ拘ラス、被告ハ会社ノ代表者トシテ支配人名義ヲ用ヒ木炭売買ノ契約書ヲ作成シタリト云フニ在リテ、其ノ所為ハ前掲判例ノ場合ト全然事実関係ヲ異ニスルヲ以テ、縦令文書ノ作成名義者トシテ被告自己ノ署名ヲ表示シタリトスルモ、是レ個人トシテノ被告名義ニ非ス、会社ノ営業ニ関セサル事項ニ付会社ヲ代表スル権限ナキ場合ニ於テ右代表名義ヲ冒用セルモノナレハ、他人ノ作成名義ヲ冒用シタル場合ト一般其ノ間ニ何等区別ヲ存スル理由ヲ発見スルヲ得ス。故ニ本件ノ事案ニ付テハ前説明ノ如ク判示スルヲ相当トス。而シテ右判決ハ本院判例ト牴触スルモノニ非スト雖、或ハ其ノ間ニ疑義ヲ挿ム者ナキヲ保セサルヲ以テ、特ニ如上ノ説明ヲ附加スル所以ナリ。」(大判大一三・三・一三刑集三・一八四五)

(三)　代理権、代表権逸脱の場合(代理・代表権の濫用)　右に反し、代理者若しくは法人の代表者が、各権限に基づき本人名義の文書を作成する場合、その権限を逸脱して文書を作成したときは、文書偽造罪を構成するかについては見解の分れるところであり、わが判例としても、或いは事案の内容如何により、また時代の推移に従って、変動を免れなかったところである。

大体の傾向についていうならば、まず第一に、古い時代の判例では、(a)代理権、代表権を逸脱する場合とても、その逸脱する範囲内においては無権限の場合と同じく、偽造罪が成立するものとしていた。尤もこのような見解を採るもののうちにも、多少制約を認めて、(b)ただ自己又は第三者の利益のためにする場合にかぎり偽造罪が成立するとするものと、(c)専ら法人(本人)の利益のためにするときは偽造罪は成立しないとするものとが見受けられた。これに反し、第二に、大正十一年のこの点に関する刑事聯合部の判例以後は、本問を大体において消極的に解し、よしんば自己又は第三者の利益のためにする場合でも、偽造罪は成立しないとする方向に傾いてきた。いまこれらの判例を分説するならば下記のとおりである。

（四）　まず「私人の代理権の濫用」の場合について検討するならば、古く判例は、「帳簿上の記名は、帳簿の内容を構成する文書の作成名義を表示するものに外ならないから、不法に他人の記名ある帳簿に虚偽の記入をなす行為は、刑法に所謂他人の署名を使用して文書を偽造したものに該当する」としていた（【189】）。

つぎに「法人の代表権の濫用」の場合についていえば、当初判例は、(a)例えば取締役、支配人が権限を逸脱して会社名義の文書に虚偽の記入をしたような場合につき、「株式会社の取締役又は支配人は、その職業上管掌している事項と限度においては文書を作成し得べきは勿論であるが、しかし虚偽の事項を記載する権限はないから、虚偽を認識してかような分子を含む会社名義の文書を作れば偽造罪が成立する」とし（【190】）、(b)「取締役、支配人が、擅にその権限外の事項に関する文書を作成したときも同様である」としていた（【191】）。

【189】（判旨）「然レトモ親権者若クハ後見人カ未成年ノ子又ハ被後見人ノ財産ニツキ管理ノ計算ヲナス場合ニ於テ、作成スル文書ハ、親権者若クハ後見人カ其ノ資格ヲ以テ自己ノ事務ヲ報告スル為メニ作成スルモノナレハ、親権者若クハ後見人ノ文書ニ外ナラス。故ニ其文書ノ内容ニ虚偽ノ記載アリト雖モ之ヲ以テ文書偽造罪ニ問擬スヘカラサルヤ論ヲ俟タス。然レトモ親権者若クハ後見人カ其親権若クハ後見ノ下ニ在ル未成年ノ子又ハ被後見人ノ為メニ其財産ニ関スル帳簿其他ノ文書ヲ作成スル場合ニ在テハ各自己ノ事務ヲ報告スル場合ニ在ラサルヲ以テ其文書ハ未成年ノ子又ハ被後見人ノ文書ニシテ親権者若クハ後見人ノ文書ニ非ス。故ニ該文書ニ虚偽ノ記載ヲ為シ因テ文書ノ真実ヲ害スルニ於テハ当然文書偽造罪ヲ以テ論スヘキモノトス。」（大判明四四・五・二五刑録一七・九七八）（同旨、大六・一二・二〇刑録二三・一五四九）

【190】（判旨）「株式会社ノ取締役又ハ支配人ハ其ノ職務上管掌セル事項ニ関シ会社名義ノ文書ヲ作成シ得可キハ勿論ナリト雖モ、右文書ニ虚偽ノ事項ヲ記載スルノ権限ヲ有スルコトナケレハ、苟モ虚偽ノ事項ナルコトヲ認識シ不法ニ其ノ事項ヲ包含又ハ会社名義ノ文書ヲ作成スルニ於テハ、当然文書偽造罪ヲ構成ス可キモノトス。」（大判大三・八・一四新聞九六二・三二）

【191】（判旨）「原判決ノ認定シタル事実ニ徴スルニ、判示功労株ノ株主ハ判示相殺ノ意思表示カ会社ニ対抗スル効力ナキモノナルヲ以テ、第一回ノ払込ヲ為スノ義務ヲ有スルヤ明カニシテ、又其他ノ株主モ各自更ニ十一円五十銭宛ノ現金ヲ払込ムノ義務ヲ負担スルカ故ニ、其義務ノ履行セラレサル以上ハ、被告ハ取締役タル資格ニ於テモ右第一回ノ払込アリタルモノトシテ取扱ヲ為スノ権限ヲ有セス。従テ被告ハ右払込アリタルコトノ証拠トナルヘキ会社名義ノ文書ヲ作成スルノ権限ヲ有セサルカ故ニ、被告カ判示会社日記簿ニ右払込ノアリタル如キ虚偽ノ記載ヲ為シ、以テ擅ニ会社名義ノ文書ヲ造リタルハ、即チ所謂有形ノ文書偽造罪ヲ構成スヘキモノナルコト明カナリ。然レハ原判決カ此所為ニ付キ刑法第百五十九条ヲ適用シ、又其行使ニ付キ同法第百六十一条第一項等ヲ適用シタルハ正当ニシテ擬律ヲ誤リタルモノニアラス。」（大判大四・九・二新聞一〇四三・三一）

（五）かように比較的古い判例では、原則として偽造罪の成立を認めていたが、しかしその間にも或る判例はこれに若干の制限を加え、一方において特に「取締役が自己又は第三者の利益のために会社名義の虚偽の文書を作成する場合」は、偽造罪が成立するとするも、他方「専ら法人（本人）の利益のためにするときは、偽造罪は成立しない」との方向を示していた。

すなわち、右前者なる罪を肯定する事例の判例として指摘すべきは、(a)「銀行の取締役が自己又は他人の利益のために擅に銀行名義を冒用して定期預金証書を作成する行為は、業務執行の範囲を逸出し、何等の権限のない者において取締役の名義を冒用して作成した場合と同様で、文書の実質のみならず、作成資格をも偽ったものであり、文書偽造罪を構成する」とするもの(【192】)、(b)「会社の取締役又は業務執行社員が、その職務を行う場合ではなくして、専ら自己又は第三者の利益を図るため、その資格を冒用して虚偽の事実を記載した文書を作成した場合には、その資格のない者がその資格を冒し文書を偽造した場合と同様であるから、私文書偽造罪を構成する」とするもの(【193】)、並びに、(c)「後見人が自己の私利を計るため被後見人の代表名義を濫用し、行使の目的を以て不動産売渡登記申請書のような文書を作成した場合には、文書偽造罪が成立する」とするもの(【194】)、これである。

これに反し、後者なる罪の成立を否定する事例の判例としては、「会社の取締役が、自己又は第三者のためにするのではなく、専ら会社の利益を図るため会社名義の文書を作成するのは、取締役の権限に属するから、たといその内容が虚偽であっても、個人が自己の資格において内容虚偽の文書を作成するのと等しく、文書の作成名義を偽ったものではないから、犯罪を構成しない」とするもの(【195】)を挙げることができる。これと同じ趣旨のものは相当に多い。

【192】(判旨)「因テ按スルニ、株式会社ノ取締役カ定期預金証書ヲ作成スル権限ヲ有スルコトハ論旨ノ如クナルモ、其権限ハ業務執行ノ範囲ヲ逸脱スル能ハサルコト勿論ナレハ、取締役ニシテ自己ノ利益ノ為メ若クハ他人ニ利益ヲ得セシメンカ為メ擅ニ銀行ノ名義ヲ冒用シ定期預金証書ヲ作成スルカ如キハ、業務執行ノ範囲ヲ逸脱シ、何等ノ権限ナキ者ニ於テ取締役ノ名義ヲ冒用シ定期預金証書ヲ作成シタル場合ト、敢テ撰フ所ナキヲ以テ、唯ニ文書ノ実質ノミナラス、其作成資格ヲモ偽ハリタルモノト論断セサルヲ得ス。故ニ原院カ所論ノ事実ヲ以テ文書偽造罪ニ問擬シタルハ相当ニシテ、本論旨ハ理由ナシ。」(大判明四二・一二・一三刑録一五・一七七五)(同旨、大六・八・二〇新聞一三一四・三二)

【193】(判旨)「会社ノ取締役又ハ業務執行社員カ、其職務ヲ行フ場合ニアラスシテ、専ラ自己又ハ第三者

ノ利益ヲ図ル為メ其資格ヲ冒用シテ、虚偽ノ事実ヲ記載セル文書ヲ作成スルニ於テハ、是レ其資格ナキ者カ其資格ヲ冒シ文書ヲ偽造シタル場合ト、何等択ム所ナキカ故ニ、其行為ノ刑法第百五十九条文書偽造罪ヲ構成スヘキコト、当院ノ既ニ判例トシテ認ムル所（当院大正六年(れ)第一一七八号及一五九号参照）ニシテ、原判旨ニ依ルトキハ、被告静治及徳五郎ハ、判示会社ノ業務執行ノ為メニアラスシテ、被告等ノ私利ヲ図ルタメ、共ニ相謀リ判示合資会社業務執行社員被告徳五郎名義及同社員印章ヲ冒用シテ、擅ニ判示文書ヲ作成使用シタルモノナレハ、取締役又ハ業務執行社員ニアラサル者カ、会社ノ文書ヲ偽造シタル場合ト同ク、有形偽造行使ノ罪ヲ構成スルモノト認ムヘク、之ヲ、取締役又ハ業務執行社員カ其職務ノ執行ニ関シ単ニ虚偽ノ内容ヲ有スル文書ヲ作成シタル場合、即チ論旨ニ所謂無形偽造ノ場合ト同一視スルハ、其当ヲ得タルモノニアラス（中略）原審カ判示事実ニ対シ形法百五十九条ヲ適用シタルハ、洵ニ其当ヲ得タルモノニシテ、前示当院ノ判例ハ之ヲ変更スルノ要アルヲ認メス。」（大判大七・一一・二〇刑録二四・一三九二）（同旨、大六・一二・二〇刑録二三・一五六三）

【194】（判旨）「後見人カ、自己ノ私利ヲ計ル為メ、被後見人ノ代表名義ヲ濫用シ、行使ノ目的ヲ以テ判示ノ如キ文書ヲ作成シタルトキハ、文書偽造罪ヲ構成スルモノナルコト、本院判例ノ趣旨ノ存スルトコロニシテ、原判決ノ擬律亦此趣意ニ出テタルモノナルヲ以テ、解釈ヲ誤リタルモノニアラス。」（大判大七・九・二八新聞一四六八・二四）

【195】（判旨）「株式会社ノ取締役カ、会社名義ヲ以テ虚偽ノ文書ヲ作成スルニ当リ、自己若クハ第三者ノ利益ノ為メニ、擅ニ会社名義ヲ冒用シ、虚偽ノ事項ヲ記載スルハ、取締役ノ権限ニ属セサルモノニシテ、恰モ取締役タル資格ナキ者カ犯セル場合ト異ナラサルヲ以テ、文書偽造罪ヲ構成スヘシト雖モ、自己若クハ第三者ノ為メニスルニアラスシテ、専ラ会社ノ利益ヲ計ル為、会社名義ノ文書ヲ作成スルハ、取締役ノ権限ニ属スルヲ以テ、仮令其内容カ虚偽ナリトスルモ、個人カ自己ノ資格ニ於テ内容虚偽ノ文書ヲ作成シタルト等シク、文書ノ作成名義ヲ偽ハリタルモノニアラサルカ故ニ、右文書作成ノ所為ハ、犯罪ヲ構成セサルモノナルコト、論旨所掲当院判例ノ趣旨ニ照シ明瞭ナリトス。原判決ニ依レハ、被告人介蔵ハ判示株式会社共同銀行ノ取締役ニシテ、単独又ハ被告厚ト共ニ同銀行ノ支払担保タル証券ノ価格下落シ、大蔵省ヨリ命セラレタル補塡ノ為メ、

被告介蔵等取締役ニ於テ、同銀行ニ判示預金ヲ為シタル如ク、又同銀行ヲ交換組合ニ加入セシムル為メ其営業成績ノ良好ヲ装フ目的ヲ以テ被告介蔵又ハ厚ヨリ同銀行ニ判示預金ヲ為シタル如ク、何レモ同銀行名義ノ日記帳ニ虚偽ノ記載ヲ為シ之ヲ行使シタルモノニシテ、何等自己若クハ第三者ノ利益ヲ計リタルモノニアラス、専ラ同銀行ノ利益ノ為メニ為シタルモノナレハ、該帳簿ニ判示ノ如ク記入シタルハ、取締役ノ権限内ノ行為ナルコト明白ナルヲ以テ、右記載ハ銀行名義ヲ偽ハリタル文書ニアラスシテ、単ニ其内容カ虚偽ナルニ止マリ、文書偽造罪ヲ構成スヘキモノニアラサルニ、原判決カ右所為ニ対シ刑法第百五十九条第百六十一条第百五十九条第一項ヲ適用処断シタルハ、擬律錯誤ノ違法アルモノニシテ、論旨ハ何レモ理由アリ。」(大判大八・七・九刑録二五・八四六)(同旨、大八・七・二二新聞一六〇五・二〇、同大一〇・五・一九大一〇年(れ)第二六号事件、長崎控訴新聞一二〇四・二九)

(六)　ところが、同じく大審院判例中にも、稀には上述の諸見解といささか趣きを異にし、「法人の代表者が法人の名義を使用していても、なお法人の機関としての固有の権限に基づいて文書を作成する場合には、たといその内容に虚偽のものがあっても文書偽造罪とはならない」とする趣旨のものを存したのであった【196】。

しかるに大正一一年一〇月二〇日の第一、二、三刑事総聯合部の判決に至り、この問題に関し、さらに百尺竿頭一歩をすすめ、「法人の代表権者又は他人の代理人が、たとい自己又は第三者の利益のために法人又は他人名義の文書に虚偽の事項を記載しても、そこには名義の冒用はないので偽造罪は成立しない」とする見解を確立するに至った。

その要旨は、「他人の代表者又は代理人がその代表名義若しくは代理名義を用い又は直接に本人の商号を使用して文書を作成する権限を有する場合に、偶々その地位を濫用して単に自己又は第三者の利益を図る目的をもって、擅に代表若しくは代理名義又は直接に本人の商号を用い文書を作成したときでも、文書偽造罪は成立しない。従って、支配人が、その権限の範囲内に属する事項に関し、自己の代理名義又は主人の商号を用いて手形その他の文書を作成した場合に、それは単に自己又は第三者の利益を図る目的であったとしても、有価証券偽造罪又は文書偽造罪は成立しない、というのである(〔197〕)。これは劃期的の判例であった。そして、判例をして、かように急角度の転回をなさしめたゆえんの法理は、要するに「取引生活における第三者の保護」ということにあった。この聯合部判決の結果として、その後の大審院判例は、従来の見解を改め本問を消極に解するに至ったのであった(〔198〕)。

【196】（判旨）「取締役ト雖モ、会社ノ為メニ其職務ヲ行フニアラスシテ、其地位ヲ濫用シ、例ヘハ私用ノ金円ヲ調達スル為メ、取締役ノ資格ヲ冒シテ手形ヲ作成シ、又ハ自己ノ犯セル横領罪ノ証跡ヲ隠蔽スル目的ヲ以テ会社ノ帳簿ニ虚偽ノ事実ヲ記載スルカ如キ場合ニ於テハ、手形又ハ文書ノ偽造ニ付キ取締役タル資格ナキ者ノ犯セルト等シク罪責ヲ免ルヘカラサルコト、夙ニ本院判例ノ存スル所ナルニ反シ、取締役カ、苟クモ其作成スル文書ニ虚偽ノ事実ヲ記載スルトキハ、之ヲ以テ悉ク文書偽造罪ニ問擬スヘキモノトスルハ、刑法ノ精神ニ反スルモノニシテ、本院判例亦之ヲ認メサル所ナリトス。然リ而シテ会社登記手続ニ関スル非訟事件手続法第一八九条ニ依レハ、会社設立登記ハ総取締役及ヒ総監査役ヨリ申請スヘキモノニシテ、此場合ニ於テハ、会社ヲ以テ申請人ト認ムヘキニアラスシテ(大正六年(ク)第四二号本院民事部決定参照)、取締役及ヒ監査役カ此資格ニ於テ該申請人タルモノト解スヘク、従テ其申請書ハ取締役監査役ノ文書ニ外ナラサルヲ以テ、其内容ニ虚偽ノ記載アリト雖モ、之ヲ以テ文書偽造罪ナリト云フヲ得サルモノト為スヘキハ、本院判例ノ趣旨ニ照シ明カナリ(明治四四年(れ)第九二五号本院判旨第十頁参照)。所論判示ノ事実ハ、此趣旨ニ於テ文書偽造罪ヲ構成スヘキモノニ非ス。」(大判大六・一二・二二 刑録二三・一六〇五)

【197】（判旨）「文書偽造罪ハ、他人ノ名義ヲ偽リテ文書ヲ作成スルニ因テ成立ス。換言スレハ、文書ヲ作

成スル権限ナキ者カ、他人ノ作成名義ヲ冒用シ文書ヲ作成スルニ於テハ、即チ文書偽造罪ヲ構成スルモノトス。故ニ或人カ文書ヲ作成シタル場合ニ、其ノ所為カ文書偽造罪ヲ構成スルヤ否ヤハ、其ノ文書ノ作成名義トシテ他人ノ名義ヲ冒用シタルヤ否ノ形式ニ依テ決セラルヘキモノニシテ、其文書ノ内容ノ真偽ハ、特別ノ処罰規定アル場合ノ外、同罪ノ成否ニ関シ何等ノ消長ナキモノトス。左レハ他人ノ代表者又ハ代理人カ、其ノ代表名義若ハ代理名義ヲ用キ、又ハ直接ニ本人ノ商号ヲ使用シテ文書ヲ作成スル権限ヲ有スル場合ニ、偶々其ノ地位ヲ濫用シテ単ニ自己又ハ第三者ノ利益ヲ図ル目的ヲ以テ、擅ニ代表若ハ代理名義又ハ直接ニ本人ノ商号ヲ用キ文書ヲ作成シタルトキト雖、文書偽造罪ハ成立スルモノニ非ス。何トナレハ、其ノ目的カ本人ノ為ニスルト、将タ自己又ハ第三者ノ利益ヲ図ル為ニスルトハ、之レ唯本人ト代表者又ハ代理人トノ間ニ於ケル内部関係タルニ止リ、外部関係ニ於テハ何等ノ差別アルモノニ非ス。即チ客観的ニ観察スレハ、代表者又ハ代理人ハ、孰レモ其ノ本人ノ為ニ行動シ、其ノ権限内ニ於テ作成シタル文書ニ外ナラスシテ、形式上其ノ作成名義ニ偽リアルコトナケレハ、則チ斯ル文書ニ依テ為サレタル意思表示ハ、私法上有効ニシテ直接ニ本人ニ対シテ其ノ効力ヲ生スルモノト謂ハサルヘカラス。此ノ如クニシテ始メテ克ク文書ノ信用ヲ維持シ、一般取引ノ固守ヲ保ツコトヲ得ヘキナリ。若シ之ニ反シ、代表者又ハ代理人カ、実質上其ノ任務ノ執行ニ関係ナク、単ニ自己又ハ第三者ノ利益ヲ図ル目的ヲ以テ文書ヲ作成シタル場合ニ、之ヲ偽造ナリトセンカ、其ノ文書ハ全然無効ナルヲ以テ、私法上ニ於テモ亦何等ノ効力ヲ有セサルモノト論定セサルヲ得サルヘク、随テ文書ノ形式上其ノ作成名義ニ偽ナキニ拘ラス、本人タル者ニ於テ法律上毫モ責任ヲ負ハサルコトトナリ、却テ文書ノ信用ヲ傷ケ一般取引ノ安全ヲ害スルコトトナリ、延テ文書偽造ヲ罰スル立法ノ趣旨ニモ反スル結果ヲ来スニ至レハナリ。然リ而シテ商人ノ選任シタル支配人ハ、主人ニ代リテ其ノ営業ニ関スル一切ノ裁判上又ハ裁判外ノ行為ヲ為ス権限ヲ有シ、其ノ代理権ニ加ヘタル制限ハ、之ヲ以テ善意ノ第三者ニ対抗スルコトヲ得サルハ商法第三十条ノ規定スル所ナレハ、支配人ハ、法律上広汎ナル権限ヲ有シ、主人ノ営業ニ関シテ手形其ノ他ノ文書ヲ作成スルカ如キハ当然其ノ権限内ニ属スルモノト謂フヘク、而シテ支配人カ手形其ノ他ノ文書ヲ作成スルニ当リ、特ニ主人ノ為ニスルコトヲ記載シテ自己ノ代理名義ヲ以テスルト、将タ直接ニ主人ノ商号ヲ使用シテ為ストハ、何レモ主人ノ為ニ手形其ノ他ノ文書ヲ作成スルノ方法ニシテ、法律上有効ナル行為ト為サザルヲ得ス。左レハ、支配人カ自己ノ代理名義ヲ以テスルハ勿論、直接ニ主人ノ商号ヲ使用シテ、主人ノ営業ニ関シ、手形其ノ他ノ文書ヲ作成スルカ如キモ、亦前示商法ノ規定ニ依リ、当然其ノ権限内ニ属スルモノニシテ、其ノ行為ハ直接ニ主人ニ対シテ其ノ効力ヲ生スルモノト解スルヲ相当トス。随テ支配人カ主人ノ営業ニ関シ、自己ノ代理名義又ハ主人ノ商号ヲ使用シテ、手形其ノ他ノ文書ヲ作成シタル場合ニハ、縦令其ノ目的カ主人ノ為ニスルニ非スシテ、単ニ自己又ハ第三者ノ利益ヲ図ルニ在リタリトスルモ、其ノ所為ハ、法律上手形偽造又ハ私文書偽造ノ罪ヲ構成スルモノニ非スト謂ハサルヘカラス。」（大判大一一・一〇・二〇第一、二、三刑事総聯合部刑集一・五六三―五六五）

【198】（判旨）「刑法第百五十九条ノ文書偽造罪ハ、行使ノ目的ヲ以テ他人ノ名義ヲ冒用シ文書ヲ作成スルニ因リテ成立スルモノトス。故ニ縦令代理人若クハ法人ノ代表者カ其ノ資格ヲ濫用スル場合ト雖モ、自己ノ名義ヲ用ヰ代理人若クハ法人ノ代表者タル権限内ニ属スル法律行為ニ付文書ヲ作成スルニ於テハ、固ヨリ他人ノ名義ヲ冒用スルモノニ非ス。従テ何等他人ノ文書ニ対スル公ノ信用ヲ害スルコトナケレハ、文書偽造罪ノ成立セサルハ勿論、右文書ハ真正ニ成立シタルモノニ係ルヲ以テ、之ヲ行使シ第三者ヲシテ法律行為ヲ為サシムルモ其ノ間何等詐欺手段ノ存スルコトナケレハ、其ノ行為ハ有効ニシテ、之ニ因リ或財物ヲ給付セシムルモ偽造文書行使及詐欺ノ罪ヲ構成セサルコトハ、最近ニ於ケル本院判例（大正十一年(れ)第三四六号同年十一月二十日刑事聯合部言渡ノ判決参照）ノ趣旨ニ於テ認ムル所ナリ。今原判決ノ認定セル第一事実ヲ按スルニ、論旨所掲ノ如ク、被告人ハ判示株式会社柳沢銀行ノ取締役頭取ニシテ、自己ノ金借ヲ為スニ当リ同銀行頭取ノ資格ヲ冒シ、自己ノ名義ヲ用ヰ、其ノ権限ノ範囲内ニ於テ判示炭礦株式会社宛金三千円ノ借用証書一通ヲ作成シ之ヲ同会社長ニ交付シ、同人ヨリ金三千円ヲ借受ケタリト云フニ在リ、右事実ハ、前段説明ニ拠レハ判示金三千円借用証書ハ判示銀行頭取トシテ被告人名義ヲ用ヰ作成シタルモノニ係リ、当該銀行ノ債務証書トシテ有効ナレハ、判示炭礦株式会社カ之ニ信ヲ措キ金三千円ヲ貸与スルモ毫モ詐欺ニ因リ錯誤ニ陥リタル結果右金円ヲ被告

人ニ交付シタルモノニ非ス。然ルニ原審ハ前掲判示事実ニ付之カ法律上ノ観察ヲ誤リ被告人ノ所為ヲ以テ借用証書ヲ偽造行使シテ詐欺罪ヲ行ヒタルモノト判示シ、之ニ文書偽造行使詐欺ノ法条ヲ適用処断シタルハ、所論ノ如ク擬律錯誤ノ違法アリ。」（大判大一一・一一・三新聞二〇六一・二二）（同旨、昭一二・九・二八大審院裁判例（十一）七二）

（七）なお、上述のような代理権、代表権ということに関してではなく、「或る資格を冒用」して文書を偽造する場合として、みるべき判例に二つのものがある。一は、旧刑法関係のもので、遺言に立ち会わないのに、証人の資格を詐り、虚妄の事実を記載した遺言証書を作成する行為は、私文書偽造罪を構成するとするものであり（【199】）、二は、組合監事の資格を冒用して虚偽の事実の記載のある事業報告書を作成した場合には、その行為は権限を超越したものであるから、何等資格のない者が監事名義を冒用して文書を作成したものと異らず、私文書偽造罪を構成するとするものである（【200】）。

【199】（判旨）「原判旨ニ拠レハ、被告等ハ鈴木ミヨノ死亡ニ際シ、何等ノ遺言アラサルニ、恰モ遺言ニ立会ヒタル証人タルカ如ク其資格ヲ偽リ、虚妄ノ事実ヲ記載シタル遺言証書ヲ作成シタルモノナレハ、原院カ被告等ノ所為ヲ私書偽造罪ニ問擬シタルハ相当ナリトス。」（大判明三四・六・一三刑録七・六・四三）

【200】（判旨）「原判決第二ニ依レハ、被告ハ組合監事ノ資格ヲ有シナカラ之ヲ冒用虚偽ノ事実ノ記載アル事業報告書ヲ作成シタルモノニシテ、其行為ハ権限ヲ超越セルモノナレハ、何等資格ナキ者カ同上組合監事ノ名義ヲ濫用シ該文書ヲ作成シタル場合ト異ナル所ナシ。随テ右ノ行為ハ私文書偽造罪ヲ構成シ、刑法第百五十九条第一項ノ適用ヲ免ルルヲ得ス。」（大判大五・一・二五新聞一〇八一・一八）

六　偽造の方法

（一）文書偽造の手段方法は、勿論千差万別であり、その間に別段の制限はない。が、既往の判例に現われたものを仔細に検討してみると、その類型は必ずしも数多いものではなく、大体つぎのような数種のものに類別することができる。

（二）その一は、「名義人の錯誤、不知を利用して、当該文書に署名捺印せしめること」により文書を偽造する場合である。例えば、(a)依頼者の文盲に乗じ、依頼者の意思に反する文書を作成し、恰も依頼通りの文書を代筆したものの如く詐って、依頼者を欺いてこれに署名捺印せしめ、もって偽造を完成する場合の如き(【201】)である。これは決して詐欺罪ではないとするのが判例である。その他、(b)相手方の愚鈍に乗じて同人を欺き、他の文書であると誤信させ、その内容を十分に了知せしめずして、その署名捺印のある文書を作成し交付させる行為の如き(【202】)である。なお、(c)判例は、右のような場合、「他人を欺罔して文書を作成せしめ、これが交付を受けたものとして、詐欺罪を認定せんがためには、作成者においてその文書の内容を認識し、真正にこれを成立せしめた事実がなければならない」とするのであるが(【203】)、そうではなく、署名者をして証書の内容を誤認せしめた結果、署名捺印せしめた場合の如きは、欺罔手段は文書偽造の手段に外ならず、すなわち署名者は、偽造の道具に使用されたものというべく、これは文書偽造をもって目すべきものとしている(【204】)。その他、(d)酩酊し且つ文盲なものを利用して文書の内容を詐り、これに署名捺印せしめることによっても、偽造は成立し(【205】)、なお、(e)銀行支店の預金通帳に虚偽の預金を記載し、偽造の入金伝票を添えてこれを支配人に提出し、通帳における右金額記入の下に同支店印を押捺せしめる行為の如きも、該銀行支店の署名及び印章を使用して預金通帳を偽造したものとする(【206】)。そして、(f)すでに行使の目的をもって、人をして文書の内容を誤信せしめてこれに拇印せしめ、ここに文書を偽造したかぎり、犯罪は成立し、その意図が貸金の取立というような合法行為への便をはかるにあったとしても、同罪の成立に影響はないものとしている（【207】）。

【201】（判旨）「依頼者ノ文盲ナルニ乗シ、行使ノ目的ヲ以テ依頼者ノ意思ニ反スル文書ヲ作成シ、恰モ依頼通リノ文書ヲ代筆シタルモノノ如ク詐リ、依頼者ヲ欺キ之ニ署名捺印セシムル行為ハ、文書ノ偽造ヲ完成スル手段ニ外ナラサレハ、其署名捺印セシムルコトニ依リテ完成セラレタル文書偽造ノ行為ハ、刑法第百五十九条第一項ニ所謂行使ノ目的ヲ以テ他人ノ印章若クハ署名ヲ使用シテ文書ヲ偽造シタルモノニ該当シ、詐欺罪ヲ以テ問擬スヘキモノニ非ス。」（大判明四三・一〇・七刑録一六・一六五〇明四三年(れ)第一六九二号事件）

【202】（判旨）「文書偽造罪ニ於ケル文書ハ、必スシモ被告人若クハ情ヲ知ラサル第三者カ作成スルヲ要セス。署名者トシテ表示セラルル者ヲ欺キ、他ノ文書ナリト誤信シテ署名捺印セシメ、又ハ内容ヲ知悉セシメスシテ文書ノ全体ヲ作成セシムル場合ニ於テモ、文書偽造罪ハ成立スルモノトス。」（大判明四四・五・八刑録一七・八一二）

【203】（判旨）「他人ヲ欺罔シテ文書ヲ作成セシメ之カ交付ヲ受ケタル所為ヲ以テ詐欺罪ニ問擬センニハ、作成者ニ於テ其ノ文書ノ内容ヲ認識シ、真正ニ之ヲ成立セシメタル事実ナカルヘカラス。然ルニ之ヲ本件ニ見ルニ、被告人ハ判示ノ如ク、「シズ」カ「コウ」ノ印章ヲ携ヘ登記手続ノ為メ長崎区裁判所ヘ出頭シタルニ際シ、這般ノ事情ニ暗キ「シズ」ニ対シ、登記手続ニ必要ナルカ如ク申欺キ、同人ヲシテ被告人ニ於テ予メ作成シ置キタル残二筆ニ対スル返リ証ハ将来無効ニ帰スヘキ趣旨ノ証書中ニ「コウ」ノ氏名ヲ記シタ上、ソノ名下ニ「コウ」ノ印章ヲ押捺セシメテ之ヲ受ケタルトキハ文書偽造罪カ成立シ、詐欺罪ヲ構成セス。」（大判大一四・四・一三新聞二四〇三・一七）

【204】（判旨）「署名者ヲシテ証書ノ内容ヲ誤認セシメタル結果、署名捺印セシムルニ至リタル本件ノ如キ場合ニ於テハ、欺罔手段ハ証書偽造ノ手段ニ外ナラスシテ、署名者ハ偽造ノ器械ニ使用セラレタルモノト謂フヘク、証書ノ内容ヲ認識シナカラ詐欺手段ニ依リテ之ヲ騙取セラレタル場合、即チ詐欺罪ノ成立ヲ来ス場合ト

相異ルコト疑ナキヲ以テ、本論旨亦理由ナシ。」（大判大五・五・九刑録二二・七〇八）

【205】（判旨）「所論原判示事実ニ拠レハ、被告ハ中里某カ酩酊シ且文盲ナルヲ利用シ、同人ニ贈与シタル判示土地売買周旋料ノ受取書ナリト詐言シ、中里某ヲ誤信セシメテ判示被告宛証明文書ニ署名捺印セシメ、同人名義ノ証明書ヲ完成シタル者ニシテ、其ノ所為ハ他人ニ文書ノ内容ヲ明示セス異レル内容ヲ有スル文書ナリト偽リ、之ニ措信シテ既成ノ文書ニ署名捺印セシメタル事実ナレハ、他人ノ署名捺印セル白紙ヲ濫用シテ新ニ其ノ承認セサル文書ヲ作成シタル場合ト一般ニ文書偽造罪ヲ以テ論スルヲ相当トス。若シ夫レ被告ノ所為ヲ証書騙取ノ事実アリトシテ之ヲ詐欺罪ニ問擬セントスルニハ、他人ヲ欺罔シ証明文書ノ内容ヲ了知セルニ拘ラス之ニ署名捺印シテ該文書ヲ交附セシメタル事実ナカルヘカラス。然ルニ原判決ニ於テハ上叙事実ヲ認定セス、前段所掲ノ事実ヲ判示シテ之ヲ文書偽造罪ヲ以テ論シタルモノナレハ、右偽造文書ヲ訴訟代理人タルヲ知ラサル弁護士ノ手ヲ経テ裁判所ニ証拠トシテ提出セシメタル被告ノ所為ヲ偽造文書行使罪ニ問擬シタルハ正当ニシテ、所論ノ如ク何等理由ニ齟齬ノ違法アルモノニ非ス。」（大判大一二・一一・三〇刑集二・八九二）

【206】（判旨）「所論ノ末光寅市及ヒ福島七郎治宛ノ各預金通帳ハ、其成立ノ真正ニシテ従テ其株式会社第二十九銀行宇和島支店ノ作成名義ナルコトハ判文上自ラ明ナレハ、被告カ之ニ虚偽ノ預金ヲ記入シタルハ即チ該銀行支店ノ署名ヲ使用シテ偽造行使ヲナシタルモノニ外ナラス。而シテ論旨所掲ノ判示事実ハ、被告カ支配人ヲ機械ト為シテ該銀行支店印ヲ押捺スルコトニ因リテ其偽造行為ヲ完成シタル事実ヲ判示シタルモノナレハ、被告ノ所為ハ該銀行支店ノ署名及印章ヲ使用シテ預金通帳ヲ偽造シタルモノナルヲ以テ、原判決ノ擬律ハ正当ナリ。」（大判明四四・三・二四刑録一七・四六〇）

【207】（判旨）「擅ニ他人ノ署名印章ヲ使用シテ其ノ者ノ意思ニ反スル文書ヲ作成シタルトキハ、其ノ所為文書偽造罪ヲ構成スルコト当院判例ノ認ムル所ニシテ、原判示ニ依レハ、被告ハ大石某ノ文盲ナルニ乗シ、同人ニ対スル貸金ノ利息支払ノ延期証ナリト偽リ契約利息ニ延滞利息ヲ附シ支払フヘク若シ違約シタルトキハ元利金ニ対シ抵当物件ヲ直チニ譲渡スヘキ旨記載シタル契約書ヲ作成シ、其ノ文書ヲ告知セス、同人ヲシテ利息

支払ノ延期証ナリト誤信シテ之ニ拇印セシメタルモノナレハ、被告ノ所為ハ文書偽造罪ヲ構成スルコト判例ノ趣旨ニ照シ疑ナキ所ナリ。縦令其ノ行為カ貸金取立ノ便ヲ計ル意図ニ出テタリトスルモ、之カ為同罪ノ成立ヲ阻却スヘキ謂レナキヲ以テ、論旨ハ理由ナシ。」（大判大一二・一二・一五刑集二・九八四）

（三）　右と区別すべきは、「文書の内容を名義人は認識了知したが、何等かの錯誤によって署名捺印してこれを交付するに至った場合」である。すなわち判例によれば、(a)「証書の署名者が、その記載事項を認識し、該証書を作成するの意思をもって、これに署名したものである以上、たといその署名が他人の詐術による錯誤の結果、その記載が真実に反することを知らなかったことに基因するにしても、証書の成立は真正であり、偽造は成立したとはいえない」としている（【208】）。そして、(b)右のような場合、文書の偽造ではなく、それは詐欺罪であるとなし得んがためには、「文書の作成名義人が文書の内容を了知したが、被告人の施用した詐欺手段によって錯誤に陥り、その結果これに署名捺印してこれを交付した事実がなければならない」としている（【209】）。

【208】（判旨）「証書ノ署名者カ其ノ記載事項ヲ認識シ、該証書ヲ作成スルノ意思ヲ以テ之ニ署名シタルモノナルトキハ、縦令其ノ署名カ他人ノ詐術ニ依ル錯誤ノ結果其ノ記載事項ノ真実ニ反スルコトヲ知ラサリシニ因ルトスルモ、証書ノ成立ハ真正ニシテ作成名義ヲ偽リタル事実ナキヲ以テ、之ヲ目シテ偽造ノ証書ナリト云フコトヲ得サルヤ明ナリ。」（大判昭二・三・二六刑集六・一一七）

【209】（判旨）「判決ヲ按スルニ、被告等ハ小北四郎ノ文盲ナルニ乗シ、契約証書ノ内容カ四郎名義ノ家屋一棟ヲ被告両名及ヒ四郎ノ共有ト為ス趣旨ナルニ拘ハラス、之ヲ家屋ヲ売却シテ約束ノ金円ヲ四郎ニ支払フ旨ノ契約書ナリト偽リ、証書ノ四郎名下ニ捺印セシメ因テ家屋共有契約証書三通ヲ作成シタリト云フニアレハ、証書ノ作成名義人ヲ欺罔シ、其内容ヲ了知セシメス、其署名ノ下ニ捺印セシメテ証書ヲ偽造シタル事実ニ帰着

スルカ故ニ、文書偽造罪ヲ以テ被告等ノ叙上行為ニ擬シタルハ当然ナリ。而シテ本件ニ於テ被告等ノ行為ヲ証書騙取罪ニ問ハントスルニハ、証書ノ作成名義人カ証書ノ内容ヲ了知シタルモ、被告人ノ施シタル詐欺手段ニ因リ錯誤ニ陥リタル結果、之ニ署名捺印シテ之ヲ交付シタル事実ナカルヘカラス。然ルニ原判決ハ如上事実ヲ判示セサルカ故ニ、証書騙取罪ヲ以テ之ヲ論セサリシハ相当ナリ。」(大判明四四・九・一四刑録一七・一五三四)

(四)　さらに他の偽造方法としては、「既存文書の利用」なる類型を挙げることができる。これにも種々のものが見受けられる。その一は、「失効した既存文書を利用して、新文書を作成する場合」であり、例えば廃物に帰した官公吏の証印等の蚕種台紙を利用して、これに他の蚕卵を付着せしめ、恰も当初における有効の台紙と同様なものを作成する場合の如きである(【210】)。二は、「既存文書の白地部分に、権限のない事項を記入する場合」である。例えば金四百円借入のために交付された金額の記載のない未完成の借入のための親族会同意書に擅に金額千円と記入した同意書を作成するが如きである(【211】)。三は、「文書の重要部分がすでに作成ずみの場合でも、権限なくしてなお爾余の重要部分に付加記入する場合」であり、例えば、金員借用証書の重要部分がすでに作成されていても、さらにその重要内容をなすべき返済期日、債権者名等を付加記載するが如き(【212】)、或いは、某商店の記名のある売買元簿に権利義務に関する虚偽の新事実を記入するが如きは、他人の署名を使用して文書を偽造したこととなる(【213】)。第四は、「未完成文書の署名を濫用する場合」であり、例えば、甲者の住所氏名だけが記載してある文書を利用して、同意書と題する文書を作成するが如きである(【214】)。第五は、「既存の文書に他人の氏名を冒書することにより、ここに新名義人の文書を作成する場合」であり、例えば既存の承諾書と題する書面に、承諾を得ていない他人の氏名を冒書し、恰もその者が文書の趣旨を承認したように偽作するが如きである（【215】）。

【210】（判旨）「本件蚕種台紙ノ表面及裏面ニアル文書及官公吏ノ証印ハ、表面ニ附着セル蚕種ト相俟テ始メテ証書タル効力ヲ為スモノニシテ、独立シテ其本然効用ヲ為スモノニアラス。故ニ当初之ニ附着セル蚕卵ヲ孵化セシメ其他之ヲ除去シタル以後ハ、其台紙ハ単ニ或ル文字ト印影トヲ存スルニ止マリ、蚕種ニ関スル証書トシテハ其形態ヲ失ヒ全ク意義ナク効用ナキニ至ルモノトス。随テ右廃物ニ帰シタル台紙ヲ利用シ、之ニ他ノ蚕卵ヲ附着セシメ、恰モ当初ニ於ケル有効ナル蚕種台紙ナルモノヽ如ク装ヒ之ヲ行使シタル被告ノ所為ハ、即チ廃紙ヲ材料トシテ新ナル蚕種ニ関スル証書ヲ偽造シテ行使シ、同時ニ官公吏ノ印影ヲ盗用シタルモノト謂ハサルヘカラサルヲ以テ、本論旨ハ理由ナシ。」（大判明四一・一二・七刑録一四・七五）

【211】（判旨）「原判決事実ニ拠レハ、被告ハ其被後見人タル岡野豊之助ノ地所ヲ抵当ト為シ、金四百円ヲ借入ルルカ為メニ交付セラレタル金額記載ナキ未完成ノ親族会同意書二通ニ擅ニ金額ヲ千円ト記入シ、親族会員ノ署名印章ヲ冒用シテ新ニ金千円ノ借入及ヒ右借入レニ必要ナル抵当権ノ設定ニ関スル同意書ル作成シタル者ナレハ、原判決ニ於テ被告ノ行為ヲ以テ文書偽造罪ニ問擬シタルハ相当ナリ。」（大判大四・一〇・一二刑録二一・一六〇四）

【212】（判旨）「文書ノ要部既ニ作成セラレアルニセヨ、苟クモ文書ノ内容ヲ成スヘキ月日並ニ債権者名ヲ附加記載シタルトキハ、当然文書ハ其記載ニ依テ完成シタルモノト認ムヘキモノナルヲ以テ、原判決ノ擬律ハ違法ニアラス。」（大判大五・一二・二刑録二二・一一〇七）

【213】（判旨）「原判決ノ認ムル事実ニ依レハ、被告等相謀リ豊田商店ノ記名アル売買元簿ニ権利義務ニ関スル虚構ノ事実ヲ記入シタルモノニシテ、凡ソ作成者タル他人ノ証名ヲ使用シテ文書ヲ偽造シタル行為ハ即チ刑法第一五九条第一項ニ所謂他人ノ署名ヲ使用シテ文書ヲ偽造シタルモノニ該当シ、記名カ本人ノ氏名ヲ顕ハスモノナルト商号若クハ通称ヲ顕ハスモノナルトヲ問フコトナク、又本人ノ自筆ニ成ルト本人カ他人ヲシテ代筆セシメタルト若クハ印刷ニ因リ表出シタルトヲ論スルコトナク、苟モ之レヲ使用シテ文書ヲ偽造スルニ於テ

ハ同条項ノ文書偽造罪ハ成立ス。蓋シ同条項ノ規定ハ他人ノ直正ナル証名ヲ使用シテ文書ヲ偽造スルヲ処罰スル趣旨トシテ証名カ本人ノ自筆ニ成ル場合ニ限リタルモノニアラサレハナリ。」（大判明四五・五・三〇刑録一八・七九四）

【214】（判旨）「原審相被告人叶長熊カ富幸長子ヨリ受取リ被告人良茂ニ交付シタル豊島政彦名義ノ同意書ト題シ政彦ノ住所氏名ノミヲ掲記セル書類ハ、未完成ノ文書ニシテ、固ヨリ同意書ヲ以テ視ルヘカラス。而シテ被告人等ハ右同意書トアル文字及政彦ノ署名ヲ濫用シ判示ノ如キ内容ヲ記載シ、以テ政彦名義ノ同意書ヲ完成シテ偽造ヲ遂ケ之ヲ行使シタルモノニシテ、富幸長子ノ作成セル書類中ノ豊島政彦ノ署名カ偽造ナリヤ否ヤハ被告人等ノ文書偽造罪及ヒ偽造文書行使罪ノ成立ニ影響ナケレハ、原判法ニ於テ判示被告人等ノ行為ヲ私文書偽造行使罪トシテ処断シタルハ相当ナリ。」（大判大一〇・一一・二五刑録二七・六八六）

【215】（判旨）「既存ノ文書ト雖モ、承諾ナキ他人ノ氏名ヲ冒書シ、恰モ其者ニ於テ文書ノ趣旨ヲ承認シタルモノノ如ク装フニ於テハ、其文書ハ氏名ヲ冒用セラレタル者トノ関係ニ於テハ新ニ作成セラレタルト毫モ異ルコトナキヲ以テ、文書偽造罪ヲ構成スヘキヤ論ヲ俟タス。本件事案ハ被告カ市作知雄両名ノ連署ニ係ル金員借用証書ニ恣ニ連帯借用人トシテ井出秀雄ノ氏名ヲ冒書シタル事実ニ外ナラサレハ、原院カ被告ノ右所為ヲ文書偽造罪ニ問擬シタルハ相当ニシテ、論旨ハ理由ナシ。」（大判大五・二・九刑録二二・一一五）

（五）　なお注意すべきは、偽造方法の一類型として、わが判例は、「他人の承諾を得ず、他人名義の広告を新聞紙に掲載せしめた行為は、私文書偽造罪を構成する」としている点である。例えば、(a)情を知らない新聞社員をして、他人の名義を冒用した虚偽の広告文を新聞紙に掲載せしめるが如き（【216】）、或いはまた、(b)新聞紙の編集人又は発行人が、その新聞紙上に、他人の承諾を得ずして、他人の氏名を冒書した広告を擅に掲載するが如きである（【217】）。そして判例は、右のような場合は、たといその広告した内容が、その他人が既往において作成頒布した文書と同一内容であったとしても、偽造罪は成立するとしている（【218】）。

【216】（判旨）「新聞紙ノ編輯発行ハ固ヨリ編輯人発行人ノ行為ニ属スルモ、其掲載ニ係ル他人ノ寄書又ハ広告ハ寄書家又ハ広告依頼者ノ作成ニ係ル私文書ニ外ナラスシテ、編輯人発行人ノ作成セルモノト謂フヲ得ス。所論公務員カ申告ニ基キ公簿ノ記載ヲ為スカ如キ権限アル公務員カ其正当ノ資格ニ基キ公簿ヲ作成スルモノト同一ニ論スヘキモノニ非ス。然レハ本件ノ如ク情ヲ知ラサル新聞社員ヲシテ他人ノ名義ヲ冒シタル虚偽ノ広告文ヲ其新聞紙ニ掲載セシメタル所為ハ即チ恣ニ他人ノ署名ヲ使用シテ其私書ヲ偽造シタルモノニ外ナラサルヲ以テ、原院カ右ノ如キ本件認定事実ニ対シ、刑法百五十九条ヲ適用処断シタルハ相当ナリ。」（大判大四・八・一四刑録二一・一二一四）

【217】（判旨）「新聞紙ニ掲載セル他人ノ広告ハ広告依頼者ノ作成ニ係ル私文書ニシテ、編輯人又ハ発行人ノ作成セル文書ニ非サルヲ以テ、若シ編輯人又ハ発行人カ其ノ新聞紙上ニ他人ノ承諾ヲ得ルコトナクシテ其ノ他人ノ氏名ヲ冒書シタル広告ヲ為シ、其ノ代料ヲ請求シタル場合ニ於テハ、固ヨリ私文書偽造行使罪ノ構成要件ヲ具備スルヲ以テ、該行為ハ一面警察犯処罰令第二条第八号ノ罪ニ該当スルト同時ニ、之ト其ノ法益ヲ異ニスル私文書偽造行使罪ヲモ構成スルコト勿論ナルニヨリ、此ノ両罪ノ内其ノ一ノミヲ論シテ、他ヲ不問ニ付スヘキモノニ非サルハ当然ナリ。」（大判昭五・六・一七刑集九・四二四）

【218】（判旨）「新聞紙ノ編輯人又ハ発行人カ其ノ紙上ニ他人ノ承諾ヲ得スシテ其ノ他人名義ノ広告ヲ掲載シタルトキハ、縦令其ノ内容カ其ノ他人ノ作成頒布シタル既存ノ文書ト同一ナル場合ト雖、私文書偽造罪ヲ構成スルモノナルコト、夙ニ当院ノ判例（昭和五年六月十七日判決）トスルトコロニシテ、其ノ変更ノ要アルヲ見ス。」（大判昭一〇・一一・七新聞三九一六・一七）

七　偽造行為の成立（偽造行為の既遂）

（一）　私文書の偽造は、上述のような諸条件を充足して、ここに一般人をして真正な文書と誤信させるに足る程度の文書を作成することによって成立する。従って判例は、(a)苟も右のような程度の文書の作成があるかぎり、偽造文書の内容が現実の事実と合致すると否とは敢えて問うところではないのであるから、たとい偽作された文書の内容事実が後日実現されたとしても、犯罪の成立に影響はないものとし〔219〕、また、(b)偽造文書の内容が、すでに頒布された既存の文書と同一であっても、本罪の成立を妨げないとし〔220〕、なお、(c)行使の目的で他人の署名を偽造し有合印を押捺して債務保証に関する文書を偽造した以上、事後に至り名義人の承諾によって、その文書の内容が真実に合致するに至ったとしても、犯罪の成立を阻却するものではないとしている〔221〕。

【219】（判旨）「文書偽造ノ罪ハ文書ニ対スル公ノ信用ヲ害スルニ因リテ成立シ、財産的法益ノ侵害ヲ伴フコトヲ要セサルハ勿論、殊ニ本件ニ於ケルカ如キ文書（流通性全然絶無ナル金銭受領証）ノ作成名義ヲ詐ル所謂有形偽造ニ在リテハ、偽造文書ノ内容カ現実ノ事実ト吻合スルカ否カノ如キハ毫モ問フ所ニ非サルヲ以テ、縦令所論ノ如ク変造文書ノ内容タル事実カ後日実現セラレタリシトスルモ、犯罪ノ成立ニ何等ノ影響ヲキタスモノニ非ス。」（大判大一五・一一・九新聞二六四四・一六）

【220】（判旨）「署名者カ作成シテ外部ニ発表頒布シタル既存文書アル場合ト雖、署名者ノ承諾ナクシテ其ノ氏名ヲ冒用シ、新ニ他ノ文書ヲ作成スルトキハ、仮令其ノ文書ノ内容カ既存文書ト全然同一ナル場合ニ於テモ文書偽造罪ヲ構成スヘク、又苟モ文書ノ偽造行使アリタル以上ハ、公ノ信用ヲ害シ若ハ害スル危険ヲ生セシメタルモノナレハ、仮令作成名義ヲ冒用セラレタル他人ノ方面ニ於テ損害ヲ生セス、寧ロ其ノ利益ニ帰スヘキ場合ニ於テモ、之カ為ニ文書偽造行使罪ノ成立ヲ妨クルモノニ非ス。」（大判昭五・六・一七刑集九・四二三）

【221】（判旨）「苟モ行使ノ目的ヲ以テ他人ノ署名ヲ偽造シ、有合印ヲ押捺シテ債務保証ニ関スル文書ヲ作成スル以上ハ、直ニ文書偽造罪ヲ構成スヘク、事後ニ於ケル名義人ノ承諾ニ因リ該文書ノ内容カ真実ニ合致ス

ルニ至レリトスルモ、之カ為同罪ノ成立ヲ阻却スルモノニ非ス。然レハ所論ノ如ク縦令宮村五郎ニ於テ事後ニ至リ本件保証ニ付承諾ヲ為シタリトスルモ、斯カル事実ハ被告人ニ対スル判示文書偽造罪ノ成立ニ何等影響スルトコロナキカ故ニ、原審カ被告人ノ判示行為ヲ文書偽造並偽造文書行使ノ罪ニ問擬シタルハ正当ナリ。」（大判昭一一・一・三一刑集一五・六七）

八　偽造と変造との区別

（一）　偽造と変造との区別の標準は要するに、他人の名義を冒用して、擅に新たな文書を作成するのは偽造であり、これに反し、作成名義に変更はないが、既存の文書を増減して、その内容に変更を生ぜしめるのが、変造である。しかし実際問題として諸種の具体的事実につき、はたしてそれが偽造であるか変造であるかを区別することは、頗る困難である。ゆえに、この点に関する判例も相当数に達している。いまこれらを大別するとき、一は、「偽造罪に該当する」とするもの、二は、「変造罪に該当する」とするものであり、前者はさらに分類して、大体、(a)失効した既存文書を利用して別箇な文書を作る場合、(b)文書の白地部分に作成権限のない事項を記入して新しい文書を作成する場合、(c)既存文書の重要な部分を変更して全然別箇の新文書を作成する場合、(d)特に印鑑上に偽印を重ねて押捺して偽印を影出せしめる場合、のグループとすることができる。

（二）　すなわち、「文書偽造罪に該当する」場合のうち、(a)「失効した既存文書を利用して新文書を作成する」例としては、無効に帰した他人名義の委任状の委任文言を変更して、変更前の委任状と全然別箇独立のものとする場合を挙げることができる（【222】）。

【222】（判旨）「他人ノ署名印章カ正当ニ成立シタル場合ニ在リテモ、擅ニ之ヲ使用シテ其ノ者ノ意思ニ反スル文書ヲ作成シタルトキハ、文書偽造罪ヲ構成スルコト明白ナリトス。無効ニ帰シタル他人名義ノ委任状ノ委任文書ヲ変更シテ変更前ノ委任状ト全然別箇独立ノモノト為シ、又ハ他人名義ノ白紙委任状ニ擅ニ委任ノ趣旨ニ反スル事項ヲ記入シ、因テ委任状ヲ完成スルカ如キハ、同罪ヲ構成スルモノニシテ、変造罪ヲ以テ論スヘキモノニ非ス。原判示ニ依レハ、被告人ハ山田某外数十名ノ者カ北海道拓殖銀行ヨリ低利資金ノ借入ヲナスニ際リ、被告人ヲ其ノ代理人トスル旨記載セル右山田某等ノ記名捺印アル委任状並単ニ同人等ノ証名捺印アル白紙委任状一通ヲ受取リタルモ、該委任状ハ同銀行ヨリ返戻セラレテ結局不用ニ帰シ被告人ノ手裡ニ残存シタルヲ以テ、右白紙委任状ニ擅ニ猪岡某ヨリ金千百円ヲ借受クルニ付被告人ヲ代理人トスル旨ノ文言ヲ記入シ、且右委任文書ノ記載アル委任状ノ委任文言アル部分ノ紙片ヲ取去リ、擅ニ其ノ部分ニ猪岡某ヨリ連帯シテ金千六百九十四円ヲ借用スルニ付被告人ヲ代理人トスル旨記載シタル紙片ヲ添付シタルモノニシテ、其ノ所為タルヤ孰レモ委任状偽造ノ犯罪ヲ構成スルモノナルコト勿論ナルヲ以テ、原判決カ之ニ対シテ刑法第百五十九条第一項ヲ適用シタルハ正当ニシテ、論旨ハ孰レモ其ノ理由ナシ。」（大判大一一・一二・一六刑集一・八〇四）

つぎに、(b)「白地部分に権限のない事項を記入して新文書を作成する」事例としては、(イ)未完成の委任状を不正に利用して、空白部分に委任のない事項を記入する場合（【223】）、(ロ)死亡者の氏名、年齢等の記載のない医師名義の死体検案書に、擅に死亡者の氏名及び年齢を記入して、新たに死体検案書なる一の文書を作成する場合（【224】）、(ハ)単に印章押捺のみがあって、金額の記載のない証書（保険契約申込書）に、擅に承諾以外の保険金額を記入し、証書（保険契約申込書）を作成したような場合（【225】）等を挙げることができる。

【223】（判旨）「原判決ノ認定シタルトコロハ、判示建物取去土地明渡請求訴訟ニ於ケル被告人敗訴ノ判決

カ確定シタル後、新井谷男ト被告人トノ間ニ於テ、新井ハ判示屋敷添千三百六十番ノ二、畑七畝十七歩ノ内約三十二坪ノ土地ヲ分筆シテ之ヲ被告ノ長男光衛名義ニ譲渡スルコト其ノ他数項ノ示談契約ヲ締結シ、被告人ハ新井ニハ該約旨ニ従ヒ右約三十二坪ノ土地譲渡証書並該土地ノ所有権移転登記手続ニ要スル委任状トシテ新井谷男署名捺印シ且単ニ「大島村大字元大島字屋敷添千三百六十番ノ二畑一」ト記載シ其ノ以下ヲ余白ト為シタル同人名義ノ委任状ヲ交付セラレタルヲ奇貨トシ、之ヲ利用シテ新ニ同人名義ノ委任状ヲ偽造シテ行使シ因テ土地ヲ騙取セムコトヲ企テ、該委任状ニ擅ニ判示ノ如キ文字ヲ記入シ、判示土地七筆ヲ光衛ニ売渡シタルニ付之カ所有権移転ノ登記申請ヲ被告人ニ委任スル旨ノ新井谷男名義ノ委任状一通ヲ作成シタリト云フニ在リ。然ラハ新井ハ被告人ニ対シ右千三百六十番ノ二畑七畝十七歩ノ内約三十二坪ニ付テノミ之ヲ分筆シテ被告人ノ長男光衛名義ニ譲渡スルコトヲ承諾シ其ノ所有権移転登記申請ヲ被告人ニ委任シタルニ止マリ、右一筆ノ畑七畝十七歩ノ土地全部並判示不動産六筆ヲ右乙ニ売渡シ且之カ所有権移転ノ登記申請ヲ被告人ニ委任シタルコトナキニ拘ラス、被告人ハ前示ノ約三十二坪ノ土地ニ付テノ所有権移転登記申請ニ関スル未完成委任状ニ於ケル既存ノ新井谷男ノ署名捺印ヲ不正ニ利用シ其ノ空白部分ニ擅ニ右不動産七筆ヲ光衛ニ売渡シタルニ付之カ所有権移転ノ登記申請ノ件ヲ被告人ニ委任スル旨ノ新井谷男名義ノ委任状ヲ新ニ作成シタルモノト云ハサルヘカラス。従テ被告人ノ行為ハ文書偽造罪ヲ構成スルコト疑ナク、之ヲ文書変造罪ヲ以テ処断スヘシト論スルカ如キハ失当タルヲ免レス。」（大判昭一〇・一一・六 刑集一四・一一二二）

【224】（判旨）「死亡者ノ氏名年齢等ノ記載ナク単ニ医師花圃名義死体検按書ト題スルノミニテハ未タ文書ト云フヲ得ス。従ツテ之ニ擅ニ田中作助ノ氏名年齢等ヲ記入シタルハ既成ノ文書ヲ変更増減シ其ノ効力ヲ変更シタルカ如キモノニ非スシテ新ニ田中作助ノ死体検按書ナル一ノ文書ヲ作成シタルニ外ナラサルヲ以テ被告ノ所為ハ変造ニ非スシテ偽造ナルコト論ヲ俟タス。故ニ原判決カ之ニ対シ刑法第一五九条第一項ヲ適用シタルハ相当ナリ。」（大判大三・一・二一 新聞九二二・二八）

【225】（判旨）「原判決認定ノ事実ニ依レハ、第一、被告人等ハ増井健鉄妻アヤ之ヲシテ保険契約者及被保

険者増井健鉄、保険金一千円ノ養老生命保険契約ノ申込ヲ為サシメ、且保険契約申込書用紙ニ右健鉄ノ印章ヲ押捺セシメテ之ヲ受取リタル上、其頃行使ノ目的ヲ以テ擅ニ右保険契約申込書ノ保険金額欄ニ金四千五百円ト記入シ、第二、被告人等ハ小林多三郎ヨリ保険契約者小林多三郎、保険者小林幾久、保険金額一千円トスル養老生命保険契約ノ申込ヲ為サシメ、保険契約申込書用紙ニ小林多三郎ノ印章ヲ押捺セシメテ之ヲ受取リタル上、其頃前示同一ノ目的並方法ヲ以テ擅ニ小林多三郎名義ノ保険金三千百円ノ保険契約申込書ヲ作成シタリト云フニアリテ、孰レモ単ニ印章押捺ノミアリテ金額ノ記載ナキ証書ニ擅ニ承諾以外ノ金額ヲ記入シタルモノナレハ、既ニ成立シタル文書ノ金額ヲ変更シタル場合ト異リ文書変造罪ヲ以テ目スヘキモノニアラスシテ、文書偽造罪ヲ構成スヘキハ勿論ナリトス。」（大判昭六・一・二九新聞三二四〇・一六）

また、(c)「既存文書の重要部分を変更して全然別箇の新文書を作成する場合」の事例としては、(イ)既存の借用証書における他人の署名捺印を冒用し、証書の重要な部分を変更し、全然別異の権利関係を表示する借用証書を作成するが如きであり（【226】）、また、(ロ)他人名義の保険契約申込書を寄託せられた者が、委託の趣旨を変更して重要事項を記入して新契約とみらるべき申込書を作成するが如き（【227】）、或いは、(ハ)株式の買付通知書を利用して、作成名義は同一なるも、宛名等重要事項を変更した場合（【228】）等を挙げることができる。

【226】（判旨）「原判決ニ依レハ、第一審相被告人西村重敏ハ鎌田代二郎及細木実治ニ対シ安井講ヨリ金借スルニ付連帯債務者タルヘキコトヲ依頼シ、右両名ハ講名安井講、発起人安井、借用金額百十円、弁済方法昭和三年二月七日ヨリ昭和四年二月七日迄隔月割払トセル右重敏ノ講金借用証書ニ各連帯債務者トシテ夫々署名捺印シタル処、其ノ後被告人及前記重敏ハ共謀ノ上擅ニ行使ノ目的ヲ以テ右借用証書中ノ金額ヲ六百四十円、講名ヲ安部講、発起人ヲ安部熊蔵、弁済期限ヲ昭和八年四月七日迄ト各其ノ部分ヲ変改シ、以テ前記代二郎及

実治ヲ連帯債務者トシ、安部講ニ対スル金六百四十円、弁済方法昭和八年四月七日迄隔月割払ノ旨ノ講金借用証書ヲ作成シ之ヲ安部講管理人仲西利太郎ニ差入レタリト云フニ在リ。即被告人ハ既存ノ借用証書ニ於ケル他人ノ署名捺印ヲ冒用シ証書ノ重要ナル部分ヲ変更シ、全然別異ノ権利関係ヲ表示スル借用証書ヲ作成シタルモノナリ。斯クノ如ク既存ノ借用証書ヲ変更シ之カ為変更前ノ文書ト全然異リタル権利関係ヲ表示スル借用証書ヲ作成スルハ、私文書ノ変造ニ非スシテ其ノ偽造ヲ以テ論スヘキモノトス。」（大判昭七・九・九刑集一一・一二九八）

【227】（判旨）「他人名義ノ保険金額、保険料払込方法並保険料欄ノ空白ナル保険契約申込書ヲ寄託セラレタル者カ行使ノ目的ヲ以テ其ノ名義人ノ承諾ヲ得スシテ受託ノ趣旨ヲ超越並変更シテ保険金額、保険料払込方法並保険料ヲ擅ニ記入シタルトキハ私文書偽造罪ヲ構成スヘキモノナルヲ以テ、本件ニ於テ被告人カ福間万三郎ヨリ保険金額五百円、保険料六箇年払一年掛ナル徴兵保険契約ノ申込ノ為預リ居リタル同人ノ記名捺印アル申込用紙ニ擅ニ保険金一千円、保険料払込方法六年払半年掛、保険料三十一円四十銭ト記入シタル行為ヲ私文書偽造罪ナリト認定シタル原判決ハ洵ニ相当ナリ。」（大判昭一一・七・一八刑集一五・一〇七三）

【228】（判旨）「所論ノ買付通知書ハ宛名、株数、単価及総価額ノ記載ヲ抹消シタルモノニシテ、作成名義ノミハ同一ナルモ宛名ヲ異ニシタル新ナル別箇ノ買付通知書ヲ作成シタルモノニ外ナラサレハ、之ヲ偽造ヲ以テ論シ、清算取引報告書ハ単ニ株数ノ記載ノミヲ変更シタルニ止ルヲ以テ、之ヲ変造ヲ以テ論シタルハ、洵ニ正当ニシテ、所論ノ如ク理由不備ノ違法アルモノト謂フヘカラス。」（大判昭一一・一一・三〇刑集一五・一四四四）

さらに、(d)「特に印鑑上に偽印を重ねて押捺して偽造する場合」の事例としては、(イ)村役物備付の印鑑簿中の他人の印鑑の上に偽造の印章を重ねて押捺して偽印を影出せしめることにより、同人の印鑑を偽造するが如き（【229】）、また、(ロ)特に製造会社名の存する焼酎瓶に作成名義の表示のない酒精含有量証明のペーパーを擅に貼付するが如きは、瓶の表示と相俟って作成名義者を知り得べきであるから、刑法一五九条三項の文書を偽造したものとするが如き（【230】）、これである。

【229】（判旨）「村役場備付ノ印鑑簿ハ、一私人カ自己ノ印鑑ノ証明ヲ求ムル手段トシテ各自村役場ニ届出テタル印鑑ヲ村役場ニ於テ順次簿冊ニ貼附又ハ編綴シタルモノニシテ、此等ノ印鑑ハ各個独立ノ私文書タルノ性質ヲ有シ、其ノ集合ニ因リ性質ヲ変スルモノニ非ス。加之証明ノ用ニ供セラルルモノハ、個々ノ印鑑ニシテ印鑑簿ニ非サルカ故ニ、印鑑簿ヲ以テ公務員又ハ公務所ノ名義ヲ以テ作成セラルヘキ一箇独立ノ文書ト謂フヲ得サルモノトス。又固ヨリ印鑑簿ノ内容ヲ成ス各印鑑ハ、村長ニ於テ印鑑証明ヲ為スニ当リ基本トシテ使用スルモノナルヲ以テ刑法第二五八条ニ所謂公務所ノ用ニ供スル文書タルコト明白ナリト雖、其ノ作成名義ハ一私人ニ係ルモノナレハ、之ヲ偽造変造スルモ公文書ノ偽造変造タルヲ得サルコト勿論ナリトス。然リ而シテ原判示第五ノ事実ハ所論ノ如クニシテ、被告人カ判示北郷村役場備付ノ印鑑簿中ノ田中音松ノ印鑑ノ上ニ判示偽造ノ印章ヲ重ネテ押捺シタル行為ハ、偽印ノ影出ニ依リ音松ノ印鑑ヲ偽造シタルモノニ外ナラサルヲ以テ、原判決カ之ニ対シ刑法第一五九条一項ヲ適用シ、該偽造印鑑ノ行使ニ対シ同法第一六一条第一項第一五九条第一項ヲ適用シタルハ、叙上ノ趣旨ニ照シ正当ナリトス。所論ハ印鑑簿ヲ以テ役場吏員ノ作成スル独立ノ公文書ト為シ、印鑑ハ之ヲ組成スル一部分ニシテ之ヲ偽作スルハ印鑑簿ノ変造ナリトスル独立ノ見解ニ基キ原判決ノ擬律ヲ論難スルモノニシテ、採用スルヲ得ス。」（大判昭九・一〇・二二刑集一三・一三六六）

【230】（判旨）「原判決ノ挙示セル田中吉兵衛ニ対スル検事ノ聴取書中ノ酒精含有量ヲ記載シタル用紙ハ酒精含有量ヲ証明スル井上酒造株式会社ノ省略文書ニテ一切会社ニ於テ貼付シ、特約店ニ於テ勝手ニ貼付スルコトヲ許サストノ陳述記載及中野省一郎ニ対スル司法警察官ノ聴取書中ノ私ハ夏堀久太郎方店員ヨリ大阪市井上酒造株式会社製造ノ焼酎ヲ買受ケタルカ、度数ノ標記ヲ信用シ買受ケタルモノナリトノ陳述記載等ニ依レハ、右焼酎瓶ニハ其ノ何レカノ部分ニ其ノ製造者トシテ井上酒造株式会社ノ名カ表示セラレアリタルコトヲ推測スルニ難カラス。既ニ右会社カ製造者トシテ表示セラルル以上、右瓶ニ貼付セラレタル酒精含有量ノ表示ノペーパー其ノモノニハ作成名義者ノ表示ナクトモ、右製造者井上酒造株式会社ノ表示ト相俟ツテ作成名義者ヲ知リ得ヘキ文書ナルコトヲ認ムルニ十分ナリ。而シテ刑法第百五十九条第三項ノ犯罪ハ、作成名義人ノ署名又ハ捺

印ノ存セサル文書ノ偽造ヲ内容トスルモノナルカ故ニ、其ノ犯罪ノ成立ニハ其ノ文書ノ作成名義者ノ何人ナルカ其ノ文書自体又ハ之ニ附随セル物体ヨリ知リ得ルヲ以テ足ルト謂ハサルヘカラス。従テ原判決カ本件ペーパーノ内容タル酒精含有量ヲ証明シタル文書ノ作成名義人カ右文書ト之ヲ貼付セル焼酎瓶ニ徴シ井上酒造株式会社ナルコトヲ知リ得ル程度ニ証拠説明ヲ為シタル以上、本件文書偽造罪ニ於ケル罪ト為ルヘキ事実ハ証拠ニ依リテ明瞭ニ証明セラレタリト認ムヘク、前示証拠説明ノ不備ハ原判決ヲ破毀スヘキ理由ト為スニ足ラス。」（大判昭七・五・二三刑集一一・六七〇）

（三）　右に反し、「偽造をもって目すべきではなく、変造に該当する場合」の事例の代表的なものとしては、(a)有効な借用証書の金額の側に、別箇の金額を記入する場合の如き（【231】）、(b)有効な債権証書中の一字を改描し、その内容を変更せしめるが如き（【232】）、(c)借用証書中に特約文言を記入するが如き（【233】）、(d)学生証に記載してある学生の氏名を抹消し、これに他人の氏名を記入した場合の如き（【234】）である。

【231】（判旨）「既存ノ文書ヲ増減変更シテ新ナル証明力ヲ具有スル文書ヲ作成シタルトキハ文書偽造罪ヲ構成スルコトハ、当院判例ノ認ムル所ナレトモ（明治四〇年(れ)第七八二号、明治四〇年一〇月一九日宣告）、右ハ効力ノ消滅シテ廃紙ニ帰シタル既存ノ文書ヲ利用シテ新ナル文書ヲ作成シ、若クハ既存ノ文書ノ効力ヲ全然滅却シテ新ニ別異ノ権利関係ヲ証明スヘキ効力ヲ生セシメタル場合ヲ謂フモノニシテ、効力ヲ現存セル文書ノ記載ヲ増減シテ其証明力ヲ変更シタル場合ヲ謂フニアラス。原判決ノ認ムル如ク有効ナル借用証書ノ金額ノ側ニ別箇ノ金額ヲ記入スルハ、単ニ其金額ヲ増加シタルト実質上択フ所ナキノミナラス、之ニ因リテ別箇ノ金額ニ関スル権利関係ヲ証明スヘキ効力ヲ生スルモノトスルモ、有効ナル証書ノ記載ヲ利用シテ本来ノ証明力ノ外ニ新ナル証明力ヲ生セシメタルモノナレハ、何レノ点ヨリ観察スルモ証書ノ効力ニ変更ヲ来タスニ過キス。

故ニ其所為ハ文書ノ変造ヲ以テ論スヘク偽造ニ問フヘキモノニアラス。」（大判明四四・一一・九刑録一七・一八四五）

【232】（判旨）「原判決ハ、被告カ時効ニ因リテ消滅シタル債権ノ証書ニシテ而カモ当事者カ時効ヲ援用セサルヲ以テ依然債権証明ノ効力ヲ保有スヘキ文書中ノ一字ヲ改描シ其内容ヲ変更セシメタル事実ヲ判示シタルモノニシテ、被告ノ所為ハ無効ニ帰シタル既存ノ文書ヲ利用シテ新規ノ効力ヲ有スヘキ文書ヲ作成シタル事変ニ非サルヲ以テ、文書偽造罪ヲ構成セス、文書変造罪ニ該当スルモノトス。故ニ原判決カ本件ノ事実ヲ文書ノ偽造ト文書ノ変造トハ同一罪質ヲ有シ同一罰条ノ下ニ規定セラルルヲ以テ彼此法律ノ適用ヲ誤ルモ、擬律上違法アリトシテ原判決破毀ノ理由ト為スニ足ラス。」（大判明四五・二・二九刑録一八・二三三）

【233】（判旨）「私文書変造罪ハ、文書ノ作成名義ニ対スル信用ヲ害スルノ危険アルカ為ニ之ヲ処罰スルモノナレハ、苟モ他人名義ヲ以テ作成サレタル弁済期ノ定メアル借用証書ニ其ノ名義人タル債務者ノ承諾ヲ得スシテ所論ノ如ク期日以前ト雖財産上ニ異動ヲ生シ又ハ支払能力ナキモノト認メラレタル場合ハ支払期限ノ利益ヲ失ヒ何時請求ヲ受クルモ異議ナキコトヲ特約スル旨ノ特約文書ヲ記入シタル以上ハ、刑法第一五九条第二項ニ定メタル私文書変造ノ罪ハ成立スルモノニシテ、其ノ記入事項カ事実ニ適合スルトキト雖、同罪ノ成立ヲ妨クルモノニ非ス。然ラハ原判決カ所論原判示ノ事実ヲ認定シ刑法第一五九条第二項ニ問擬シタルハ正当ナリ。」（大判昭三・一〇・二七新聞二九五〇・一〇）

【234】（判旨）「原判示私立日本大学専門部医学科ノ発行ニ係リ同医学科教務課ノ捺印アル学生証ニ記載シアリタル学生ノ氏名カ古中達夫ナリシコトハ、原判決挙示ノ証拠ニ依リテハ之ヲ認メ得サルコト洵ニ所論ノ如クナルモ、右学生カ古中達夫ナルト其ノ他ノ者ナルトヲ問ハス、苟モ行使ノ目的ヲ以テ擅ニ右学生ノ氏名ヲ抹消シ之ニ竹之内豊彦ナル氏名ヲ記入シタルトキハ、文書変造罪ヲ構成スルコト論ヲ俟タサルトコロナリ。」（大判昭一一・四・二四刑集一五・五一八）

一〇　私文書の無形偽造

一　私文書無形偽造罪と、その客体

（一）本罪は、医師が公務所に提出すべき診断書、検案書または死亡証書に虚偽の記載をすることによって成立する（刑一六〇条）。

ここに「医師」とは、医師法並びに付属関係法令（例、医師法施行規則）によって免許を受けて医業に従事する者をいう。若し医師以外の者が右の文書を偽造したときは、普通の文書偽造罪として処罰すべきであろう（同旨、大場・各論下四三六頁）。

（二）本罪の客体としての、(a)「医師の診断書」とは、医師が診断の結果に関する判断を記載して、病名その他、人の健康上の状態を証明するために作成した文書をいう。「公務所に提出すべき診断書」は、医師みずから提出するものであると、他の者によって提出せられるものであるとを問わない（大判大五・六・二六刑録二二・一一七九）。(b)「検案書」とは、医師が人の身体に対して検診したところを記載した文書をいう。例えば、医師が人の創傷につき詳細な調査をし、その結果を記したものの如きである。(c)「死亡証書」とは、医師が、その診療した患者の死亡した場合に、これに対して作るところの一種の診断書をいう。尤も、医師が診療したことのない人の死屍を取り調べ、その結果、特にその死因を記する検案書の如きも、なお死亡調書に算えることができる。

二　本罪の行為形式

（一）　本罪の行為としての「虚偽の記載」となるには、それが一定の事実に関すると、判断に関するとを問わず、真実に反するものなることを要する（大判大六・三・一四刑録二三・一八三）。従って例えば医師において、その診断にかかる患者は、引篭り安静加療を要するものでないことを認識していたに拘らず、その作成する診断書に、引篭り安静加療を要するものなる旨の記載をするが如きは、人の健康状態に関する診断の結果につき不実の記載したものといい得べきであるから、本罪を構成する（【235】）。

【235】（判旨）「刑法一六〇条ハ、公務所ニ提出スヘキ診断書検案書又ハ死亡証明書ニ医師カ虚偽ノ記載ヲ為シタル行為ヲ処罰スル規定ニシテ、其虚偽ノ記載ニハ事実ニ関スルモノニ限ラス、判断ニ関スルモノヲモ包含ス。故ニ医師カ其作成スル診断書カ公務所ニ提出スルモノナルコトヲ知テ、之ニ人ノ健康状態ニ関スル診断ノ結果ニ付キ不実ノ記載ヲ為ス行為ハ、刑法第一六〇条ノ犯罪ヲ構成スルモノトス。従テ若シ人ノ疾病ヲ診断シタル医師カ其引篭安静加養ヲ然ルヘシトスルモノニアラサルコトヲ認識シナカラ、其作成スル診断書ニ引篭安静加養可然旨ノ記載ヲ掲クルカ如キハ、是レ人ノ健康状態ニ関スル診断ノ結果ニ付キ不実ノ記載ヲ為シタルモノニ外ナラス。」（大判大五・六・二六刑録二二・一一八二）

（二）　多少疑問となるのは、医師の主観的信念において不実と信じたとしても、その記載事項が事実上真実に適合する場合は、本罪が成立するかとの点である。が、本罪は、かの偽証の罪などと異り、宣誓という主観的の誓約に違反する点が本質なのではなく、虚偽の証明を排斥しようとするところに立法理由があるのであるから、事実上真実に反するところがないかぎり、たとい医師においてこれを不実と信じたとしても、罪を構成することはないと解すべきであろう。判例も、この見解に従っている（【236】）。

【236】（判旨）「刑法第一六〇条ハ医師公務所ニ提出スヘキ診断書検案書又ハ死亡証明書ニ虚偽ノ記載ヲ為シタル行為ヲ処罰スル規定ニシテ、虚偽ノ記載ニハ事実ニ関スルト判断ニ関スルトヲ問ハス汎ク其記載事項ノ真実ニ適合セサルモノヲ包含スルヲ以テ、苟モ医師ニシテ故意ニ事実又ハ判断ニ関シ真実ニ適合セサル記載ヲ為スニ於テハ、之ヲ虚偽ノ記載ヲ為スモノト謂ハサルヘカラス。然リ而シテ同条ノ処罰規定ハ、原来虚偽ノ証明ヲ禁止スルヲ趣旨トスルモノナルヲ以テ、虚偽ノ記載タルニハ、其記載カ実質上真実ニ違背スルコトヲ要スルモノトス。従テ診断書等ノ記載カ実質上真実ニ適合シナカラ単ニ之ヲ作成スル医師ニ於テ誤テ之ヲ不実ト信シタル場合ノ如キハ同条ノ犯罪ハ成立スルコトナキモノトス。」（大判大五・六・二六刑録二二・一一八四）

（三）　虚偽記載の例としては、(a)医師が事実上診断していないのに診断した旨並びにこれに関し虚偽事項を記載するが如きは、本罪たる刑法一六〇条の罪と、別に医師法二〇条、三三条違反罪との競合となり（【237】）、(b)死亡原因を変更して記載する場合（【238】）や、(c)死亡日時を詐って記載するが如き（【239】）も、これに該当する。

【237】（判旨）「一医師カ公務所ニ提出スヘキ診断書ヲ作成スルニ当リ、診察ノ結果其認知シタル事項ニ反スル記載ヲ為シタル場合ハ勿論、自ラ診察ヲ為サスシテ診断書ヲ作成シ、之ニ診断ニ関スル虚偽ノ記載ヲ為シタルモノハ、孰レモ診断書ノ内容ニ関シ虚偽ノ記載ヲ為シタルモノナルカ故ニ、刑法第一六〇条ニ医師公務所ニ提出スヘキ診断書（中略）ニ虚偽ノ記載ヲ為シタルトキトアルニ該当シ、同条ニ依リ処断スヘク、而シテ特別法タル医師法第五条（新法第二〇条第三三条）ハ診断ノ内容ニ関スル虚偽ノ記載ヲ為シタルト否トヲ問ハス、単ニ自ラ診察セスシテ診断書ヲ交付スルノ所為自体ヲ処罰スルノ規定ニシテ、即チ特別法タル医師法第五条ト普通法タル刑法第百六十条ハ全然其処罰事項ヲ異ニシ、刑法第一六〇条ハ診断書ノ内容ニ関スル虚偽ノ記載ヲ禁止スルノ規定ニシテ、前記自ラ診察セスシテ診断書ヲ交付スルノ所為ニ就キテハ、特別法タル医師法第五条ノ規定ニ譲リ

タルモノト解スヘキモノトス。是ヲ以テ若シ本件事実ニシテ被告カ医師ノ免状ヲ有セサルニ拘ラス、医師西村有功ト共謀シ、同人カ自ラ診察セサルニ拘ラス診断書ヲ作成シタル行為ニ加功シタルニ止マランカ、医師法第五条ニ依リ処断スルヲ以テ足ルヘク、若シ又独リ右ノ行為ニ止マラス、診断書ノ内容ニ虚偽ノ記載ヲ為シタルモノナリトセンカ、一面ニハ医師法第五条ノ違反ナルト同時ニ、他面ニ刑法第一六〇条ノ犯罪ヲ組成スヘク、即チ一箇ノ行為ニシテ二箇ノ罪名ニ触ルルモノトシテ刑法第五条一項前段ニ依リ処断スヘキモノトス。」（大判大五・一・二七刑録二二・七三）

【238】（判旨）「原判示ニ依レハ、フヨハ柿木ヨリ墜落シ脳障害ヲ起シテ死亡シタルモノニシテ、被告ハ右事実即チフヨハ墜死ヲ遂ケタルモノナルコトヲ知レルニ拘ラス、公務所ニ提出スヘキ死亡診断書ニ此ノ事実ヲ記載セス、単ニ同人カ脳溢血ニ因リ病死シタル旨虚偽ノ記載ヲ為シ、之ヲ行使シタルモノナリト云フニ在リテ、証拠ヲ綜合スレハ之ヲ認定スルニ難カラス。而シテ墜死ハ論旨ニ掲クル内務省令ニ関スル死亡診断書記載例ニ所謂溺死、圧死等ト同シク変死ニシテ病死ニ非サルコト明ナルヲ以テ、原判決ニハ所論ノ如キ違法アルモノニ非ス（即チ刑一六〇条ノ罪ヲ構成ス）。」（大判大一二・二・二四刑集二・一二三）

【239】（判旨）「刑法第百六十条ハ公務所ニ提出スヘキ診断書、死亡証書ニ医師カ故意ニ虚偽ノ記載ヲ為シタル行為ヲ処罰スルコトヲ規定シ、因テ以テ人ノ疾病、死亡等ニ関スル虚偽ノ記載ヲ禁止セントスル趣旨ニシテ、其ノ虚偽ノ記載ニハ事実ニ関スルト判断ニ関スルトヲ問ハス汎ク其ノ記載事項ノ不実ナルモノヲ包含スルモノナルカ故ニ、苟モ医師ニシテ故意ニ前示診断書等ニ不実ノ記載ヲ為シタルトキハ、其ノ記載事項カ死亡ノ日時ニ関スル場合ニ於テモ同条ニ所謂虚偽ノ記載ヲ為シタルモノニ該当スルモノトス。」（大判昭一三・六・一八刑集一七・四八四）

偽証罪および誣告罪における虚偽の概念

久礼田益喜

はしがき

誣告罪における「虚偽」は、通説・判例とも一致して客観的真実に反する事実の意義に解しているに反し、偽証罪における「虚偽」については、学説上、客観的真実に反する事実であるとする客観説と、証人・鑑定人・通事らの記憶や意見に反することであるとする主観説とが対立し、判例は終始主観説の立場を堅持している。本稿は、判例を中心として、必要最少限度に学説を参照しながら、右両罪の虚偽の概念を明らかにすることを目的とするものであるが、判例を中心とし判例の紹介に力点が置かれた関係上、理論的な解明に不十分なところがあるを免れない。また、順序を先ず偽証罪について説明し、次いで誣告罪を説明し、両者を並べて総合的に説明していないので、あるいは、明確に両者の相違点を捉えていない欠点があるかも知れない。更に、本稿は、偽証罪および誣告罪に関する全部の判例に触れているものではなく、右両罪における「虚偽」の概念を明らかにするために必要な限度において、判例を整理・分類しかつこれを解説したに過ぎないものである点にも留意されたいのである。

一　偽証罪における虚偽の概念

刑法第二編第二十章の偽証罪は、狭義の偽証罪（刑一六九条）と虚偽の鑑定・通訳の罪（刑一七一条）に分れ、狭義の偽証罪は、「法律ニ依リ宣誓シタル証人」が、「虚偽ノ陳述」をすることによって、虚偽の鑑定・通訳の罪は、「法律ニ依リ宣誓シタル鑑定人又ハ通事」が、「虚偽ノ鑑定又ハ通訳」をすることによって、それぞれ成立する。本項は、判例における「虚偽ノ陳述」、「虚偽ノ鑑定又ハ通訳」の意義を明らかにすることを目的とするものであるが、これに必要な限度においては、偽証罪（広義）の本質に関する学説・判例や「法律ニ依リ宣誓」の意義及び宣誓違反（偽誓）と偽証罪との関係に関する学説・判例に触れなければならない。

一　偽証罪の本質

わが旧刑法（二一八条乃至二二五条）及び現行刑法の草案は偽証罪をもって信用を害する罪の一種として規定した。これは、国家が偽証罪を罰するのは、証人・鑑定人及び通事の証言・鑑定及び通訳の真実であることに対する一般の信用を確保する趣旨に出たものと解したためであろう。現行刑法も規定の順序配列からみると、このように解しているようであるが、偽証罪が直接に侵害する法益は、信用というよりも、むしろ主として国家の法制にもとづく審判権の適当な行使にあると解すべきであり、これが現在の通説的見解である（拙稿・犯人蔵匿罪、証憑湮滅罪及び偽証罪、刑事法講座Ⅳ七五〇頁、拙著・概説五二三頁以下、泉二・各論三六三頁、小野・各論三七頁、宮本・学粋七八〇頁、同・大綱五〇五頁、滝川・各論（昭八）二六頁、木村・各論三四七頁、斉藤・各論一〇四頁等）。

判例として次のものがあり、判例も通説と同一の立場に立つものといえよう。

【1】　親族間の民事訴訟につき、自己を有利にするため偽証教唆したという事案である。「偽証ノ罪ハ其ノ性質上公ノ法益ヲ害スル犯罪ニ属シ窃盗ノ罪又ハ詐欺ノ罪ノ如ク私ノ法益ヲ害スル犯罪ト性質ヲ異ニスルヲ以テ刑法第二百四十六条第二項ノ詐欺罪ヲ犯ス者カ其ノ手段トシテ人ヲ教唆シ偽証ヲ為サシムルトキハ其ノ行為ハ前掲第二百四十六条第二項ノ外刑法第百六十九条第六十一条第一項ニ該当シ両者ハ手段結果ノ関係アルヲ以テ同法第五十四条第一項後段ノ適用ヲ受クヘキモノトス故ニ犯人ト被害者トノ間ニ於ケル親族関係上其ノ詐欺罪ニ付刑法第二百五十一条第二百四十四条ニ依リ刑ヲ免除スル事由存スル場合ニ在テモ偽証教唆ノ点ニハ毫モ刑ヲ免除スル事由存セサルヲ以テ之ニ対シテハ偽証教唆罪ノ罰条ヲ当行スヘキモノトス」（大判大一二・一一・二六刑集二・八三八）

右【1】は、窃盗罪や詐欺罪のような私の法益を害する犯罪と異った公の法益を害する犯罪であるとしているだけで、公の法益を害する犯罪のうちでどのような公の法益を保護法益としているかについては言及していない。次の判例はこの点を明確にしている。

【2】　「苟クモ法律ニ依リ宣誓シタル証人カ虚偽ノ陳述ヲ為シタル以上ハ証言スヘキ事実カ被告事件タルト被疑事件タルトヲ問ハス偽証罪ヲ構成スルモノト解セサルヘカラス按スルニ法律カ偽証罪ヲ規定スルニ至レルハ国家審判権ノ確正ヲ保護スルノ目的ニ出テタルモノナリト雖被疑事件ニ於ケル偽証ハ将来当該被疑事件カ被告事件トシテ裁判所ニ繋属スルコトアル場合ニ於テ誤判ヲ惹起スルノ蓋然的危険性ヲ帯フルモノニシテ之ヲ放任スルカ如キハ一般的ニ審判権ノ保護ヲ全ウスル所以ニ非サルカ故ニ斯ル偽証モ亦之ヲ処罰スルコト刑法第百六十九条ノ精神ナリト認ムルヲ以テ至当トス」（大判昭一一・八・三刑集一五・二〇五）

この事案の第二審判決が認定した偽証関係の事実は、「第一、　被告人安藤てるハ小林武次郎ヨリ……

……小山松吉カ検事総長時代小林武次郎等ヨリ請託ヲ容レ斡旋尽力シタル謝礼ニ同人ヲ鯉住ニ招待スル

旨告ケラレタルコトナク又小山松吉カ昭和七年三月三十一日鯉住ニ於テ小林武次郎ヨリ酒食等ノ饗応ヲ受ケタルコトナク且同日同所ニ小林武次郎ヨリ其ノ客ノ一人ヲ小山検事総長ナリトシテ紹介サレタルカ如キ事実ナキコトヲ知悉シ居リタルニ拘ラス小山松吉小林武次郎沼間敏朗等ニ対スル瀆職被疑事件ノ告発人タル被告人岡本一巳並ニ同人ノ知己タル被告人実川時治郎等ヨリノ懇情ヲ容レ昭和九年四月三日前記瀆職被疑事件ノ証人トシテ東京地方裁判所ノ予審廷ニ於テ宣誓シタル上証言ヲ為スニ当リ予審判事ニ対シ小林武次郎ハ昭和七年三月中鯉住ニ於テ自分（被告人安藤てる）ニ対シ同人カ共産党関係事件ニテ検挙セラレタル際沼間敏朗ヲ介シ当時検事総長タリシ小山松吉ニ寛大ナル処分ヲ受クル様斡旋方ヲ懇請シタル結果同人ノ尽力ニ依リ軽微ナル犯人蔵匿罪ノミニテ起訴セラレ懲役六月二年間執行猶予ノ寛大ナル判決ヲ受クルニ至リタルノミナラス小山検事総長ノ斡旋ニヨリ刑務所内ニ於テモ酒煙草ハ勿論ウイスキー迄モ供給セラレ何人ヨリモ優遇セラレタルニヨリ其ノ御礼ニ近々同検事総長ヲ鯉住ニ招待スル旨申シ居リ其ノ後同年三月三十一日夜小林武次郎カ見知ラヌ客三名ヲ鯉住ニ同伴シ来リ酒食等ノ饗応ヲ為シタルカ其ノ内モーニング著用ノ背丈ケ低ク年齢五十四、五歳位ノ客ヲ小山検事総長ナリトシテ紹介シタルヲ以テ自分ハ其ノ御客ヲ小山検事総長ナリト確信シタル旨虚偽ノ陳述ヲ為シ以テ偽証シ」たというのであって、旧刑訴二五五条の強制処分としての証人訊問の際における虚偽の陳述が問題となったのであるが、偽証罪の本質について明確に通説と同一の立場に立つことを明らかにしている点で注目すべき判例である。また、この事案は検事総長から司法大臣となった小山松吉氏が瀆職罪について誣告を受けたことに関連したもので、当時社会的にも大きな波紋を投げたものであった。

二　「法律ニ依リ宣誓」の意義及び宣誓違反（偽誓）と偽証罪との関係

「法律ニ依リ宣誓」した証人・鑑定人又は通事でなければ、偽証罪（広義）の主体とならない。この意味において偽証罪は身分犯の一種である。この点について、次の判例がある。

【3】　数名の者が謀議して、各種の民事事件について有利な判決を得るため順次偽証した、という事案について、「犯人ノ身分ニ因リ構成スヘキ犯罪行為ニ身分ナキ者カ加功シタルトキハ其ノ身分ナキ者ト雖仍共犯ヲ以テ論スヘキモノナルコトハ刑法第六十五条第一項ノ明定スル所ニシテ其ノ加功行為ノ種類如何ニ依リ或ハ共同正犯タル場合アルヘク或ハ教唆若ハ従犯タル場合アルヘキハ当然ナリトス而シテ偽証罪ハ法律ニ依リ宣誓シタル者ニ非レハ犯スコトヲ得サル犯罪ナルヲ以テ同条項ニ所謂身分ニ因リ構成スヘキ犯罪行為ニ該当スルモノト謂フヘク身分ナキ者カ此ノ犯罪行為ニ加功シ相共ニ偽証ヲ為サムコトヲ謀議シ以テ之ヲ遂行シタルトキハ……右身分ナキ者モ亦偽証罪ノ共同正犯ヲ以テ律スヘキモノナレハ原判決カ判示偽証ノ事実ニ付身分ナキ被告人ノ行為ニ対シ刑法第六十五条第一項及同第六十条ヲ適用シ以テ同法第百六十九条ノ罪責ヲ負ハシメタルハ正当ニシテ所論ノ如キ違法アルコトナシ」（大判昭九・一一・二〇刑集一三・一五一四）

宣誓とは、特定の事件に関し証人・鑑定人又は通事としてその陳述・鑑定又は通訳をなすにあたって、その証言・鑑定又は通訳が真実であること又は誠実に行わるべきことを確保するため誠意を表明する目的をもって当該官庁に対してなす誓約をいう（拙著・概説五二四頁）。宣誓は法律によるもの即ち法律の根拠がある場合に限って偽証罪の要件たる宣誓となるのである。法律による宣誓の行われる場合を列挙すれば次のとおりで、民事事件、刑事事件、国政調査事件及び懲戒事件等に関し広く規定されている。

（一）民事訴訟法（二八五条乃至二八八条、一三四条、三〇一条、三〇七条）宣誓方式は、起立して厳粛にこれを行い、宣誓前宣誓の趣旨を諭示し「且つ偽証の罰を警告し、良心ニ従ヒ真実ヲ述べ何事ヲモ黙秘セス又何事ヲモ附加セサルコトヲ誓フ」（証人の場合）、「良心ニ従ヒ誠実ニ鑑定ヲ為スコトヲ誓フ」（鑑定人の場合）、「良心ニ従ヒ誠実ニ通訳ヲ為スコトヲ誓フ」（通事の場合）と記載された宣誓書を朗読させて（朗読不能のときは裁判長代読）これを行うのである。宣誓は特別の事由ある場合のほか、証人らの尋問前に行われる。

（二）刑事訴訟法（法一五四条、規一一六条乃至一二〇条、法一六六条、規一二八条、法一七八条）宣誓方式はほとんど民事訴訟法の場合と同じである。ただ、民事訴訟と異る点は、必ず尋問前に宣誓させなければならないこと、宣誓書が口語体になっていて、「良心に従って、真実を述べ何事も隠さず、又何事も附け加えないことを誓います」（証人の場合）、「良心に従って、誠実に鑑定をすることを誓います」（鑑定人の場合）、「良心に従って、誠実に通訳をすることを誓います」（通事の場合）となっていること、朗読不能の場合の代読は裁判所書記官が行うこと、等である。

（三）非訟事件手続法（一〇条）　人証及び鑑定に関する民事訴訟法の規定を準用する。

（四）民事調停法（二二条）、家事審判法（七条）　非訟事件手続法第一編を準用している結果、同法一〇条の準用によって、右民訴の規定が準用される。

（五）特許法（一三二条、一三三条の二、九七条の二、一〇〇条）　民事訴訟法の規定を準用し、「法律ニ依リ宣誓シタル証人、鑑定人又ハ通事特許庁又ハ其ノ嘱託ヲ受ケタル裁判所若ハ官庁ニ対シ虚偽ノ陳述ヲ為シタルトキハ三月以上十年以下ノ懲役ニ処ス」（二一三条）という刑法一六九条の特別法を規定している。

（六）　実用新案法（二六条、三〇条、二一条の二）、意匠法（二五条、二九条、三〇条の二）、商標法（二四条、三六条、三六条の二）　特許法の規定を準用し、同法と全く同様の刑法一六九条の特別規定を設けている。

（七）　議院における証人の宣誓及び証言等に関する法律（二条、三条、六条）　宣誓方式は刑事訴訟法と同様であり、刑法一六九条の特別法（六条）を定めている。

（八）　裁判官弾劾法（二九条）　刑事訴訟法を準用している。

法律による宣誓として偽証罪が成立するか否かに関し争のある問題に、法律上宣誓をさせることができないとき（たとえば旧刑訴二〇一条の場合）に宣誓させた場合がある。この場合につき三つの学説がある。その第一説は、「偽証罪を認める趣旨は虚偽の陳述者を罰する点にある。即ち、実質的には陳述が重んぜられ、宣誓は陳述に附随的のものに過ぎない。しかし犯罪成立の確実性を期待することは、刑法の根本的要求である。この立場に立つ限りにおいて、宣誓をなさしめてはならない者に対し宣誓を命じたとしても、偽証罪の成立を認むべきでない」とする（滝川・各論（全）一四五頁）。この説に立つものと考えられる次の判例があり、これは最高裁判所が次の第二説に立つものと考えられる多数の大審院判例と反対の見解を採り、これを変更したものと解されるので、極めて重要な判例である。ただ、これは旧刑訴に関するものであることに留意しなければならない。

【4】 自己が刑事訴追を受ける虞のある事項について、他人の刑事事件につき、宣誓の上、数名の客に酒・料理を提供した事実があるにかかわらず、その事実がないという虚偽の陳述をした、という事案である。「右旧刑訴一八八条一項該当の場合において、証言拒絶権を行使しない証人に対しては裁判所は宣誓せしめてはならないことは、同法二〇一条一項の明文に照らして明らかなところである。そして、偽証罪を定めた刑法一六九条にいわゆる『法律ニ依リ宣誓シタル証人』とは、法律上宣誓せしめ得る証言事項につき宣誓したる証人と解するを相当とし、従って前記の如く法律上宣誓せしめ得ない証言事項につき宣誓したる証人を含まないと解すべきである。また旧刑訴二〇一条三項に『第一項ニ掲クル者宣誓ヲ為シタルトキト雖其ノ供述ハ証言タルノ効力ヲ妨ケラルルコトナシ』とある規定の趣旨は、宣誓せしめずして訊問しなければならないこの場合に、宣誓せしめて訊問したその証言の証拠能力の有無如何についての疑義を除いた趣旨の規定であって、かかる規定があるからといって右のような場合の宣誓をもって偽証罪を定めた刑法一六九条にいわゆる法律による宣誓の効力を有するものと解することはできないのである。されば本件の場合富山地方裁判所出町支部において被告人が宣誓の上証言をしたとしても同被告人を刑法一六九条にいう『法律ニ依リ宣誓シタル証人』ということはできない。しからばこれを偽証罪に問擬し被告人を有罪とした原判決は偽証罪に関する法律の解釈を誤った違法があり、したがって所論後段の論旨は結局理由があることに帰着する。」（最判昭二七・一一・五刑集六・一二五九）

なお、この判例には、後述第二の説に立つ斎藤裁判官の少数意見が付せられていることに留意しなければならない。

第二の説は、「証人たる資格なきものにして其資格を詐りたるか又裁判所に於ける此の点の取調粗に失したるが為め斯の如き者も往々適式の宣誓を為したる上虚偽の陳述を為す場合に於ては行為者に偽証罪の責任あるものとす」（大場・各論下八四八頁）とするものである。前記【4】が出るまでは、判例はこの説に立っていたのであって、次のような判例がある。

【5】「刑法第百六十九条ニ所謂『法律ニ依リ宣誓シタル証人』トハ法律ノ規定ニ従ヒ適式ニ宣誓ヲ為シタル証人ノ謂ナレハ苟モ適法ニ宣誓シタル証人虚偽ノ陳述ヲ為スニ於テハ縦令其証人カ宣誓ヲ為ス資格ナキコトヲ隠秘シテ宣誓シタル場合ト雖モ偽証罪ノ成立ヲ妨クルモノニ非ス何トナレハ所謂宣誓資格ナルモノハ当該官カ因テ以テ証人ニ宣誓ヲ命スヘキヤ否ヲ決スル規定ニシテ当該官ハ其資格ナキ証人ニ対シ宣誓ヲ命スルコトヲ得サルノ趣旨ニ過キス証人ニシテ其資格ヲ詐ハリ宣誓ヲ為シタル場合ニ於テ其宣誓ヲ無効ト為スヘキモノナリト解スルハ法ノ精神ニ非レハナリ」（大判明四二・六・八刑録一五・八〇八）

この判例と同趣旨のものとして、旧刑法二一八条の偽証罪につき、大判明三五・二・二七刑録八・一六七、同明四一・五・八刑録一四・四九六、現行刑法一六九条につき、大判明四二・一一・一刑録一五・一四九八、同明四二・一一・一一刑録一五・一五七三、同明四三・四・五刑録一六・五二三、同明四三・九・三〇刑録一六・一五八五、同明四四・二・二一刑録一七・一五七、同大四・一・二六刑録二一・一八、同大一二・四・九刑集二・三二七、同大一五・七・五新聞二五七五・一〇、同昭四・八・二新聞三〇四七・九、同昭一一・一一・一八刑集一五・一四九〇、同昭一七・一二・二四新聞四八二八・一五、等多数の判例がある。

なお、現行刑事訴訟法では、旧刑訴二〇一条の宣誓をさせないで尋問すべき場合のうち、宣誓の趣旨を理解できない者だけを宣誓させないで尋問すべきものとし（刑訴一五五条）、その他の場合（証言拒絶権を有する者の場合が主要なものである）は宣誓をさせることとなったので（同一五四条）、宣誓をさせるべきでないのに誤って宣誓させたことが問題となるのは宣誓の趣旨を理解できない者についてだけとなった

(牧野・各論上二六四頁)。そして、証言拒絶権と偽証罪の関係について次の最高裁決定が出て、証言拒絶権を有する者にも偽証罪が成立すると判示されたのである。

【6】「第一審判決挙示の証拠により証人吉川八重子は宣誓の上虚偽の陳述をしたものであることが明らかであり真実が如何なるものであるかはこれを判示する必要はない。また何人も自己が刑事訴迫を受け又は有罪判決を受ける虞のある証言を拒むことができることは刑訴一四六条の規定するところであるが証人がこの証言拒絶権を抛棄し他の刑事事件につき証言するときは必ず宣誓させた上でこれを尋問しなければならないのである。それゆえかかる証人が虚偽の陳述をすれば刑法一六九条の偽証罪が成立するのである。されば本件につき証人吉川八重子が所論の如く証言拒絶権があるとしても同証人は拒絶権を抛棄し宣誓の上虚偽の証言をしたものであるから偽証罪は成立したものというべく被告人が右証人を教唆して偽証させたときは偽証教唆の責を免れないものと解すべきである。」(最決昭二八・一〇・一九刑集七・一九四五)

第三の説は、宣誓無能力者と宣誓無資格者に分け、「宣誓を為さしむべからざる理由が狂人の精神状態の不完全なる為め宣誓の何たるかを理解する能はざることに在る場合に於ては仮令宣誓を為したりとするも本罪の主体たり得ざるものと解すべく其他の場合に於ては本罪の主体たり得るものと解すべきである」(木村・各論三四七頁、泉二・各論三六六・三六七頁、小野・各論三八・三九頁、拙著・概説五二五頁以下等)とする。学説としてはこの説が通説である(前掲拙稿・刑事法講座七六一頁)。判例としてこの説に立つものは見当らない。これは実務上十六歳未満及び宣誓の趣旨を理解できない者などいわゆる宣誓無能力者(民法二八九条刑法一五五条)の偽証罪が問題となって来ないからであろうと思われる。

偽証罪は右の如く法律による宣誓を前提として、証人・鑑定人又は通事の虚偽の陳述・鑑定又は通訳を処罰するのであるが、宣誓違反そのものを処罰するのではない。宣誓違反そのものを処罰するのはいわゆる偽誓罪(Meineid)で、ドイツ刑法第二編第九章一五三条以下では、宣誓しないでする虚偽の陳述(falsche uneidliche Aussage)と偽誓(偽って宣誓する(falsch schwört)こと)とを区別して処罰している。わが刑法は虚偽の陳述・鑑定・通訳だけを処罰し、その処罰を宣誓にかからしめているのであって、偽誓を処罰していないが、宣誓が前述のように良心に従って陳述・鑑定・通訳をすることを要求しているから、良心に反して虚偽の陳述・鑑定・通訳をすることは信義違反であり、偽証罪は宣誓違反の虚偽の陳述等を処罰するものであるとする学説(宮本・学粋七八二頁以下)もあるのであり、宣誓違反と偽証罪とに相当深い関連があるものというべきである(前掲拙稿・刑事法講座七四九頁以下。植松・各論三九頁は、「罪名は偽証罪であっても、かように宣誓ということが犯罪成否の分岐点となっているので、その本質をドイツ流に偽誓罪(Meineid)と呼ぶ人もある。つまり、それは真実に反する陳述というよりも、宣誓に違反する陳述として刑罰に値するものとするのである」と説明しているのである。)。この点に関し、参考となる判例として次のものがあり、これらは偽証罪は宣誓違反の罪であると解しているものと考えられるのである。

【7】「苟モ証人トシテ宣誓ノ上裁判所ノ為ス訊問事項ニ付真実ヲ述ヘス若クハ事実ヲ隠蔽シテ虚偽ノ供述ヲ為シタル以上仮令其証言カ裁判ノ結果ニ対シ法律上何等ノ影響ヲ来スヘキ虞レナキ場合ニ於テモ尚偽証罪ヲ構成スヘキコトハ本院判例トシテ夙ニ認ムル所ナリトス何トナレハ偽証罪ナルモノハ其本質ニ於テ宣誓違反ノ行為ニ外ナラサレハナリ」(大判明四四・二・七刑録一七・三九)

【8】「偽証罪ノ構成要件トシテ証人カ宣誓ヲ為シタル上裁判官ノ訊問ニ対シ虚偽ノ供述ヲ為スヲ要スルハ論ヲ竢タスト雖モ其供述カ事件ノ裁判ニ影響ヲ及ホスヘキ虞アルモノタルコトヲ要スルヤ若クハ証人カ裁判官ノ訊問ニ対シ虚偽ノ供述ヲ為シタル以上ハ其ノ供述カ事件ノ裁判ニ影響ヲ及ホス虞ナキ場合ト雖偽証罪ハ尚成立スヘキヤニ付テハ学説数派ニ分カレ立法例モ区区ニシテ英仏ノ刑法ハ第一ノ主義ヲ採用シ独逸刑法ハ第二ノ

主義ヲ採用スル所ナリ我旧刑法ハ偽証罪ノ構成要件トシテ『被告人ヲ曲庇スル為メ』又ハ『被告人ヲ陥害スル為メ』ト前提シ其第二百十八条及ヒ第二百十九条ニ之カ規定ヲ設ケ且ツ其規定ハ仏国刑法ノ例ヲ襲踏シタリト信スヘキ理由アルヲ以テ旧刑法ノ解釈トシテハ第一説ヲ支持スヘキ有力ナル論拠アルハ否定スルヲ得スト雖モ現行刑法ハ其第百六十九条ニ於テ『法律ニ依リ宣誓シタル証人虚偽ノ陳述ヲ為シタルトキハ云々』ト規定シ旧刑法ニ規定スルカ如キ特別ノ条件ヲ設ケサルヲ以テ法文ノ解釈上偽証罪ノ構成要件トシテハ証人カ宣誓ノ上裁判官ノ訊問ニ対シ虚偽ノ事実ヲ陳述シタルノミヲ以テ足リ其陳述カ裁判ノ結果ニ影響ヲ及ホスノ虞アルヤ否ヤハ之ヲ問フノ必要ナキモノト論セサルヲ得ス唯偽証罪ヲ罰スル立法上ノ理由ニ溯リ之ヲ正当ナル裁判ヲ誤ラシムルノ罪トシテ観察スルトキハ裁判ノ結果ニ何等ノ影響ナキ虚偽ノ陳述ニ対シテハ証人ニ刑罰ヲ科スルハ一見酷ニ失シ其必要ナキニ似タリト雖モ凡ソ裁判所カ証人ノ訊問ヲ為スハ之ニ対スル証人ノ供述ヲ得テ其事件ニ関スル心証ヲ作為センカ為メニシテ其供述カ事実認定ノ資料トナルヘキヤ否ヤハ専ラ裁判所ノ自由ナル心証ニ依リ定マルヘキモノナレハ証人供述カ果シテ裁判ニ影響ヲ及スヘキ虞アリタルヤ否ヤヲ判別スルコト困難ナル場合往往ニシテ之アリ従テ其供述ノ結果ニ及ホス影響ノ如何ニ依リ偽証罪ノ成立不成立ヲ定ムルニ於テハ証人ノ供述動モスレハ不実ニ流ルルノ弊ヲ生シ之カ為メ一般裁判事務ノ進行ヲ阻害スルニ至ルヘキヲ以テ宣誓ヲ為シタル証人ニ対シテハ訊問事項ノ何タルニ拘ラス虚偽ノ陳述ヲ為スコトヲ許サス刑罰ノ下ニ真実ノ供述ヲ為サシメ敢テ違フコト勿ラシムルハ刑事政策上緊要ナルノミナラス証人カ既ニ裁判所ニ対シ真実ヲ述ヘ何事ヲモ黙秘セス又附加セサルコトヲ宣誓シタル以上ハ其事項ノ如何ニ拘ハラス裁判所ノ訊問ニ対シ虚偽ノ陳述ヲ為スハ宣誓証人トシテノ義務ニ違背シタルモノナレハ之カ制裁トシテ偽証罪ノ刑ニ服スヘキハ勿論ニシテ刑法第百六十九条カ証人ノ為シタル虚偽ノ陳述ノ結果ニ付何等ノ区別ヲ設ケサリシハ全ク此精神ニ出テタルモノト解セサルヘカラス是レ従来示ス所ノ判例ニシテ之ヲ維持スルヲ相当トス」（大判大三・九・五刑録一九・八四四）

牧野博士は、偽証行為の内容に二個の説があり、その一は、これをもって虚偽の証拠資料を官に提供するものと解し、その二は、これをもって宣誓違反の行為なりと解するとし、判例は後者の見解を採ると説明されている（各論上二六六頁、同旨、斉藤・各論一〇六頁）。

更に、宣誓は尋問前に行われるのが、原則であるが尋問後に宣誓させた場合（民訴二八五条但書。刑訴では規一一七条によって必ず尋問前に宣誓させなければならなくなったので、この問題はなくなった。）になお偽証罪が成立するかについて、学説上の争がある。

積極説は、「法律カ偽誓（Meineid）ヲ罰スルニ非スシテ陳述前ニ先ツ宣誓シタル証人宣誓後ニ虚偽ノ陳述ヲ為スコトヲ罰スル趣旨ナリトセハ宣誓カ陳述前ニ在ルヲ要スルモノナリト雖モ法律ハ宣誓シタル者ト宣誓セサル者トヲ区別シ前者ヲ本罪ノ主体トスル主旨ニ外ナラサルカ故ニ宣誓ト陳述トノ前後ノ関係ハ宣誓シタル証人トシテノ身分ニ影響ナキモノト解スルヲ可トス」（泉二・各論三六八頁以下）とし、あるいは、「偽証ノ本質ハ良心性ヲ仮装セル虚偽ノ陳述ヲ表現スルニ在リ。故ニ先ツ虚偽ノ陳述ヲ為シタル場合ニハ、其後ノ宣誓ヲ為スコトカ偽証罪ノ実体ヲ為スモノニシテ、宣誓カ処罰条件トナルニアラス」（宮本・学粋）とするのである。

消極説は、「訊問後に於て証人が宣誓を為したる場合に於ては其先に為したる陳述が虚偽なりし場合に於ても本罪を構成することとなし」（大場・各論下八四〇頁、吉田・刑法三六三頁）とするのである。

判例は積極説の立場に立っていて、次の判例がある。

【9】「刑法第百六十九条ノ偽証罪成立スルニハ証人カ適法ニ宣誓シタル後ニ於テ虚偽ノ陳述ヲ為シタルコトヲ必要トセス証人カ（一）法律ニ従ヒ宣誓シタルコト及ヒ（二）故意ニ虚偽ノ陳述ヲ為シタルコトノ二要素併存スルヲ以テ足ル宣誓カ陳述ノ前ニ在ルト其後ニ在ルトニ因リテ本罪ノ構成ニ影響ヲ及ホスコトナク証人カ

民事訴訟法第三百六条第二項ニ依リ訊問終了後ニ於テ宣誓シタル場合ト雖モ苟モ証人トシテ故意ニ虚偽ノ陳述ヲ為シタル以上ハ偽証罪ノ責ヲ辞スルコトヲ得サレハナリ」（大判明四五・七・二三刑録一八・一一〇〇）

三　虚偽の陳述等の意義

この点については、学説上、客観説と主観説との対立がある。

客観説は、客観的真実に合致するかどうかを標準とする。虚偽とは客観的真実に反することをいうとするのである。そして、「虚偽の陳述をするというのは、真実に反する事実を陳述することである。陳述すべき事実を黙秘することも、真実に反する陳述の一形態である。記憶にそむいて陳述する意図のもとに、偶然にも事実の真相に符合する陳述をした場合は、偽証罪にならない。註、偽証罪は国家の司法権の機能を保護対象とする。証人が記憶にそむいて陳述する意図のもとに陳述したとしても、証言の内容が客観的真実に合致している以上は、事件の判断を誤らすおそれはないはずである。しかし通説は、この場合に偽証罪の成立を認める。宣誓違反を罰するというのならば、問題は別である。国家の司法権の機能を保護する目的からいえば、通説は証人の主観に重きをおきすぎているように思う」（滝川・各論（昭二六）二八四頁、滝川・各論（昭八）二八頁、同旨、新保・各論二〇九頁、岡田庄・各論一一四頁、吉田・刑法三六三頁）、「虚偽の鑑定、通訳は、自己の信ずるところに反する意見を述べることである。偶然に客観的真実に符合するときは犯罪を構成しない」（滝川・各論（昭二六）二八五頁）と主張するのである。なお、客観説に立ちながら、折衷的な見解を示すものとして、植村・各論四一頁以下がある。（二）

（一）「いかに記憶に反したことを述べても、客観的真実に合致しているかぎり、国家の審判権を害する虞はない。……しかし、客観的真実に合するか否かというのは、陳述自体についていうのであって、当該裁判所事件における審判の対象たる事実に関するのではない。たとえば、甲が乙を殺害したことを伝聞したに過ぎない丙がそれを目撃したように陳述することは、甲が乙を殺したという審判の対象たる事実に相違なくとも、伝聞を目撃と述べた点において陳述自体に虚偽があるといわなければならない。従って、証人が記憶に反したことを陳述したにかかわらず、それが客観的真実に合致していたということは、おおむね証人の錯誤に基づく場合にしかあり得ないことになる。かような考は、従来から客観的として理解されている見解（島田・各論四九頁、滝川・各論二八頁）とは、恐らく異なるであろうが、かように説いてこそ、客観の正当性を主張し得るのである」とする。なお、大場・各論下八四二頁以下の見解も同様な折衷的見解である。

主観説は、証人・鑑定人・通事の主観的な記憶や意見を標準とする。虚偽とは、証人の記憶に反し、鑑定人・通事の所信に反することをいう、とするものである。証人につき、「『虚偽』とは真実に反することである。而して証人は『良心ニ従ヒ真実ヲ述ブル』義務を負うものであるから、その真実は証人の誠実な主観を標準とすべきである」（小野・各論四〇頁、泉二・各論三六九頁、宮本・学粋七八五頁、斉藤・各論一〇六頁）とし、あるいは、「陳述は一定の事実に関し、証人の実験上の知識に反した場合に限つて虚偽であると云ふことが出来る。換言すると、虚偽であるかどうかは証人の供述が証人自身の実験に符合して居るかどうかに依つて別れる。それ故自分の知らない事実を知つて居ると陳述するのは、たとへ其の陳述に係る事実が偶然真実に符合した場合でも、猶ほ虚偽の陳述であり、また現に知つて居る事実を知らないと云ふやうな場合でも亦実験上の知識に反する虚偽の陳述である」（拙著・概説五二七頁）とし、鑑定人につき、「虚偽の鑑定とは、自己の所信に反する意見を述べることである」（小野・各論四三頁）、「虚偽の鑑定とは……不誠実且不公平な判断を下すことを謂ふのである」（拙著・概説五三〇頁）、通事につき、「其の通訳が不誠実な場合には即ち虚偽の通訳を為したものである」（拙著・概説五三一頁）、「虚偽ノ通訳トハ一方ノ表示シタル思想ヲ故意ニ変更シテ他ノ一方ニ通達スルノ義ナリ」（泉二・各論三七二頁）等とするのであって、通説である。団藤教授は客観説を、「この見解によれば、証人が偽証の意思をもって陳述してもたまたまそれが真実に合致すれば偽証罪にならない。これは裁判（ないし懲戒処分）を誤らせるおそれがなく、かような行為をも処罰するのは立法趣旨の限界を超えるという点に根拠をもつ。しかし、この見解を貫けば、自己の記憶に反する事実をそれにもかかわらず真実と信じて陳述したばあいには、それが真実でなかったときも、故意を欠くものとして無罪となるとしなければならない。かようにして立法趣旨から立論しながら立法趣旨に反する結論を生み出すことになる」と批判している。判例は終始主観説をとっている。それは、旧刑法当時に始まり現在までそれが受け継がれているのである。

証人の虚偽の陳述に関し、次の判例がある。

【10】「刑法〔旧〕第二百十八条ノ偽証罪ハ刑事ニ関スル証人トシテ呼出サレ被告人ヲ曲庇スル為メ事実ヲ掩蔽シテ虚偽ノ陳述ヲ為スニ依リテ成立スルモノナレハ現ニ或事実ヲ見聞シタル証人カ其現ニ見聞シタル事実ヲ全部又ハ一部隠蔽シテ其現ニ見聞シタル事実ヲ見聞セスト称シ又ハ自己ノ見聞シタル事実ト異ナリタル事実ヲ見聞シタリト称シ虚偽ノ供述ヲ為シタル場合ハ勿論或事実ヲ見聞セサル証人カ現ニ之ヲ見聞シタリト称シ虚偽ノ陳述ヲ為シタル場合ニ於テモ亦偽証罪ハ完全ニ成立スヘク此後ノ場合ニ於テハ証人カ現ニ見聞シタリト偽リタル事実カ偶々実際ノ事実ニ適合スルモ其証人ハ尚ホ且ツ偽証罪ノ犯人トシテ刑事上ノ責任ヲ負ハサルヲ得ス」（大判明三五・九・二二刑録八・三三）

【11】「事実ヲ見聞セサル証人カ現ニ之ヲ見聞シタリト称シ虚偽ノ陳述ヲ為ス時ハ偽証罪ハ完全ニ成立スルモノニシテ証人カ現ニ見聞シタリト偽ハリ陳述シタル事実カ実際ノ事実ニ符合スルト否トハ偽証罪ノ成立ニ何等ノ影響ヲ及ホスヘキモノニアラサルコトハ本院判例ノ夙ニ認ムル所ナリトス故ニ証一号ハ所論ノ如ク仮令ヒ相沢等ノ手記ニ出テタルモノトスルモ又右衛門カ相沢等ノ手記スル所ヲ実際目撃シタルコトナキニ之ヲ目撃シタルカ如ク虚偽ノ供述ヲ為シタルハ即チ一ノ偽証ニシテ其行為ハ偽証罪ヲ構成スルモノナレハ原院カ又右衛門ヲ教唆シタル被告ノ所為ヲ偽証教唆罪ニ問擬シタルハ不法ニアラス」（大判明四二・六・八刑録一五・七三五）

【12】「苟モ証人カ其実験セサル事実ヲ実験シタルモノノ如ク偽リ証言スルトキハ常ニ偽証罪ヲ構成スルモノニシテ其証言カ偶々事実ニ適合スルカ如キハ該犯罪ノ成立ヲ阻却スヘキニ非サルヲ以テ原判決ニ於テ本件被告ノ証言カ真実ニ適スルヤ否ヤニ付説示スル所ナキモ理由不備ノ裁判ナリト謂フヲ得ス」（大判明四四・一〇・三一刑録一七・一八二四）

【13】「証言ノ内容タル事実カ真実ニ一致シ若クハ少クトモ不実ナルコトヲ認ムル能ハサル場合ト雖モ苟クモ証人カ故ラニ記憶ニ反シタル陳述ヲ為スニ於テハ偽証罪ヲ構成スヘキハ勿論ニシテ即チ偽証罪ハ証言ノ不実ナルコトヲ要件ト為スモノニ非サルカ故ニ裁判所ハ一面偽証ノ犯罪事実ヲ認メ他面証言ノ内容カ不実ナラサルコトヲ認ムルモ二個ノ認定ハ必スシモ相牴触スルモノト謂フヲ得ス然ラハ原院カ被告ニ於テ切明金次郎ヲシテ故意ニ其記憶ニ反セル供述ヲ為サシメンコトヲ教唆シタル事実ヲ証憑充分ト認ムルト同時ニ金次郎ノ供述ノ不実ヲ前述トシテ推定スルコトヲ得ヘキ被告カ借用証書改竄ノ事実ヲ証憑不充分ナリト認メタルカ如キハ決シテ不法ニ事実ヲ確定シタルモノト謂フヘカラス」（大判大三・四・二九刑録二〇・六五四）

【14】「原判決ノ認定シタル事実ハ被告人弁太良ハ昭和五年八月十四五日頃被告人丑之助ニ対シ当時安芸区裁判所ニ繋属中ノ原告小松菊太郎外三名被告川田敏治間ノ貸米換算金請求訴訟事件ニ付証人トシテ被告人弁太良カ小松菊太郎ニ講金トシテ金五十四円ヲ支払ヒ居ルトコロヲ現認シタル旨虚偽ノ証言ヲ為サンコトヲ依頼シ被告人丑之助ハ其ノ依頼ニ応シ同月二十一日右事件ニ付右裁判所ニ出頭シ証人トシテ宣誓ノ上右虚偽ノ証言ヲ為シタリト謂フニ在リテ右証言ノ内容タル被告人弁太良カ真実講金ノ支払ヲ為シタル事実アリヤ否ハ原判決ノ確

定セサルトコロニ属シ仮ニ右事実アリトスルモ苟モ被告人丑之助ニ於テ其ノ事実ヲ見聞セサルニ拘ラス被告人弁太良ニ於テ之ヲ現認セル如ク証言スヘキコトヲ依頼シ被告人丑之助ニ於テ之ニ基キ証人トシテ宣誓ノ上右ノ如キ証言ヲ為スニ於テハ夫々偽証教唆及偽証ノ罪責ヲ免レサルモノトス」（大判昭七・三・一〇刑集一一・二八六）

虚偽の鑑定に関し、次の判例があり、前掲の主観説と同様の見解を明らかにしている。

【15】「虚偽鑑定ノ罪ハ法律ニ依リ宣誓シタル鑑定人カ鑑定事項ニ関シ自己ノ所信ニ反シテ虚偽ノ意見判断ヲ陳述スルコトニ因テ成立シ自己ノ所信ニ反シテ陳述シタル意見判断カ会々客観的真実ト符合スルコトアルモ之レカ為メ同罪ノ成立ニ影響ヲ及ホスヘキモノニアラス従テ原判決ニ於テ所論ノ如ク被告等カ宣誓ノ上鑑定人トシテ自己ノ所信ニ反シ虚偽ノ陳述ヲ為シタルコトヲ認メ右行為ハ虚偽鑑定ノ罪ニ該当スト判示スルニ当リ右被告等ノ所信ニ反スル陳述カ果シテ客観的真実ニ適合セサルヤ否ヤヲ判示セサルモ理由不備ノ違法アリト謂フヲ得ス」（大判明四二・一二・一六刑録一五・一七九五）

四　偽証罪の成立と裁判の結果に対する影響の要否

偽証罪の成立には、虚偽の陳述等が裁判の結果に影響を及ぼしたこと又は及ぼす危険性を必要とするという積極説と、これを必要としないという消極説が対立する。そしてこの対立は客観説と主観説との対立と一致するものではなく、主観説の立場からもその必要性が主張されている。

積極説は、「裁判になんらの危険性のない行為を可罰的とする判例の態度は、法益保護にとって不必要な点にまで刑罰権を拡張するものである。抽象的危険の発生をもって限度とすべきであろう」（滝川外・コンメンタール二一四頁。同趣旨、前掲拙稿・刑事法講座七五二頁）とするのである。

消極説は、「偽証罪は虚偽の陳述を為すに依りて完成する。其の陳述が裁判に影響を及ぼしたること又は影響を及ぼす虞あることも問うところではない」（小野・各論四一頁）とするのである。

判例は一貫して消極説の立場に立っている。

証人の虚偽の陳述と裁判への影響の要否につき、次の判例があり、いずれも消極説をとっている。

【16】「適法ニ宣誓シタル証人ニシテ苟クモ訊問事項ニ関シ事実ニ反スル事ヲ知リナカラ虚偽ノ陳述ヲ為スニ於テハ偽証罪ハ直ニ成立スヘク其陳述カ当該事件ノ裁判ノ結果ニ影響ヲ有スルヤ否ヤハ敢テ問フ所ニアラス旧刑法ノ下ニ与ヘラレタル本院判例ノ趣旨亦右ト同一ナリ而シテ偽証罪ニ関スル現行刑法ノ規定ニ於テモ右ノ趣旨ニ反スル法意ノ存スルヲ見サレハ現行刑法ノ適用ニ付テモ右ノ趣旨ニ従フヲ相当トス今原判決事実理由ヲ見ルニ論旨所掲ノ如キ事実記載アリテ即チ被告等ハ所論民事訴訟事件ニ付徳島地方裁判所民事部法廷ニ於テ証人トシテ宣誓シタル上訊問事項ニ関シ事実ニ反スル供述ヲ為シタルモノナリ被告等ニシテ訊問事項ニ関シ斯ク虚偽ノ陳述ヲ為シタル以上ハ其陳述カ該訴訟事件ノ原告即チ本件山林ノ買受人タル所論原伊代次ノ権利ニ影響ヲ来スヤ否ヤ換言スレハ右訴訟事項ノ裁判ノ結果ニ影響ヲ及ホスヤ否ヤニ拘ラス偽証罪ハ直ニ成立スルコト前示説明ノ如クナルヲ以テ原院カ其影響ノ有無ヲ判断スルコトナク前記被告等ノ所為ヲ認メテ之ヲ擬スルニ偽証罪ヲ以テシタルハ相当ナリ」（大判明四三・一〇・二一刑録一六・一七一四）

【17】「偽証罪ハ形式犯ニシテ苟モ適法ニ宣誓シタル証人カ裁判所ノ訊問ニ関シ故意ニ虚偽ノ陳述ヲ為スニ於テハ直ニ成立シ其ノ陳述カ当該事件ノ裁判ノ結果ニ影響ヲ有スルヤ否ヤハ敢テ問フ所ニアラサルカ故ニ被告人カ判示民事訴訟事件ニ付証人トシテ適法ナル宣誓ヲ為シタル上判示ノ如ク虚偽ノ陳述ヲ為シタル以上茲ニ偽証罪ノ成立ヲ来セルモノト断スルニ何等妨ナク進ンテ右陳述カ該民事訴訟事件ノ裁判ノ結果ニ如何ナル影響ヲ及ホスモノナリヤハ之ヲ判断スルノ要アルモノニアラス従テ原裁判所カ被告人ニ於テ判示ノ如ク民事事件ノ証人トシテ宣誓ノ上虚偽ノ陳述ヲ為シタルコトヲ認メテ之ヲ偽証罪ニ問擬シタルハ相当ニシテ縦令右陳述カ如何ナル点ニ於テ民事裁判ニ影響スルヘキヤヲ判示スル所ナケレハトテ之ヲ以テ原判決ヲ理由不備ノ裁判ト謂フヲ

得ス」（大判昭五・一〇・三新聞三二〇八・一六）

【18】「偽証罪ハ法律ニ依リ宣誓シタル証人カ故意ニ自己ノ認識セル事実ニ反シ虚偽ノ陳述ヲ為スニ因リテ成立シ其陳述カ当該事件ノ裁判ノ結果ニ影響ヲ及ホスヤ否ハ其ノ成立ニ消長スルトコロナシ原判示事実ハ被告人ハ判示民事訴訟繫属中判示日時場所ニ於テ湯浅要一郎ノ為立森藤八坂本健一郎ト会合シ藤八ニ対シ示談方折衝シタル事実アリタルニ拘ラス第一右訴訟事件ニ付証人トシテ高梁区裁判所ニ出頭シ宣誓ノ上証言ヲ為スニ当リ右示談折衝ニ関スル事実ヲ秘シ虚偽ノ陳述ヲ為シ第二右事件ニ付証人トシテ出頭ヲ命セラレタル右坂本健一郎ニ対シ叙上示談ヲ試ミタル事実ヲ陳述セサル様依頼シテ同人ニ偽証スヘキコトヲ慫慂シタルニヨリ健一郎ハ同裁判所ニ於テ証人トシテ宣誓ノ上右被告人ノ教唆ニ基キ故ラニ事実ニ反スル虚偽ノ陳述ヲ為スニ至リタルモノナリト云フニ在リテ右被告人ノ証言並被告人ノ教唆ニ基キテ為シタル坂本健一郎ノ証言カ所論ノ如ク本件民事事件ノ裁判ノ結果ニ影響ヲ及ホス虞ナシトスルモ偽証並偽証教唆罪成立スルコト勿論ナリ」（大判昭一〇・一・三一刑集一四・三九）

なお、同趣旨のものとして、前掲【7】及び【8】、並びに、大判大三・九・八新聞九六七・三二、同大一二・一二・一一刑集二・九五五、同大一五・一一・二刑集五・四七五、同昭七・五・二一新聞三四四一・一七、同昭九・二・二二刑集一三・一四五、等多数の判例がある。

団藤教授は、これらの判例を立場を、「主観説は証人の主観的な記憶を標準とする。証人はみずから実験した事実をそのままに陳述しなければならない。実験しない事実を実験したと証言することとじたいが虚偽の陳述になる。それがたまたま客観的真実に合致していても――そうして証人がそれを信じていても――偽証になることにかわりはない。これは客観説の主張するように不必要に処罰をみとめることになるようであるが、そうではない。証人が記憶に反する証言をすることは、裁判を誤らせる抽象的危険をつねにもっているのである。裁判が主観説を採用しているのは正当というべきである（大判明治四二年六月八日刑録一五輯七三五頁、大判昭和七年三月一〇日刑集一一巻二八六頁）」と説明して支持されるのである。

なお、虚偽の鑑定についても同趣旨の判例がある。

【19】「旧刑法第二二四条ニ規定スル詐欺鑑定ノ罪刑法第百七十一条ニ規定スル虚偽鑑定ノ罪ハ共ニ法律ニ拠リ宣誓シタル鑑定人カ虚偽ノ鑑定ヲ為スコトニ依テ完成シ其鑑定カ其後如何ニ使用セラレタルヤハ同罪ノ成立ニ関係ナキモノトス然レハ訴訟提起ニ付テノ証拠保全方法トシテ為サレタル原判示移転料ノ鑑定申請事件ニ付被告等カ鑑定人トシテ宣誓シタル上虚偽ノ鑑定ヲ為シタル以上ハ直チニ同罪ヲ完成シ其ノ証拠保全ノ申請ニ依リ為サレタル虚偽ノ鑑定カ其後如何ニ使用セラレタルヤハ同罪ノ成立ニ関係ナク従テ原判決ニ於テ判示証拠保全申請事件ニ付被告等カ宣誓ノ上為シタル虚偽ノ鑑定カ其後如何ニ使用セラレタルヤヲ明示セスシテ判示被告等詐欺鑑定ノ所為ハ前記各法条ニ該当スルモノトシテ処断シタルハ正当ナリ」（大判明四二・一二・一六刑録一五・一七九五）

なお証人の虚偽の陳述に関しては、偽証罪は陳述を要件とするが、事実の実験上の知識に関し全部を黙秘して何等の意思を発生しない場合には虚偽の陳述がないのであるから、証言拒絶に対する制裁の問題が起るに過ぎない、とするのが通説である（小野・各論四二頁、泉二・各論三七〇頁、拙著・概説五二七頁以下）。また、偽証罪が既遂となる時期について、通説は、証人尋問の終了の時であるとし、虚偽の陳述となるかどうかは、証人の一言一句について決定すべきでなく、最初から最後まで一体として観察すべきであり、途中虚偽の陳述をしても、尋問終了までの間に取り消し真実を述べれば偽証罪とならない、とする（泉二・各論三七〇頁、小野・各論四一頁、宮本・学粋七八六頁、拙著・概説五二八頁等）。陳述後宣誓させる場合には、宣誓の終るのをまって既遂に達する（学小野・各論四一頁、瀧川・各論（昭二六）二八五頁等）とし、少数説は、偽証罪は証人尋問の終了を待たないで、虚偽の陳述をしたときに、審判を誤らせる危険が成立して、既遂に達し、陳述を更正する権利というものは考えられない、とする（牧野・各論上二六八頁）。

これらの点に関しては判例は見当らない。

二　誣告罪における虚偽の概念

誣告罪は、「人ヲシテ刑事又ハ懲戒ノ処分ヲ受ケシムル目的ヲ以テ」、「虚偽ノ申告」をすることによって成立する（刑一七二条）。本項はこのうち、判例における「虚偽ノ申告」の意義を明らかにすることを目的とするが、これに必要な限度において、誣告罪の本質及び「人ヲシテ刑事又ハ懲戒ノ処分ヲ受ケシムル目的」の意義に関する学説・判例にも触れる必要がある。

一　誣告罪の本質

わが旧刑法は、誣告罪を第三編「身体財産ニ対スル重罪軽罪」第一章「身体ニ対スル罪」第十二節「誣告及ヒ誹毀ノ罪」の三五五条に「不実ノ事ヲ以テ人ヲ誣告シタル者ハ第二百二十条ニ記載シタル偽証ノ例ニ照シテ処断ス」と規定していた。誣告罪を現行刑法のように偽証罪に次ぎこれを並べて規定するに至ったのは、現行刑法の草案のときからで、この配列は誣告罪は偽証罪と同様に信用を害する罪の一種であるとの考え方にもとづくものである。しかし、誣告罪は偽証罪と同様に、国家の作用のうち、国家の審判権の適正な行使をその保護法益とする犯罪である、とすることは現在の通説である。両者の差異は、偽証罪は、既に当該官庁に係属している事件について、法律によって宣誓した証人・鑑定人・通事らが、当該官庁の尋問等に対し、虚偽の陳述・鑑定・通訳をなすのに反し、誣告罪は、当該官庁の新たな処分（刑事事件、懲戒処分）を開始させるために、積極的に虚偽の申告することにあるのである。また誣告罪は「人ヲシテ刑事又ハ懲戒ノ処分ヲ受ケシムル目的」を必要とするが、偽証罪はこの目的を必要としない点も、一の相違である。

右のような沿革と誣告罪の性質から、誣告罪の本質をどう考えるかについて次の三説がある。

第一説は、誣告罪は、専ら「国家の審判権の適当なる行使を謬らしめる虞のある公共の法益に対する罪である」（拙著・概説五三一頁、大場・各論下八〇八頁、滝川・各論（昭八）二九頁等）とする。

第二説は、誣告罪は、右のように「主要な点が国家的法益の保護にあるとしても、個人的法益の保護を無視するものでない」（小野・各論四四頁、泉二・各論三八〇頁以下、宮本・学粋七八八頁、斉藤・各論一〇九頁等）とする。

第三説は、誣告罪は「公の法益侵害と同時に他方に於て個人の名誉信用に対する私益を侵害し、其の間軽重主従の区別なく、公私両様の法益を侵害するものである」（平井・各論二一三頁、島田・各論五二頁等）とする。

判例には次のものがあり、これを通覧すると、第二説の立場に立つものというべきであろう（泉二・各論三八一頁は【20】を援用して、判例は第二説を採るもののように説明している。斉藤・各論一〇九頁も同旨）。

【20】「誣告罪ハ一方所論ノ如ク個人ノ権利ヲ侵害スルト同時ニ他ノ一方ニ於テ公益上当該官庁ノ職務ヲ誤ラシムル危険アルカ為メ処罰スルモノナルカ故ニ縦シ本案ハ所論ノ如ク被誣告者ニ於テ承諾アリタル事実アリトスルモ本罪構成上何等影響ヲ来スヘキ理由ナシ」（大判大元・一二・二〇刑録一八・一五六六）

【21】「一通ノ告訴状ヲ以テ二人ニ対スル虚偽ノ申告ヲ為シタル場合ニ於テハ其行為ノ一箇タルハ論ナキモ該行為ハ単一ノ罪名ニ触レスシテ二箇ノ誣告罪ニ該当スルモノトス蓋シ誣告罪ハ一面ニ於テ刑事裁判所又ハ懲

戒事件ノ当該官ヲ錯誤ニ陥レ其審判ノ真正ヲ害セントスルモノニシテ公ノ信用タル一箇ノ法益ヲ侵害スル行為ニ外ナラサルモ他ノ一面ニ於テハ被申告者各人ニ対スル名誉其他ノ法益ヲ害スル行為ナルヲ以テ一箇ノ告訴行為ニ因リテ誣告シタル場合ト雖モ仍ホ被申告者ノ数ニ応シタル誣告ノ数罪名ニ触ルルモノト謂フヘケレハナリ故ニ原判決カ刑法第五十四条第一項前段ニ依リ被告ノ行為ヲ処断シタルハ相当ナリ」（大判明四四・一一・九刑録一七・一八四九）

【22】「誣告罪ノ性質タル国家ノ審判権ノ行使ヲ惑ラシメ又ハ惑ラシメントスル虞ヲ生シ以テ公益ヲ害スルト同時ニ直接被誣告者ノ人格ニ対シ侵害ヲ加フルモノニシテ其侵害ハ間接若クハ附従ノモノナリト謂フヲ得ス故ニ本件ニ於ケルカ如ク一個ノ行為ヲ以テ数人ヲ誣告シタル場合ニ於テハ其各人ニ対スル法益侵害アルモノト謂ハサルヲ得ス随テ原判決カ第五十四条ヲ適用シタルハ相当ナリ」（大判大二・五・二刑録一九・五四一）

右【21】と同趣旨の判例として、大判昭一五・九・一四判決全集八・二一・三四があり、一通の書面をもって数人を誣告した場合には、一個の行為で数個の誣告罪に該当するものとして、刑法五四条一項前段を適用すべきものであるとする判例としては、大判明四二・一〇・一四刑録一五・一三七五、同明四二・一〇・二六新聞六一〇・五、同明四三・四・二六刑録一六・七五七、同昭一三・六・一七新聞四三一九・七等がある。

なお、誣告罪と偽証罪との関係につき次の判例がある。

【23】「人ヲシテ刑事ノ処分ヲ受ケシムル目的ヲ以テ虚偽ノ事項ヲ構ヘ他人ヲ官ニ申告セル行為ト右申告ノ結果他人カ被告人トシテ取調ヲ受クルニ際シ其証人トシテ宣誓ノ上前掲申告セル事実ト同一趣旨ノ証言即チ虚偽ノ事実ヲ供述シタル被告ノ行為トハ全然別個ノ行為ニシテ其侵害スル法益ニ合致スル所アルモ全然同一視スヘキモノニ非スシテ各別個ノ罰条ニ触ルルモノナルカ故ニ右二個ノ行為ハ各独立シ犯罪ヲ構成ス」（大判大元・八・六刑録一八・一一三三）

二　「人ヲシテ刑事又ハ懲戒ノ処分ヲ受ケシムル目的」の意義

「人ヲシテ刑事又ハ懲戒ノ処分ヲ受ケシムル目的」は、誣告罪の特別の主観的要件である。「人」とは他人をいい、実在人（法人を含む）に限り、虚無人を含まない、と解するのが通説である（泉二・各論三八二頁、小野・各論四五頁、宮本・学粋七九〇頁、拙著・概説五三三頁等。消極説、即ち、実在人でない死者や架空人に対しても誣告罪が成立するという説に牧野・各論上二七五頁がある）。

刑事又は懲戒処分を受けさせる目的の意義に関し、他の目的犯の場合と同様に、事実の認識のほかに希望又は意欲という行為の動機や縁因を必要とするか否かについて、学説が分れている。

積極説即ちこれを必要とする説は、「処分を受けさせる目的を必要とするから、その結果発生を意欲したことを要する。単なる認容では足りない。しかし、そのことは結果を確定的なものとして認識することをかならずしも要求しない（だれが有罪判決の言渡を事前に確定的に認識することができよう）。結果の発生を未必的なものとして認識しながら、しかもその発生を意欲することによって、この目的の要件は充たされる」（団藤・二五〇頁、滝川各論（昭二六）二八七頁）とするのである。

消極説即ちこれを必要としないとする説は、「茲ニ所謂目的ハ主タル又唯一ノ動機目的タルヲ要スルモノニ非ス……加之此語辞ハ更ニ緩慢ナル意味ニ使用セラルル例アリ即チ、或結果ヲ予見シツツ一定ノ行為ヲ為ストキハ特別ノ縁由動機ノ存在セサル場合ニ於テモ其結果ヲ目的トスル行為アリトセラルルコト是ナリ……判例ハ此趣旨ニ於テ本条ニ所謂目的ヲ単純ナル認識ト同一意義ニ解シタリ（大正六年判決録四二頁参照）……此語句ハ……行為ノ縁因動機ヲ指示スル為メニ使用セラレタルカ故ニ本罪ニ付テモ亦此意義ニ解スルコトヲ得サルモノニ非ス（前ニ本書ハ此見解ヲ採レリ）然レトモ国家審裁権ノ作用ヲ害スル点ヨり観察スルトキハ斯ノ如ク狭義ニ解スヘキ根拠ニ乏シキカ故ニ認識即チ目的ノ意義ニ解スルヲ可トス」（泉二・各論三八八頁。同旨、小野・各論四六頁、宮本・学粋七八九頁、拙著・概説五三六頁等）とする。

以上の主観的要件に関する判例には次のようなものがあり、判例は終始右消極説の立場に立っている。

次の判例は、誣告罪の主観的要件と客観的要件を明らかにしたものである。

【24】「誣告罪トハ人ヲシテ刑事又ハ懲戒ノ処分ヲ受ケシムル目的ニテ当該官ニ虚偽ノ事実ヲ申告スルヲ以テ成立スルモノナレハ客観的条件トシテ申告シタル事実ハ虚偽ナルコトヲ要シ主観的条件トシテ申告者カ虚偽ナルコトヲ知リタルコトヲ要スルモノニシテ両者ノ一ヲ欠如スルトキハ本罪ノ成立ヲ阻却スルモノトス原判決ノ説示スル所ニ依レハ被告ハ大正十二年九月二十七日能代警察署長新城某ニ対シ同年九月二十五日挙行セラレタル秋田県県会議員選挙ニ付山本郡候補者杉本某ノ運動員大塚甲等カ同月二十四日大塚乙等ニ金円ヲ交付シ以テ杉本候補者ニ投票スルコトヲ約シタル旨ヲ申告シタルモノニシテ其ノ事実ハ全然虚構ナルモ被告ハ申告当時其ノ虚偽ナルコトヲ了知シタリトノ証明ナシト云フニ在リテ之ヲ一件記録ニ徴スルニ被告ハ同月二十五日午後七時頃憲政派ノ選挙事務所ナル村井旅館下座敷ニ於テ大塚丁田村某等ニ会合シタル際同人等ノ座談ヨリ右選挙違反ノ事実ヲ聞知シ被告ハ真実ニ之ヲ信用シタリト認ムヘキ事跡ヲ存スルモ被告カ之ヲ以テ虚偽ナリト認識シタルコトノ証左一モアルコトナシ然ラハ本件ニ於テ誣告罪成立条件タル主観的条件ヲ欠如スルモノト云フヘキヲ以テ原審カ本件起訴事実ニ対シ誣告罪ノ成立ヲ肯定スルコトヲ得サルモノト為シタルハ相当ナリ」（大判大一三・七・二九刑集三・七二一）

以下の判例は、判例が前記消極説の立場に立つことを明らかにしている。

【25】「刑法第百七十二条ニ所謂『人ヲシテ刑事又ハ懲戒ノ処分ヲ受ケシムル目的ヲ以テ』トハ不実ナル申告カ其性質上他人ヲシテ刑事若クハ懲戒ノ処分ヲ受ケシムル結果ヲ発生スヘキコトノ認識ヲ以テスルノ意ナレ

ハ誣告罪ノ成立ニハ右認識ノ下ニ不実ノ申告アルヲ以テ足リ必スシモ上叙結果ノ発生ヲ欲望スルヲ要セス故ニ原判決ニ於テ被告等カ田村カツ外一名ニ対スル不実ノ申告ニ因リ同人等カ刑事ノ処分ヲ受クヘキコトヲ認識シ不実ノ申告ヲ為シタル事実ヲ認ムヘキ証憑ノ挙示シアル以上ハ被告等カ右結果ノ発生ヲ欲望セル事実ヲ認ムヘキ証拠ヲ明示セサルモノトスルモ違法ニ非ス」（大判大六・二・八 刑録二三・四一）

【26】「虚偽ノ申告ヲ為スニ当リ他人カ之ニ因リ刑事又ハ懲戒ノ処分ヲ受クルコトアルヘシトノ認識アル以上ハ刑法第百七十二条ニ所謂目的ノ存在ヲ認ムルニ足ルモノニシテ別ニ其ノ処分ヲ希望スル意思アルコトヲ必要トセサルコト当院判例（大正十二年（れ）第一六二二号同年十二月二十二日判決）ノ旨趣ノ存スル所ナレハ原審カ第一審公判調書ニ被告人ノ供述トシテ証第一二三号ノ手紙ヲ出シタルハ元西馬音内駐在巡査小松喜治ヲシテ刑事又ハ懲戒ノ処分ヲ受ケシメタキ心ヨリ出テシモノニアラサルカ斯様ノ投書ヲ為セルハ小松巡査カ上官ヨリ取調ヲ受ケ右ノ如キ処分ヲ受クルコトアルヤモ知レストノ考ハアリタル旨ノ記載アルト証一二三号ニ原判示ノ如キ文旨ノ記載アルトニ依リテ被告人カ判示投書ヲ為シタルハ小松巡査ヲシテ刑事又ハ懲戒ノ処分ヲ受ケシムル目的ヲ以テ為シタルモノナルコトヲ認定シタルハ正当ニシテ所論ノ如ク証憑ニ拠ラスシテ事実ヲ認定シタル違法アルモノニ非ス」（大判昭二・一一・七 新聞二七七七・一四）

【27】「刑法第百七十二条ニ所謂人ヲシテ刑事ノ処分ヲ受ケシムル目的ヲ以テ虚偽ノ申告ヲ為ストハ虚偽ノ申告ヲ為スニ当リ之カ為ニ他人カ刑事ノ処分ヲ受クルコトアルヘシトノ認識アルヲ以テ足リ其ノ処分ヲ希望スルノ意思アルコト又ハ処分ナル結果ノ発生ヲ要セサル趣旨ナリト解スヘキモノトス而シテ申告セル虚偽ノ事実カ刑事上ノ取調ヲ誘発シ得ヘキ程度ニアル以上ハ刑事ノ処分ヲ受クルコトアルヘシトノ認識アリト謂フヘク該申告カ誣告罪ヲ構成スルコト勿論ナリ原判決認定ノ事実ハ所論ノ如クニシテ其ノ証拠説示中第一審公判廷ニ於ケル被告供述トシテ自分ハ中山清次郎妻ト駈落セントシタルモ清次郎ニ追駈ケラレテハ目的ヲ遂行スルニ困難ナリト思ヒ同人ヲ放火ノ嫌疑者トシテ警察ヘ引張ラセルカ得策ト考ヘ宮坂勝平所有ノ平家及樋口光子所有ノ小屋ヘ放火シ帰宅後警察署宛ニ本日ノ放火事件ニ付中山清次郎ヲ早ク取調テ貰ヒ度シト記載セシ封書ヲ郵便ニ

出シ尚電話ニテ取調方ヲ促シタル旨及被告ノ第一回予審調書ノ自分等ノ駈落ニ付中山カ追掛ケ来ルヤモ知レスト不安ニ思ヒ同人ヲ警察ニ引致セシメ追掛ケルコト能ハサラシムル様ニ考ヘ急ニ何処カ放火シテ之ヲ中山ノ所為ニスルト云フ悪イ考ヲ起シ云々トノ供述記載ニ徴スレハ被告ノ申告シタル虚偽ノ事実ハ中山清次郎ニ対スル刑事上ノ取調ヲ誘発シ得ヘキ程度ノモノタルト共ニ被告ハ同人カ放火ノ被疑者トシテ警察官ノ取調ヲ受ケ延テ刑事ノ処分ヲ受クルニ至ルコトアルヘシトノ認識ノ下ニ申告ヲ為シタルコト明白ナレハ前記法条ニ所謂刑事ノ処分ヲ受ケシメル目的ヲ以テ虚偽ノ申告ヲ為シタルモノニ該当スルコト言ヲ俟タス」(大判昭八・二・一四刑集一二・一一四)

次の判例は、未必的認識をもって足ることを明らかにしている点で、注目すべきものである。

【28】「誣告罪ノ成立ニハ申告事実ノ虚偽ナルコト及其ノ虚偽申告ニ因リ被申告者カ刑事又ハ懲戒ノ処分ヲ受クルニ至ルヘキコトノ認識アルヲ以テ足リ其ノ他更ニ申告者ニ於テ被申告者カ刑事又ハ懲戒ノ処分ヲ受クルニ至ルヘキコトヲ希望シ若ハ意欲セルコトヲ要スルモノニ非ス而シテ其ノ認識ハ必スシモ確定ノモノタルコトヲ要スルモノニ非スシテ一定ノ結果ヲ発生スヘキ可能性ノ存在スルコトヲ認識セル場合即チ所謂未必ノ犯意アル場合ニ於テモ本罪ノ成立ヲ妨ケサルモノトス」(朝鮮高院判大一三・七・九評論一三刑法二八五)

なお、【25】【26】【27】と同趣旨のものとして、大判大一二・一二・二二刑集二・一〇一三、同昭六・六・六新聞三三〇一・一〇、同昭一一・三・一二刑集一五・二七五、同昭一二・四・一四刑集一六・五二五の各判例がある。

次に、誣告罪は故意犯であるから、自己の申告する事実が虚偽であることを知ってその行為をすることを要する。この虚偽であることの認識は未必的認識で足りるかどうかについて問題がある。団藤教授は次のように説明して、この認識は確定的であることを要するとされる。「告訴・告発はもともと犯罪の単なる嫌疑にもとずいて行われるものであり、事実を絶対に真実と信じている必要はない。

つまり、告訴人・告発人が、ことによると事実がまちがっているかも知れないという未必的な認識は、告訴・告発に正常的に伴う事態として是認されるのである。かようにして、『虚偽』であることの認識は確定的であることを要し、その限度において未必の故意は排斥されるものと考えるべきである。目的の内容について右に述べたところと（註、他人が刑事又は懲戒の処分を受けることについては、未必的に認識してその発生を意欲することをもって足る）、事がらの実体においては密接に結びついているが、理論的には明確に区別して考える必要があるとおもう（通説はこの分析を欠く）。」

この学説に反対趣旨の判例に次のものがあり、存否について確信のない事実を申告した場合にも、誣告罪が成立するとしている。

【29】「原判示ニ依レハ被告人ハ所論申告事実ニ付虚偽ナルコトノ認識アルモノト解シ得ヘキノミナラス縦シ被告人カ怨ヲ霽ラス為世上ノ噂ヲ軽信シタルニモセヨ事実ノ存在ヲ確認シタルニ非スシテ濫ニ後藤粛男及井上春吉ニ対シ刑事ノ処分ヲ受ケシムル為右事実ヲ当該官庁ニ申告セル行為ハ虚偽ノ事実ヲ申告シタルモノニ外ナラス蓋存否確信ナキ事実ヲ申告スルハ被申告者ノ権利ヲ侵害スルト同時ニ裁判権ノ行使ヲ惑ラシメ又ハ惑ラシメントスル虞アルモノナレハナリ原判決ノ認メタル事実ハ之ヲ要スルニ被告人ハ後藤粛男及井上春吉ニ対シ忿懣ノ念ヲ禁スル能ハサリシトコロ偶粛男カ詐欺等ノ犯罪嫌疑ニテ大分県久住警察署ニ検挙セラレタルヲ奇貨トシ右両名ニ刑事ノ処分ヲ受ケシムル目的ヲ以テ村会議員選挙違反事件当時後藤粛男ト井上春吉トノ間ニ賄賂ノ授受アリタル如ク事実ヲ捏造シテ所轄検事局ニ虚偽ノ申告ヲ為シタリト云フニ在ルヲ以テ誣告罪ニ当ルヤ洵ニ明ナリ」（大判昭一五・二・五新聞四五三五・一〇）

なお、同趣旨のものとして、後記【38】がある。

最高裁判所はこの問題につき、次の判例で、申告した事実につき、虚偽であることを確定的に認識していたことを必要とせず、未必要な認識があれば足りる、ということを明確に判示するに至った。

【30】　この事案の第一審判決認定事実（控訴審もこれを是認した）の要旨は、「被告人は……夙に司法保護事業にたづさはり又昭和十四年頃からは調停委員として調停事務に参与する等種々司法部の為に尽瘁し来ったものであるが……昭和二十三年八月十八日頃名古屋市中村区太閤通六丁目四十七番地服部清次郎方に於て土方義澄より『横井煌が富田の同人の別荘に於て船で地曳網を曳いて検事を招待したさうである湯川さんや偉い人達が大勢来られたということだがはっきり判らないが今度親の法事で津島に行くから其の時よく調べて来る』旨の噂話を聞くや名古屋地方検察庁の威信の為検事湯川和夫に反省を促さざるべからずと思惟し同年九月十五日頃同検事に対し反省を促すべき趣旨の書面を送付したが同検事が被告人の書面に対し一顧をも与へなかった為め被告人は名古屋地方検察庁の粛正を計らんが為め右饗応の事実の真偽を十分調査せず従って右事実の存在に付十分なる確信なく幾分の疑念を有したるに拘らず湯川和夫が被告人の告発により刑事上の処分を受けることあるべきを認識しながら昭和二十三年十二月二十日名古屋地方検察庁に於て同庁検事正に対し『検事湯川和夫は他の検事と共に昭和二十三年八月十四日及同月二十二日の二回に亘り当時脱税及経済違反の容疑者として検察庁より取調を受けていた横井煌から同人所有の富田別荘で予算約百万円に相当する酒食其の他の饗応を受け以て瀆職の行為を為したものである』旨虚偽の事実を告発して右湯川和夫を誣告したものである」というのであって、上告論旨は、前掲【23】を援用して、「主観的条件たる申告事実の客観的に虚偽なることの認識は単に未必的では足らず確定的なることを要する」から、右【23】に違反するというのであった。本判決は、判例違反の主張を排斥した上、「誣告罪が成立するためには、その主観的要件として申告者がその申告した事実につき、その虚偽たることを確定的に認識していたことを必要とするものではなく、未必的な認識があれば足りるものと解するを相当とするばかりでなく、第一審判決が証拠により確定し、原判決が是認した事実に徴すれば被告人の本件告発は極めて軽々になされたものであって、到底その適法性を認めることができない以上、被告人は誣告罪の刑責を免れることができない」（最判昭二八・一・二三刑集七・四六）

三　虚偽の申告の意義

「虚偽の申告」は、誣告罪の客観的要件である。「虚偽」とは客観的真実に反することをいう。誣告罪における「虚偽」を客観的真実に反することであると解することには異説はなく、判例ももちろんこの立場に立っている。この点で、前述のように偽証罪の「虚偽」を証人・鑑定人・通事らの主観即ち記憶や意見に反することを意味すると解することが判例の立場であり、学説にも客観説と主観説の対立があるのと異っているのである。前掲【24】は、誣告罪の客観的要件についての判例でもあり、誣告罪における虚偽とは客観的真実に反した事実を意味することを判示したものと解することができる。また、前掲【25】乃至【30】も同様の見解に立つものということができる。従って、偽証罪の場合と異って、行為者が虚偽と信じていても、客観的真実と合致すれば、誣告罪は成立しないのである（団藤・二五一頁）。

申告の内容となるべき「虚偽」の事実は、前記一の誣告罪の本質、二の主観的要件即ち、刑事又は懲戒の処分を受けしめる目的から、おのずから限定を受け、刑事又は懲戒の処分の理由となるような具体的な事実でなければならないとするのを通説とする（小野・各論四六頁、泉二・各論三八四頁、宮本・学粋七九〇頁、拙著・概説五三三頁等）。

判例も通説と同一の立場に立つのであるが、判例に従って虚偽の申告の意義とその実例を示せば、次のとおりである。

【31】　犯罪の捜査もしくは懲戒処分上の取消を促す程度において具体的であれば足るとする。

「刑法第百七十二条ノ誣告罪ニ於ケル虚偽ノ申告タルニハ他人ニ関シ特定セル犯罪行為若クハ職務規律違背ノ行為アリトシテ具体的ニ虚偽ノ事実ヲ当該捜査官若クハ当該監督者ニ申告スルコトヲ要シ単純ナル抽象的事実ノ申告アルヲ以テ足レリトセス然レトモ右申告ノ態容ハ必スシモ捜査官若クハ監督者ヲシテ直覚的ニ特定ノ

犯罪行為若クハ職務規律違反行為ヲ認知シ其申告事実ヲ捉ヘ直ニ公訴ヲ提起シ若クハ懲戒訴追ヲ開始シ得ヘキ具体的説示アルコトヲ要スルモノニ非ス申告ヲ受ケタル捜査官若クハ監督者ヲシテ特定ノ人ニ対シテ特定ノ犯罪行為アリ若クハ特定ノ職務規律違反行為アルコトヲ認知セシメ因テ以テ犯罪ノ捜査若クハ懲戒処分上ノ取調ヲ促スヘキ程度ニ在ルヲ以テ足ル」（大判大四・三・九 刑録二一・二七三）

【32】 当該官庁の職権発動を促すに足る程度でよいとする。

「所謂虚偽ノ申告ハ必スシモ具体的事実ノモノニ限ラス苟クモ刑事又ハ懲戒ノ処分ニ関シ捜査ノ権限ヲ有スル当該官庁ノ職権ノ発動ヲ促スニ足ルヘキ虞アルニ於テハ抽象的事実ノモノタルヲ妨ケス原判示申告事実ハ具体的ニ其内容ニ付指示スル所ナキモ其各事項ハ被誣告者タル佐藤分署長伊藤巡査部長ノ職務上ノ義務ノ違背若クハ威厳信用ヲ失墜スヘキ行為ニ関スルモノニシテ懲戒処分ニ関シ捜査ノ権限ヲ有スル当該官庁ノ職権ノ発動ヲ促スニ足ルヘキ虞アリ得ヘキヲ以テ誣告罪成立ス」（大判大五・九・二〇 刑録二二・一三九三）

【33】 犯罪の日時・場所等処罰条件全部を完備しなくとも捜査権の発動を促す程度でよいとする。

「刑事上ノ処分ヲ受ケシムル目的ヲ以テ虚偽ノ申告ヲ為シタル場合ニ於テ誣告罪ノ成立スルニハ其申告事項カ犯罪ノ日時場所及犯罪ノ構成要素タル事実ヲ包含シ因テ以テ刑事上ノ処罰要件ヲ完備スルコトヲ必要トスルモノニアラスシテ止タ之カ為メ捜査権ノ発動ヲ促シ被申告人ヲシテ刑事上ノ処分ヲ受クルニ至ラシムヘキ虞アル程度ニ於テ虚偽ノ事実ヲ申告スルヲ以テ足ルモノトス原判決ニ依レハ被告ハ論旨所掲ノ被申告人中久之助外二名ヲシテ刑事上ノ処分ヲ受ケシムル目的ヲ以テ三名カエキス小屋ニ於テ賭博ヲ為シタル旨ノ虚偽ノ事実ヲ記載シタル書面ヲ判示司法警察官ニ送致シタルモノニシテ其記載ハ捜査権ノ発動ヲ促シ右三名ヲシテ刑事上ノ処分ヲ受クルニ至ラシムヘキ虞アル程度ニ於テ虚偽ノ事実ヲ掲ケタルモノニ外ナラス故ニ原判決判示ノ被告ノ行為ハ誣告罪ヲ構成スルモノト謂フヘシ」（大判大九・九・一五 刑録二六・六七六）

【34】 懲戒処分上の取調を誘発又は促進する程度で足るとする。

「原判決ハ被告人カ長野県下高井郡高丘村駐在長野県巡査某ヲシテ免職又ハ転職等ノ懲戒処分ヲ受ケシムル

目的ヲ以テ同巡査カ収賄シ賭博常習者ト交際スル為賭博大流行スルモ一回モ検挙セラルルコトナク云云トノ虚偽ノ事実ヲ記載セル書面ヲ認メ長野県警察部長ヘ宛テ郵送シテ申告ヲ為シタル事実ヲ判示セルヲ以テ之ニ依レハ前記巡査カ賭博犯人ヨリ収賄シタル旨ヲ以テ申告シタルモノト解スルニ足ルノミナラス元来公務員タル者ヲシテ懲戒処分ヲ受ケシムル目的ヲ以テ其ノ者カ収賄シタル旨ノ虚偽ノ申告ヲ為シタル場合ハ其ノ申告事項カ被申告者ニ対スル懲戒処分上ノ取調ヲ誘発若ハ促進スヘキ程度ニ在ル以上ハ其ノ行為ハ誣告罪ニ於テ所謂虚偽ノ申告ニ該当スルコト勿論ニシテ贈賄者ノ何人ナルヤヲ指示スルコトハ固ヨリ必要ナラス」（大判大一二・五・九刑集二・三一〇）

【35】　事実の具体的詳記を必要とせず、当該官庁の職権発動を促す虞あるをもって足るとする。

「誣告罪ニ於ケル虚偽ノ申告ノ態様ハ刑事又ハ懲戒処分ニ関シ捜査若ハ取調ノ権能ヲ有スル当該官庁ノ職権ノ発動ヲ促スニ足ルヘキ虞アル程度ニ在ルヲ以テ足リ必スシモ申告スヘキ事実ヲ具体的ニ詳記スル事ヲ要セス然リ而シテ原判決ノ判示セル被告人ノ行為ハ東谷巡査ニ犯人隠避ノ瀆職行為並職務怠慢ノ行為アルコトヲ推知シ得ヘキ虚偽ノ事実ヲ郵便葉書ニ認メ之ヲ所轄警察署長ニ郵送シテ虚偽ノ申告ヲ為シタリト謂フニ帰スルヲ以テ該申告ハ同警察署ノ職権発動ヲ促スニ足ルヘキ虞アル程度ニ於テ表示セラレタルモノナルヤ明瞭ニシテ誣告罪ヲ構成スルニ足ルモノトス」（大判昭二・三・一七刑集六・一〇三）

なお、以下の【36】は、虚偽の申告中に、刑事又は懲戒の処分を要求する趣旨を明示すること及び申告者の氏名の表示を要せざるものとし、【37】は、申告事項が事実に反していても、単に申告事件の情況を誇張するに過ぎず、犯罪の成否に影響がないときは、誣告罪とならないとし、【38】は、被申告者に別に刑事又は懲戒の処分に該当する行為があったとしても、誣告罪が成立するとしている。

【36】　「誣告罪ノ成立ニ必要ナル虚偽ノ申告アリトスルニハ人ヲシテ刑事又ハ懲戒ノ処分ヲウケシムルニ足ルヘキ虚偽ノ事実ニ付当該官ニ対スル申告アルヲ以テ足リ必スシモ其ノ申告中ニ刑事又ハ懲戒ノ処分ヲ要求スルノ趣旨ヲ明示スルコトヲ要セス又申告者トシテ氏名ノ表示若クハ氏名ヲ推知シ得ヘキ記載アルコトヲ要セス

蓋シ虚偽ノ申告カ人ヲシテ刑事又ハ懲戒ノ処分ヲ受ケシムル目的ニ出テタルコトヲ確認スルニ足ル以上ハ申告ノ内容ニ於テ右ノ目的ヲ明示スルノ必要ハ毫モ存在セス又申告ノ事実カ虚偽ナルコトヲ記載シ在ルニ於テハ申告者ノ何人ナルカニ因リ事実ノ判断ニ影響ヲ及ホササルヲ以テ申告者ノ氏名ノ表示ハ其ノ必要ヲ認メス」（大判大八・七・二五刑録二五・八八七）

【37】「虚偽ノ申告アリトスルニハ人ヲシテ刑事又ハ懲戒ノ処分ヲ受ケシムルニ足ルヘキ虚偽ノ事実ニ付当該官ニ申告スルコトヲ要スルモノナレハ無罪者ナルコトヲ知リテ之ニ罪ヲ帰シ又ハ其ノ有罪ナルコトヲ信スルモ其ノ罪跡若ハ犯罪ノ証憑ヲ偽造シ以テ之カ不利益ト為シ其ノ他被申告者ノ為事実上若ハ法律上重要ナル関係ヲ有スル事情ヲ隠庇変更シテ申告スルカ如キヲ指称スルモノト云ハサルヘカラス故ニ仮令申告事項カ真実ニ反スル場合ニ於テモ単タ申告事件ノ情況ヲ誇張スルニ過キスシテ犯罪ノ成否ニ消長ヲ来スコトナキトキハ其ノ不実ノ申告ヲ以テ誣告罪ニ問擬スヘキ限リニアラス原判決ノ認定スル所ニ依レハ被告カ叙上選挙法違反ノ事実ヲ申告スルニ際リ大塚丁カ大塚甲等ノ選挙法違反行為ノ現行ヲ目撃シタル旨ノ伝聞ノ事実ヲ虚構附言シタルニ過キスシテ申告事件ノ犯罪ノ成否ニ影響ヲ及ホスヘキ重要ナル事項ニ属セサルヲ以テ誣告ノ行為アリト為シ被告ニ其ノ罪責ヲ負ハシムルコトヲ得サルナリ」（大判大一三・七・二九刑集三・七二一）

【38】「原判決ハ証拠ヲ挙示シテ判示第二ノ誣告ノ事実ヲ認定シ居レリ而シテ該証拠ヲ綜合スレハ被告人ヨリ神戸地方裁判所検事正宛ニ郵送セラレタル候補者西儀一郎ニ投票買収等ノ選挙違反事実アリタル旨ノ申告カ客観的ニ虚偽ナルノミナラス被告人カ主観的ニモ其ノ虚偽ナルコトヲ認識シ居タルコトヲ認ムルニ足ル惟フニ苟モ人カ刑事又ハ懲戒ノ処分ニ付セラルヘキ虞アルコトヲ予見シナカラ敢テ想像又ハ推測ニ任セテ真実ナリトノ確信ナキ事実ヲ申告スルニ於テハ偶被申告者ニ別ニ刑事又ハ懲戒ノ処分ニ値スル行為アリタリトスルモ誣告罪ノ成立ヲ妨クルモノニ非ス本件ニ在リテハ被告人ハ自己ノ当選ヲ得ル目的ヲ以テ競争者タル西儀一郎ヲ失格セシメムト欲シテ判示誣告ヲ為シタルモノナルコト極メテ明白ナルカ故ニ偶被申告者西儀一郎ニ他ノ選挙法違反ノ犯罪事実アリタリトスルモ被告人ノ罪責ニ何等ノ消長ヲ来スモノニ非ス」（大判昭一二・二・二七刑集一六・一四〇）

次に「申告」とは、通説によれば、相当官署たる捜査機関（刑事処分）、懲戒権者（懲戒処分）に自発的・積極的に右の虚偽の事実を告知又は了知せしめる行為をいう（異説として拙著・概説五三五頁）。この点も偽証罪と対照的であり、偽証罪の虚偽の陳述・鑑定・通訳が、宣誓を経て、当該官庁から、尋問その他の形式によってこれを求められ、受働的にこれをするのであり、自発的でないのと異るのであって、受働的である場合（たとえば被告人や被疑者としての供述）は、その内容に他人をして刑事又は懲戒の処分を受けしむる虞ある虚偽の事実を含んでいても、「虚偽の申告」とはならない（異説、拙著・概説五三四頁では、自ら進んで陳述すると、尋問に対して答えるとを問わず、告知を受けた官吏をして、一定の人に関し、一定の犯罪又は職務違背があると思料せしめれば、虚偽の申告となると解している）。申告の形式や方法に限定なく、告訴・告発に限らず、匿名や他人名義でもよく、口頭によっても書面によっても差支えない。以上は通説的見解であって、判例も同一の立場に立っている。従って、この点については余り重要な問題がないので、代表的な判例を挙げるに止めよう。

【39】　長崎県厳原警察署長をして刑事処分を受けさせる目的を以て、福岡県警察部長に対し不実の申告をした場合も、相当官署に対する申告であるとする。

「凡ソ他人ヲシテ刑事処分ヲ受ケシムル目的ヲ以テ捜査権ヲ有スル官吏ニ不実ノ申告ヲ為シ刑事処分ニ関スル職権ノ発動ヲ促シタルトキハ誣告罪ハ直ニ成立スヘク右ノ申告ヲ受ケタル官吏カ捜査ニ着手シタルヤ否ヤハ犯罪ノ成立ニ影響ヲ来スモノニ非ス……告訴告発ハ必スシモ犯罪地犯人ノ住所等管轄ノ標準トナルヘキ事由ノ存在スル地ノ検事又ハ司法警察官ニ対シテ為スコトヲ要スルモノニアラスシテ何レノ地ノ検事又ハ司法警察官ニ対シテモ之ヲ為シ得ヘク此等ノ官吏ハ自己ノ管轄区域外ニ在ルノ故ヲ以テ告訴告発ヲ拒否スルコトヲ得サルモノト解スヘキカ故ニ本件ニ於テ被告人カ長崎県厳原警察署長山口牛六ヲシテ刑事処分ヲ受ケシムル目的ヲ以

テ虚偽ノ犯罪事実ヲ記載シタル書面ヲ福岡県警察署部長ニ郵送シテ不実ノ申告ヲ為シタルコト原判決認定ノ如クナル以上縦令事件カ福岡県警察ノ管轄区域ニ属スルモノニアラサレハトテ誣告罪ノ成立スヘキハ当然ナリト云フヘク又福岡県警察部長カ其ノ後該事件ノ捜査ニ着手シタルト否トハ犯罪ノ成立ニ何等関係ヲ有セサルモノトス」（大判昭一一・一一・二四刑集一五・一五一一）

【40】　下僚吏員たる鉄道院所属踏切番の服務紀律違反を本属長官に具申して懲戒処分を促す職権を有する保線区主任も相当官署となるとする。

「懲戒処分ヲ受ケシムル目的ヲ以テ為ス虚偽ノ申告カ誣告罪ヲ構成スルニハ必スシモ懲戒処分ヲ審査決行スル職権アル本属長官ニ対シテ之ヲ為スヲ要セス下僚吏員ノ行為ヲ監視シ其服務紀律違背ヲ本属長官ニ具申シテ懲戒処分ヲ促ス職権ヲ有スル者ニ対シテ之ヲ為スヲ以テ足レリトス而シテ監督権アル上官ハ其所属官吏ニ対シ懲戒処分ヲ為スヲ要スト認ムルトキハ事情ヲ具シテ之ヲ本属長官ニ通告スヘキ義務アルコト官吏服務紀律第十六条ノ規定ニヨリ明カナレハ苟クモ虚偽ノ申告ヲ受ケタル者カ懲戒セラルヘキ本人ニ対シ監督権アル吏員ナルコト明カナル以上ハ該申告ハ刑法第百七十二条ノ誣告罪ヲ構成スルニ足ルト謂ハサルヘカラス」（大判大二・七・九刑録一九・七七六）

【41】　区裁判所書記の本属長官でない区裁判所の監督判事又は地方裁判所長も相当官署と解し得るとする。

「区裁判所書記ノ本属長官ハ司法大臣ナルコト関係法規ニ照ラシ明カナル所ナルヲ以テ従テ区裁判所ノ監督判事ハ区裁判所書記ニ対シテ本属長官ナリトノ論旨ハ其当ヲ得ス而シテ懲戒処分ヲ受ケシムルタメノ誣告罪ハ必スシモ訴追権アル本属長官ニ対シテ之ヲ為スヲ要セス監督権アル上官ニ対シテ之ヲ為スヲ以テ足レリトスルヲ以テ苟モ区裁判所書記ヲシテ懲戒処分ヲ受ケシムル目的ヲ以テ虚偽ノ申告ヲ為スニ於テハ該申告ハ其書記所属ノ区裁判所ノ監督判事ニ対シテ之ヲ為シタル場合ハ勿論其区裁判所ヲ管轄スル地方裁判所ノ長ニ対シテ之ヲ為シタル場合ニ於テモ亦誣告罪ヲ構成ス」（大判明四五・四・一二刑録一八・四五八）

【42】　申告の方法に関するものである。

「誣告罪ハ人ヲシテ処罰ヲ受ケシムル為メ虚偽ノ事実ヲ当該官ニ申告スルヲ以テ成立スルモノニシテ其申告ハ口頭ニ因ルト書面ニ因ルトヲ問ハス又書面ニ因ル場合ニ在テハ署名アルト匿名ナルト将タ他人ノ名義ヲ用ヒタルトヲ論セス同シク誣告罪ヲ構成スヘキモノトス何トナレハ虚偽ノ事実ヲ当該官ニ申告スルニ因リテ犯罪ヲ構成スルカ故ニ其申告ノ方法若クハ形式ノ如キハ特ニ之レヲ問フノ必要ナケレハナリ且ツ刑事訴訟法上書面ヲ以テ告訴又ハ告発ヲ為ストキハ其書面ニ署名捺印スヘキ旨ノ規定存スルモ之ニ違背シタル場合ニ於テハ其書面ヲ無効トスル旨ノ規定ナケレハ本件ノ告発書ハ被告署名ヲ欠クヲ以テ当然無効ナリト謂フヲ得ス縦令之ヲ無効ナリトスルモ為メニ当初ヨリ申告ヲ為ササリシト同一ノ状態ニ在リテ犯罪ハ成立セスト論スルハ蓋シ穏当ノ見解ニ非ス何トナレハ当該官ハ告発書ノ有効ナルト無効ナルトヲ論セス告発ニ因リ犯行アリト思料シタルトキハ直ニ捜査若クハ其他ノ取調ニ着手スヘク之ニ伴ヒ誣告セラレタル者ハ名誉其他ノ法益ヲ害セラルルヲ免レス故ニ当該官ノ錯誤ヲ惹起シ又誣告セラレタル者ニ煩累ヲ及ホシタル罪責ハ告発者ノ有効ト無効トノ間ニ毫モ択フ所ナケレハナリ原審カ本件ノ告発者ニ告発人ノ署名捺印ヲ欠クモ仍ホ誣告罪ノ成立ヲ妨ケスト為シ有罪ノ判決ヲ下シタルハ正当ナリ」（大判明四二・四・二七刑録一五・五一八）

右【41】と同趣旨のものに、大判大元・一一・一九刑録一八・一三九七（匿名の告発書を郵送した場合でも虚偽の申告となるとする）がある。

最高裁判所判例

高等裁判所判例

判　例　索　引

大審院判例

著者紹介

安《やす》平《ひら》政《まさ》吉《きち》 明治大学教授

久《く》礼《れ》田《た》益《まさ》喜《き》 明治大学教授

総合判例研究叢書　刑法(12)

昭和34年1月25日　初版第1刷印刷
昭和34年1月30日　初版第1刷発行

著作者　安平政吉　久礼田益喜

発行者　江草四郎

印刷者　春山治部左衛門

東京都千代田区神田神保町2ノ17

発行所　株式会社　有斐閣

電話九段(33)0323・0344
振替口座東京370番

印刷・共立社印刷所　製本・稲村製本所

©1959, 安平政吉・久礼田益喜 Printed in Japan

落丁・乱丁本はお取替いたします。

総合判例研究叢書 刑法(12)
(オンデマンド版)

2013年2月1日　発行

著　者　安平　政吉・久礼田 益喜
発行者　江草　貞治
発行所　株式会社 有斐閣
〒101-0051　東京都千代田区神田神保町2-17
TEL　03(3264)1314(編集)　03(3265)6811(営業)
URL　http://www.yuhikaku.co.jp/

印刷・製本　株式会社 デジタルパブリッシングサービス
URL　http://www.d-pub.co.jp/

©2013, 安平孝雄・久礼田弘明
AG512

ISBN4-641-91038-3　Printed in Japan
本書の無断複製複写(コピー)は,著作権法上での例外を除き,禁じられています